本专著为内蒙古自治区科技厅 2020 年科技计划项目（2020GG0118）的阶段性成果

内蒙古传统奶制品试点示范企业的知识产权全链条保护问题研究

吉日嘎拉◎著

中国商务出版社

·北京·

图书在版编目（CIP）数据

内蒙古传统奶制品试点示范企业的知识产权全链条保护问题研究 / 吉日嘎拉著. — 北京：中国商务出版社，2023.11

ISBN 978-7-5103-4951-5

Ⅰ. ①内… Ⅱ. ①吉… Ⅲ. ①乳品工业－工业企业－知识产权保护－研究－内蒙古 Ⅳ. ①D927.260.340.4

中国国家版本馆CIP数据核字(2023)第223355号

内蒙古传统奶制品试点示范企业的知识产权全链条保护问题研究

NEIMENGGU CHUANTONG NAIZHIPIN SHIDIAN SHIFAN QIYE DE ZHISHI CHANQUAN QUANLIANTIAO BAOHU WENTI YANJIU

吉日嘎拉　著

出　　版：中国商务出版社	
地　　址：北京市东城区安外东后巷 28 号	邮　编：100710
责任部门：教育事业部（010-64255862　cctpswb@163.com）	
策划编辑：刘文捷	
责任编辑：刘　豪	
直销客服：010-64255862	
总 发 行：中国商务出版社发行部（010-64208388　64515150）	
网购零售：中国商务出版社淘宝店（010-64286917）	
网　　址：http://www.cctpress.com	
网　　店：https://shop595663922.taobao.com	
邮　　箱：cctp@cctpress.com	
排　　版：德州华朔广告有限公司	
印　　刷：北京建宏印刷有限公司	
开　　本：787 毫米 × 1092 毫米　1/16	
印　　张：15	字　数：260 千字
版　　次：2023 年 11 月第 1 版	印　次：2023 年 11 月第 1 次印刷
书　　号：ISBN 978-7-5103-4951-5	
定　　价：58.00 元	

前　言

　　内蒙古传统奶制品试点示范企业作为内蒙古中小型奶制品企业的先行者，在引领和带动内蒙古自治区传统奶制品行业的稳步发展上起到重要作用。通过对传统奶制品试点示范企业的经验积累和复制传播，可以最终实现内蒙古奶制品行业的全面振兴。知识产权是企业核心竞争力的重要组成部分，也是在市场竞争中确保企业稳定发展的重要保障。那么，如何以知识产权为牵引，实现内蒙古传统奶制品试点示范企业的健康快速发展，成为一项重要的时代课题。

　　本书以知识产权为牵引，以内蒙古传统奶制品试点示范企业的良性健康发展为出发点，以内蒙古传统奶制品试点示范企业的知识产权全链条保护为切入点，在知识产权"创造、运用、保护、管理、服务"五个维度上深度剖析了内蒙古传统奶制品试点示范企业在知识产权保护中存在的问题，并针对问题提供了解决方案。在知识产权创造维度，本书围绕创新条件、创新基础和创新内容三个方面展开论述。在创新条件方面，内蒙古传统奶制品试点示范企业严重缺乏创新生态系统的核心要素整合能力。知识产权创新环境和营商环境作为知识产权创造的环境条件要素，其不足也制约着内蒙古传统奶制品试点示范企业的创新生成。在创新基础方面，本书选取了创新资源整合力、依托于上中下产业链的开放式创新平台以及产学研联合体三个角度，构建了内蒙古传统奶制品试点示范企业的创新基础保障。经研究发现，这三点是影响内蒙古传统奶制品试点示范企业创新基础的三大因素。在创新内容方面，本书选取了商业模式、内容创新、形式创新三个角度论证了内蒙古传统奶制品试点示范企业在创新内容上的不足。经发现，内蒙古传统奶制品试点示范企业的商业模式陈旧，无法适应数字流量时代的发展变化。"小精美"

乳制品创新品类严重不足，而且未能形成基于"数字流量"的创新性发展意识。在知识产权运用维度，本研究认为，一方面，内蒙古传统奶制品试点示范企业的知识产权立体保护意识严重欠缺，另一方面，银行和评估机构未能从知识产权客体属性出发开展知识产权融资业务，使得企业无法通过知识产权质押实现融资。传统的知识产权证券化模式也未能给传统奶制品试点示范企业提供"安全＋便利"的融资渠道。在知识产权保护维度，本书重点关注了立法和执法层面的问题。在立法层面，最突出的问题是地方立法未能基于内蒙古自治区的经济现状和行业发展开展深度调研，即未能通过立法解决内蒙古自治区的具体问题，而且与上位法的条文重叠严重。在执法层面，专利侵权的行政执法中存在执法重心未能下移、专业人员结构呈现"倒三角"、专利权人的评估意识严重欠缺、专利权人举证难等问题。在知识产权管理维度，内蒙古传统奶制品试点示范企业在知识产权资源管理和企业生产经营活动过程中的知识产权管理意识极为薄弱。在知识产权相关机构（知识产权行政管理机构、保护机构、服务机构、研究机构、代理机构）提供知识产权服务的维度上，通过内蒙古传统奶制品试点示范企业，引出内蒙古的具体问题。

内蒙古传统奶制品试点示范企业在知识产权全链条保护中存在的问题实际上也映射了内蒙古自治区的知识产权五维链条保护中存在的问题。对上述问题的解决，不仅是在为内蒙古传统奶制品试点示范企业的健康良性发展提供五维决策方案，也是在为内蒙古自治区的知识产权保护提供系统性决策方案。该决策方案不仅可以助力内蒙古自治区的知识产权保护环境和营商环境的优化，在实现乡村振兴和共同富裕上也可以起到借鉴作用。

吉日嘎拉
2023 年 11 月

目 录

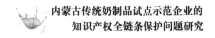

第一章

绪　论

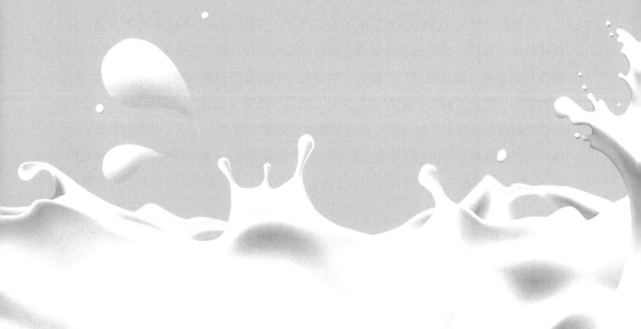

一、基于 CiteSpace 的主题研究全景图谱

（一）该主题研究的学术路径梳理

2018 年 6 月，国务院办公厅印发的《关于推进奶业振兴保障乳品质量安全的意见》（国办发〔2018〕43 号）提出了关于加强优质奶源基地建设、完善乳制品加工及流通体系、强化乳品质量安全监管以及加大乳制品消费引导的重要内容。此后，以《关于进一步促进奶业振兴的若干意见》（农牧发〔2018〕18 号）（以下简称《意见》①）为题印发的政策文件中进一步强调了奶农规模化养殖的基础性地位的确立、奶牛饲养成本的降低、奶牛生产效率的提高、乳制品加工业的做强做优、养殖业与加工业的融合发展、乳制品质量安全水平的提升、奶业振兴的推动与实现，以及乳制品消费的大力引导等重要内容。内蒙古自治区作为奶制品主产区，积极推进了内蒙古自治区的奶业振兴方案。2019 年 8 月发布了《关于推进奶业振兴的实施意见》（内政办发〔2019〕20 号）、2019 年 12 月发布了《推进奶业振兴若干政策措施》（内政办发〔2019〕33 号）、2020 年 12 月发布了《奶业振兴三年行动方案（2020—2022 年）》（内政办发〔2020〕39 号），以及 2022 年 3 月发布了《推进奶业振兴九条政策措施》（内政办发〔2022〕18 号）。政策文件的发布立足于推动内蒙古自治区奶业的高质量发展以及在全国率先实现奶业的振兴。

内蒙古自治区作为我国奶制品的主要产区，"奶业振兴"不仅关联着内蒙古自治区的经济发展，也联系着内蒙古自治区的各族人民。在奶业振兴的政策背景下，学界日益重视"奶业振兴"的相关主题研究。奶制品是内蒙古自治区的地方饮食、休闲零食。传统奶制品的制作工艺是全人类的非物质文化遗产。近年来，"中小企业传统奶制品及知识产权保护"的相关研究成果逐渐增多。关于"中小奶制品企业的知识产权保护"的研究，学界大致经历了"主体研究 → 新品研发 → 行业发展困境 → 知识产权保护"的历程（见图 1-1）。根据图 1-1，学界对中小企业传统奶制

---

①《关于进一步促进奶业振兴的若干意见》（农牧发〔2018〕18 号）的发文机关为：农业农村部、发展改革委、科技部、工业和信息化部、财政部、商务部、卫生健康委、市场监管总局、银保监会。

品的"行业发展困境"关注较多。"知识产权保护"问题研究在2015年以"专利分析"为起点，直至2023年才开始被重视。总而言之，根据上述研究脉络，本专著围绕新产品研发、行业发展困境、知识产权保护等方面展开研究。以知识产权为牵引，加强奶制品的新品研发、解决内蒙古奶制品行业发展的瓶颈问题，以及有效保护与奶制品相关的知识产权成果，不仅与"奶业振兴"的政策实施紧密相关，而且与中华优秀传统文化的弘扬发展也有密切关系。

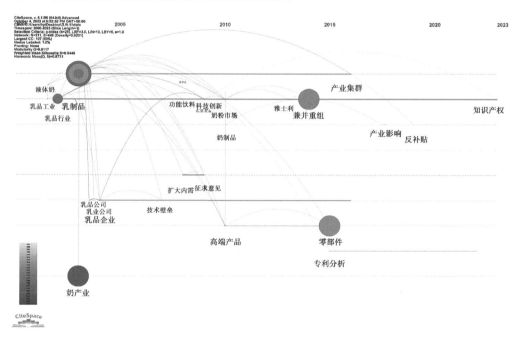

图1-1　研究进路时间图谱

（二）该主题研究的研究核心

本书以2002年至2023年为时间限度，通过关键词（"中小企业""试点企业＋示范企业""民营企业""奶制品＋乳制品""知识产权＋专利＋商标"）与检索逻辑符，在中国知网（CNKI）数据库中筛选出82篇主题文献。将82篇主题文献数据，经引文空间（CiteSpace）知识图谱分析软件分析之后，得到本书中出现的所有知识图谱及对应的相关表格。

根据图1-2的Q值（Modularity值）（0.8117）和S值（Silhouette值）（0.9446）

的数值可以确认：该主题研究生成的知识图谱具有极强的可信度[①]。该主题研究可分为：推荐性标准、乳品行业、销售额、工商行政管理机关四大类（图1-2中的#2和表1-1中的序号2的内容不在本书探讨的范围）。结合每个部分中的详细信息，可以得知该主题研究的研究核心集中在：奶制品行业的高质量健康发展、新产品研发以及新产品知识产权保护。

图1-2 关键词聚类知识图谱

表1-1 与关键词聚类知识图谱对应的信息聚类

序号	频次	强度	年份	对数贸然值最大的五个关键词
0	27	0.932	2012	推荐性标准（2.07, 0.5）；食品机械（2.07, 0.5）；做大做强（2.07, 0.5）；国际产能合作（2.07, 0.5）；中国食品科学技术学会（2.07, 0.5）
1	21	0.931	2010	乳品行业（7.65, 0.01）；康师傅（3.78, 0.1）；乳品加工厂（3.78, 0.1）；知识产权（3.78, 0.1）；功能饮料（3.78, 0.1）

---

① 关键词聚类知识图谱是通过聚集紧密关系的关键词集合，形成关键词共现网络，进而呈现该主题研究的研究核心。主题研究生成的知识图谱的可信度主要依据的是聚类模块值（Q值）和聚类平均轮廓值（S值）。Q值大于0.3表明结构显著，S值大于0.7表明聚类令人信服。

序号	频次	强度	年份	对数贸然值最大的五个关键词
2	14	0.963	2016	墨西哥（8.66，0.005）；加拿大（8.66，0.005）；汽车出口（4.27，0.05）；奶制品（4.27，0.05）；反倾销（4.27，0.05）
3	12	0.978	2014	销售额（4.91，0.05）；冷思考（4.91，0.05）；净利润（4.91，0.05）；液态奶（4.91，0.05）；低温产品（4.91，0.05）
4	8	0.958	2008	工商行政管理机关（5.11，0.05）；征求意见（5.11，0.05）；产业振兴（5.11，0.05）；新医改方案（5.11，0.05）；扩大内需（5.11，0.05）
5	8	0.927	2006	乳业公司（5.87，0.05）；乳品企业（5.87，0.05）；经销商（5.87，0.05）；乳品公司（5.87，0.05）；新闻简报（5.87，0.05）

（三）该主题研究的体系构建

根据图1-3和表1-2可以得知，该主题研究以知识产权串联"中小企业主体""新产品研发"和"破解行业发展的瓶颈"三大关键聚类群，可以说，新产品研发离不开知识产权的保驾护航，奶制品行业的发展也与知识产权紧密相关。但对于该主题的研究，学界研究维度较为单一，主要从专利数据分析维度展开研究。

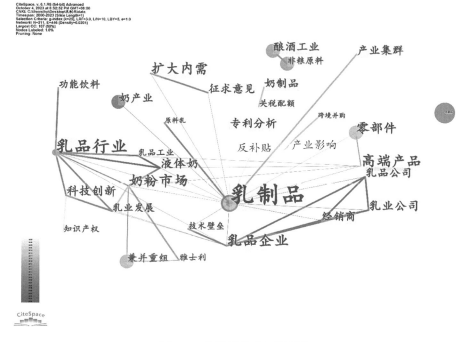

图1-3 关键词共现知识图谱

表1-2　与关键词共现知识图谱对应的信息聚类

内容	频次	中心性	年份	关键词	内容	频次	中心性	年份	关键词
主体	3	0.02	2004	乳品企业	行业发展	5	0.1	2002	乳品行业
	2	0.01	2004	乳业公司		2	0.01	2002	乳品工业
产品研发	2	0.01	2002	液体奶		2	0.02	2003	销售额
	14	0.41	2003	乳制品		2	0.03	2008	扩大内需
	3	0	2008	灭菌乳		2	0	2009	乳业发展
	2	0.02	2010	高端产品		3	0.04	2010	奶粉市场
	2	0.05	2010	常温奶		2	0.01	2014	兼并重组
	2	0.02	2010	奶制品		2	0.02	2018	产业影响
	2	0	2012	非粮原料	知识产权	2	0.03	2009	科技创新
	2	0	2012	酿酒工业		2	0.03	2015	专利分析

　　结合表1-3的数据，可以得知该主题的落脚点为"破解行业发展的瓶颈"，最终实现奶业振兴。知识产权在其中起到牵引性作用。因此，内蒙古传统奶制品试点示范企业（下文也称为"内蒙古奶制品试点示范企业"）的知识产权全链条保护研究的落脚点依然是助力行业发展和奶业振兴。再结合表1-2的数据可以得知，就"行业发展的瓶颈"问题，学界主要关注的是如何增大销售额、内需如何扩大、如何打破产业的影响因素、新产品市场的开拓和打造高端品牌产品等问题。

表1-3　关键词突现知识图谱

关键词	强度	开始年份	结束年份	2004—2023年
乳品企业	1.25	2004	2009	
乳品行业	1.36	2008	2010	
扩大内需	0.99	2008	2009	
高端产品	0.81	2010	2015	
奶粉市场	0.76	2010	2014	
乳制品	0.65	2014	2016	
产业影响	1.17	2018	2019	

　　总体而言，"内蒙古传统奶制品试点示范企业的知识产权全链条保护研究"的

基础体系构建需要重点关注在五维链条上阻碍知识产权发挥关键作用的具体因素。但由于前人研究多关注专利数据分析，在知识图谱中未能充分体现五维链条中的具体影响因素，可以说，以知识产权牵引的主题研究仍需深入研究。

（四）该主题研究的主要机构和主要研究人员

由图1-4和图1-5可以得知，该主题研究的主要研究机构包括国家发展改革委工业司、北京三元食品股份有限公司等机构。在该主题研究中出现了以企业为主要参与者的学术群，贺燕丽、董晓霞、王玉庭、王东杰、陆东林、冯启、陈历俊等学者在开展该主题研究。

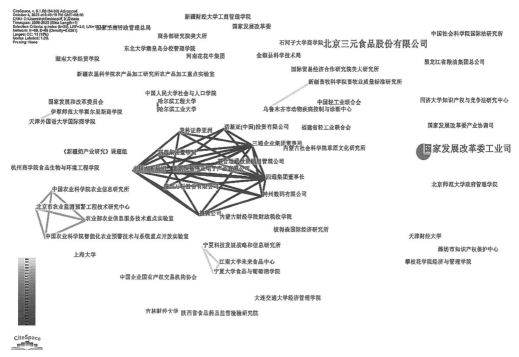

图1-4　研究机构知识图谱

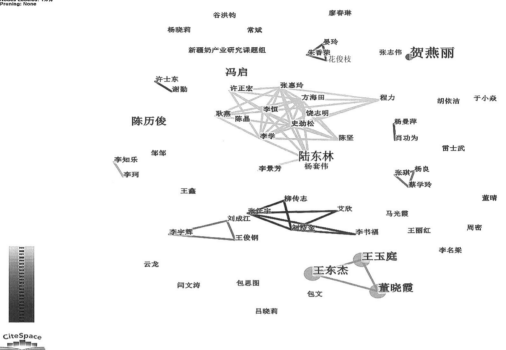

图1-5　研究人员知识图谱

二、研究综述

（一）传统乳制品示范企业的知识产权创造研究

针对该研究主体的学界成果极少，本书基于其上一层主体概念"中小型创新示范企业"进行检索和分析发现，学界就基于传统行业的中小型创新示范企业的创新生成和知识产权创造研究，主要围绕产学研、基础研究、知识基础、基础设施建设（随着数字化建设的加强，后期研究侧重数字化基础设施建设）展开研究，认为产学研、基础研究、知识基础以及基础设施建设是基于传统行业的中小型创新示范企业的创新生成和知识产权创造的关键所在。在该主题研究中，也出现了商业模式创新和政策环境的相关学术成果。任声策和胡尚文（2021）指出了我国知识产权创造的现状：科技型中小企业重视知识产权的申请，但是质量良莠不齐，难以保证实际运用效果，专业研发人员大量缺失，大多数企业还未能拥有稳定创新创造的能力，在科技创新发展维度还有很大的可能性。科技型中小企业还常常陷入知识产权法律纠纷，对潜在风险的预判不足，难以应对，其主要根源在于企业对于自身知识产权价值的认知和管理不足。在建议对策中，作者指出国家应完善知识产权相关法律制度，加强对知识产权的保护，为科技型中小企业提供政策上的帮助；产业展面，大企业带动小企业，互相扶持寻求发展；政策制定应有全局意识，各区域协调发展，共谋合作，保障政策的流畅性；中小企业层面完备自身的经营发展体制，提升对知识产权质量的要求，打造先进优秀的企业创新环境[①]。就"产学研"而言，张玉利（2023）指出，企业、大学、高校应强化基础研究创新，将倾向于应用创新转变为倾向于科学端创新[②]。李敏等（2022）指出，企业要想提升企业竞争力，实现高质量发展就必须调动积极性，并通过与高校、研究机构的沟通合作及自主开展来强化基础研究[③]。蒋舒阳等（2021）认为，企业若要进行突破式的创新，产学研研究的根基是核心要素。经实证研究得出如下结论：企业与高等院校、研究机构开展基础研究的合作对吸纳异质科研成果、实现突破性创新有着积极的作用[④]。就"基础研究"而言，柳卸林等（2023）表示，要想提升企业竞争力，必须增强需求驱动基础研究能力，其关键在于企业应重视需求驱动基础研究[⑤]。李睿等（2023）表示，企业要想在科技产业中处于领先地位，就必须加强基础研究，推动产业和创新融合发展，以新一轮颠覆性技术创新为契机，积极探索创新，强化校企合作交流[⑥]。柳卸林（2023）认为，企业要取得突破性创新成果，就必须加强基础研究能力建设。政府要引导和推动企业开展基础研究；建立以企业为主体，高校与科研院所的产学研合作的发展模式；依附基础研究能力较强的大企业聚集；大企业要建立吸引、激励、留住人才的机制和组织体系[⑦]。张杰和白铠瑞（2022）指出，应加快高等院校基础研究体系全

---

① 任声策，胡尚文.面向2035年促进科技型中小企业知识产权发展的对策研究[J].中国科技论坛，2021（6）：6-9.

② 张玉利.企业基础研究与偏向科学端的创新体系[J].南开学报（哲学社会科学版），2023（3）：32-39.

③ 李敏，张先恩，刘云.全球主要经济体企业科技创新版图分析及启示：中国企业加强基础研究是建设创新型国家的必然选择[J].中国科学院院刊，2022，37（9）：1270-1280.

④ 蒋舒阳，庄亚明，丁磊.产学研基础研究合作、财税激励选择与企业突破式创新[J].科研管理，2021（10）：40-47.

⑤ 柳卸林，常馨之，杨培培.加强企业基础研究能力，弥补国家创新体系短板[J].中国科学院院刊，2023（6）：853-862.

⑥ 产学研协同创新研究课题组，李睿，李永周，等.企业参与基础研究和颠覆性技术创新的思考与建议[J].教育与职业，2023（10）：42-46.

⑦ 柳卸林.大企业如何通过基础研究实现突破性创新[J].人民论坛·学术前沿，2023（9）：44-51.

面改革与完善，从而推动企业创新和协同合作[1]。苏美丽和刘凤芹（2022）指出，基础研究对企业原始创新能力及区域间企业生产率的差异有着显著的影响[2]。于晓琳和石军伟（2022）指出，企业对基础研究的深度投入会在企业创新发展方面发挥正向反馈和积极影响[3]。刘岩等（2022）认为公司的基础研究范围对技术的创新表现具有积极的推动效应。企业内部的技术知识整合能力有助于调整基础研究规模、深度[4]。朱相宇和赵天朗（2021）提出企业基础研究对创新环境建设起到重要作用[5]。张龙鹏和邓昕（2021）认为，基于重点实验室开展基础研究，对于中国企业技术创新能力有着显著的提高作用，基础研究的本身对于企业技术创新有着明显的推动作用。相对于纯基础研究而言，应用基础研究更能推动企业技术创新。另外，在地区制度与市场环境不断完善的情况下，基础研究在推动企业技术创新中的作用日益明显[6]。就"知识基础"而言，辛冲等（2022）研究发现，企业的知识基础可以影响创新生态系统中的价值共享，并且这种影响力可能在多种维度上发挥功效。参与主体的行为态度受其知识水平影响，从而影响价值共创[7]。赵炎等（2022）学者认为，与企业自身知识基础宽度相比，知识基础深度对促进网络企业创新绩效具有更大的促进作用。以知识深度为导向的企业人才的培养对创新人才的培养起到重要作用[8]。张紫璇和陈怀超（2023）认为，知识基础的宽度和深度会对创新型技术企业的创新意愿产生影响。知识场的活性对该过程具有调节作用[9]。根据刘岩等（2022）的研究，多元化的技术知识可以提升独立创新和合作创新的互补性，从而使两者的平衡性得到改善[10]。就"基础设施建设"而言，姜安印等（2023）研究认为：基础建设能够通

① 张杰，白铠瑞．中国高校基础研究与企业创新[J]．经济研究，2022（12）：124-142．

② 苏美丽，刘凤芹．基础研究投入与企业生产率差异：创新与选择效应[J]．经济管理，2022（10）：5-21．

③ 于晓琳，石军伟．基础研究投入如何影响企业创新？：基于企业进入和退出的视角[J]．福建论坛（人文社会科学版），2022（10）：77-90．

④ 刘岩，苏可蒙，高艳慧．企业基础研究对技术创新绩效的影响：来自中国生物制药企业的分析[J]．科技进步与对策，2022（12）：102-111．

⑤ 朱相宇，赵天朗．论提升我国企业自主创新能力的关键环节与路径：兼析企业基础研究驱动要素及其提升策略[J]．价格理论与实践，2021（8）：96-99，186．

⑥ 张龙鹏，邓昕．基础研究发展与企业技术创新：基于国家重点实验室建设的视角[J]．南方经济，2021（3）：73-88．

⑦ 辛冲，李明洋，吴怡雯．企业知识基础与创新生态系统价值共创[J]．研究与发展管理，2022（2）：79-90．

⑧ 赵炎，叶舟，韩笑．创新网络技术多元化、知识基础与企业创新绩效[J]．科学学研究，2022（9）：1698-1709．

⑨ 张紫璇，陈怀超．知识基础对高新技术企业创新意愿的影响研究：知识场活性的调节效应与市场感知能力的中介效应[J]．科技进步与对策，2023（1）：142-150．

⑩ 刘岩，蔡虹，裴云龙．企业技术知识基础多元度对独立创新与合作创新平衡互补效应的影响[J]．科技进步与对策，2022（2）：111-120．

过减轻企业融资约束和加速企业人力资本积累来促进企业创新的数量和质量①。高小玲和陆文月（2023）以制造企业为样本进行了数据研究，结果表明"新型基础设施建设等"影响了企业绿色技术创新。其中信息基础设施、融合基础设施可以推动企业绿色技术创新，而创新基础设施对企业绿色技术创新具有抑制作用②。刘伟和徐可（2022）研究发现，对异质性企业来说，拥有成本与基础设施优势可以通过流程创新获得更大的市场份额③。冯娇等（2022）提出提高基础设施建设对企业创新发展起到重要作用④。邱洋东（2022）在"宽带中国"的案例中指出：网络基础设施建设是企业技术创新发展的关键⑤。张宝友等（2022）指出，质量基础设施可以通过提高研发能力、弱化融资约束来推动制造业企业技术创新。此外，知识产权保护的实质力度呈现出一种反向"U"型的影响关系，并且因为各地区的知识产权保护差异过大，导致了区域间的平衡差距逐渐扩大⑥。随着数字化建设的发展，在"基础设施建设"的相关研究成果中，逐渐开始关注数字化基础设施建设。王国栋等（2023）指出，基础设施创新将会推动数字化转型，综合数字化创新平台在提升核心竞争力、助力高质量发展中发挥着重要作用⑦。郑玉（2023）提出数字基础设施对企业创新具有促进作用，认为提升企业创新能力应建设健全的数字基础设施。此外，还需要构建组织体系、明确归属界限、规避权属分配，确保数字基础设施的顺利建设和运行⑧。沈坤荣等（2023）认为网络基础设施建设对于企业创新具有积极作用，推动企业创新提质增效。提高市场信息和技术信息的可获得性，有助于企业扩大销售规模、降低交易成本、促进新产品的开发。特别是对于互联网化水平较高、规模较大、处于技术变化较慢行业和企业分布密度较低的城市，网络基础设施在拓展创新边界方面的

① 姜安印，张帆，苏志. 信息基础设施建设与企业创新"增量提质"关系研究：基于数字化、网络化、智能化时代特征的考量[J]. 价格理论与实践，2023（1）：169-173.
② 高小玲，陆文月. 新基建、产业集聚与绿色技术创新：基于制造企业数据的实证研究[J]. 研究与发展管理，2023（4）：19-33.
③ 刘伟，徐可. 考虑IT基础设施作用的外部知识对企业流程创新影响的博弈模型[J]. 运筹与管理，2022（10）：90-97.
④ 冯娇，王楠楠，孙国帅，等. 中国企业在"一带一路"基础设施建设中的创新驱动发展：基于处理环境效应和随机误差的研究[J]. 工业技术经济，2022（3）：12-18.
⑤ 邱洋冬. 网络基础设施建设提升企业创新绩效的路径与异质性：来自"宽带中国"示范城市的经验证据[J]. 西部论坛，2022（4）：89-107.
⑥ 张宝友，吕旭芬，杨玉香，等. 质量基础设施、知识产权保护与企业技术创新[J]. 产经评论，2022（4）：68-82.
⑦ 王国栋，刘振宇，张殿华，等. 钢铁企业创新基础设施及研究进展[J]. 钢铁，2023（9）：2-14.
⑧ 郑玉. 数字基础设施建设对企业创新影响机理探究：基于"宽带中国"战略试点准自然实验的实证检验[J]. 中央财经大学学报，2023（4）：90-104.

作用更为显著①。毛丰付等（2022）指出，数字基础设施建设对企业技术创新发展具有积极的激励作用。作者从降低交易成本，减轻融资约束，加强市场竞争以及减轻税负压力的角度出发，提出了给企业带来良好条件的因素②。徐扬和刘育杰（2022）提出，数字化基础设施的建设对于企业技术创新至关重要。研究认为：企业所有制性质，行业竞争程度，市场化水平以及地理区位特征等因素对数字化基础设施创新效果均有不同程度影响③。张辉等（2022）指出，数字基础设施可以有效地促进制造业企业技术创新水平的提高④。李亚兵等（2022）的研究指出数字基础设施可以推动技术创新⑤。在该主题研究中，也出现了商业模式和政策环境的相关研究。王玲玲等（2023）认为商业模式创新对于新创企业的生存和发展至关重要。该研究经实证分析得出以下结论：政府支持可以促进探索性知识策略和应用性知识策略两条中介路径下的商业模式创新。尤其对于创业警觉水平较好的创业者来说，政府的支持会更加有力，因为他们能够抓住市场机遇并大胆尝试新的商业模式⑥。寇明婷等（2022）揭示了小微企业对于政策激励效果的敏感性较高，且比大中企业的绩效更加显著⑦。

（二）传统乳制品示范企业的知识产权运用研究

针对该研究主体的学界成果较少，本书基于其上一层主体概念"中小型创新示范企业"进行检索和分析发现，学界就基于传统行业的中小型创新示范企业的知识产权运用研究，主要围绕知识产权质押融资和知识产权证券化展开研究。

关于知识产权质押融资的研究成果，赵廷辰（2022）指出目前知识产权质押融资遇到的问题是，知识产权评估机构没有固定的评估体系，领域专家较少，评估风

---

① 沈坤荣，林剑威，傅元海. 网络基础设施建设、信息可得性与企业创新边界[J]. 中国工业经济，2023（1）：57-75.

② 毛丰付，郑好青，王海. 数字基础设施与企业技术创新：来自地方政府政策文本的新证据[J]. 浙江学刊，2022（6）：104-114.

③ 徐扬，刘育杰. 数字化基础设施建设与企业技术创新：基于"宽带中国"示范城市政策的经验证据[J]. 南京财经大学学报，2022（4）：77-87.

④ 张辉，王庭锡，孙咏. 数字基础设施与制造业企业技术创新：基于企业生命周期的视角[J]. 上海经济研究，2022（8）：79-93.

⑤ 李亚兵，夏月，赵振. 数字时代制度压力对零售企业商业模式创新影响研究：基于资源基础理论动态观[J]. 软科学，2022（10）：40-46.

⑥ 王玲玲，赵文红，魏泽龙，等. 政府支持与新创企业商业模式创新：基于知识基础和社会认知理论视角[J]. 管理评论，2023（2）：171-180.

⑦ 寇明婷，李秋景，杨媛棋. 创新激励政策对企业基础研究产出的影响：来自中关村企业的微观证据[J]. 科学学与科学技术管理，2022（9）：19-39.

险较大；银行变现时，知识产权由于受地域、时间等影响，价值有所浮动，有一定风险。作者建议提升知识产权的商业价值和流通效率，解决变现难的问题；相应评估机构大力要培养人才、国家提供足够的政策支撑、加强与多方知识产权机构的合作；提升知识产权的创造、运营和价值实现能力①。徐兵和卢舒琦（2022）提出商业银行在知识产权质押融资中应注重违约惩罚力度的设置，适当增加违约金，建立企业白名单，并且表示继续加大银行金融科技投入，是取得更长远稳定合作的重要保障②。王永萍等（2021）表明，中小企业的研发人员比重越高，该企业知识产权质押融资的意愿越强烈。优化企业员工结构，增加研发人员可以有效促进企业的知识产权成果的转移转化③。张超和施洁（2021）利用演化博弈理论研究表明：在政府政策的帮助下，可以增强中小企业和商业银行知识产权质押融资的合作；风险补偿金降低了一部分风险，使得合作更易达成，提高了银行贷款意愿④。周霞等（2021）指出在创新型中小企业的发展阶段，会存在一些融资结构不稳定、融资资源瓶颈等风险特征，影响了银行的知识产权质押融资合作。建议创新型中小企业加强自身经营体制和风险内容的把控，最大限度维持资金的平稳运转；提升知识产权质量的稳定性和先进性，将变现价值波动降到最低；政府提供的法律和政策的相关支持可以维护一个良好的合作环境⑤。张超和唐杰（2021）通过对专利质押合同的分析发现：专利比商标具有更高的质押价值，但是商标出质相比于专利出质对质押贷款额度的影响更大，政府若希望推动科技型中小企业的发展，应着手于建立更健全的知识产权质押融资体系，推动完善相关制度⑥。涂永红等（2021）指出知识产权质押融资存在知识产权价值评估机构能力不足、知识产权评估制度不完善、知识产权的价值难以确定、风险分担机制不完善等问题。此外，知识产权交易的深度性不强，信息没有形成公开透明的机制，知识产权交易的发展不健全，难以填充创新型中小企业的发展融资需求。张海宁（2020）指出当前中小企业正处于知识产权质押融资制度发展的关键阶段，知识产权的质量难以保证，同时缺乏专业的价值评估能力，导致融资风

① 赵廷辰.知识产权质押融资研究：理论回顾、国际经验与政策建议[J].西南金融，2022（9）：3-17.
② 徐兵，卢舒琦.金融科技背景下商业银行知识产权质押融资研究[J].金融与经济，2022（9）：79-85.
③ 王永萍，王琦，杨迎，等.科技型中小企业创新能力与知识产权质押融资意愿[J].中国软科学，2021（S1）：399-405.
④ 张超，施洁.知识产权质押融资模式的演化博弈研究[J].技术经济与管理研究，2021（11）：57-61.
⑤ 周霞，李海英，唐欣.有限理性理论视角下创新型中小企业知识产权质押融资违约风险分析[J].财务与会计，2021（17）：66-67.
⑥ 张超，唐杰.知识产权质押融资环境下专利与商标价值决定因素研究[J].工业技术经济，2021（8）：62-69.

险在无意识中增大以及银行知识产权质押融资意愿不高①。邢苗和董兴林（2020）对不同科技型中小企业融资风险进行对比分析后指出拥有更稳固和先进供应链的企业更容易获得与银行的合作，增强企业信用可以帮助科技型中小企业走出困境②。南星恒和田静（2020）对目前较为典型的知识产权质押模式进行对比后发现：只有政府、银行、企业和中介机构等多方共同合作，联合制定相关对策，协力合作，才能解决知识产权融资发展不均衡的问题，才能有效化解知识产权质押融资的不稳定风险③。苑泽明和孙钰鹏（2019）经过一系列实践验证提出随机森林风险预警模型，该模型对知识产权质押融资风险预警有突破性作用，对提升企业融资决策有显著帮助④。李政刚（2019）通过对知识产权质押融资相关法律分析，发现知识产权融资相较于有形资产质押仍处于劣势，在知识产权质押的流程中仍存在许多不足，银行进行知识产权质押融资长期合作动力不足。作者建议出台相关政策，推动相关法律的制定和修改，在立法层面不断完善，扩大知识产权质押融资在法律上的保护范围⑤。徐鲲等（2019）利用演化博弈模型发现，只有当企业信用风险、风险担保和第三方平台都稳定时，三者的合作才可以更长远稳定。基于上述发现，建议共同建立相关风险预警和变化监督的机制，以此补充各平台信息不对称，将信息透明公开的传达到每一环，规避大量融资风险⑥。齐岳等（2018）结合资产证券化的融资模式框架，对知识产权质押融资的主体风险和创新联动等方式进行分析，并在此基础上为科技型中小企业融资难给出了新的方案⑦。

关于知识产权证券化的研究，李佳航等（2022）指出知识产权质押融在项目存续阶段和设计发行阶段风险最高，到期赎回时也有风险产生。为降低知识产权证券化的风险，需要关注降低各个阶段的风险，同时加强对知识产权的保护⑧。程文莉等

① 张海宁.构建市场主导型知识产权质押融资模式[J].人民论坛，2020（30）：118-119.
② 邢苗，董兴林.中小科技企业知识产权质押融资风险评价研究：基于供应链金融视角[J].科技管理研究，2020（18）：196-202.
③ 南星恒，田静.知识产权质押融资风险分散路径[J].科技管理研究，2020（4）：206-211.
④ 苑泽明，孙钰鹏.知识产权质押融资风险困境可以破解吗？：基于随机森林模型的研究[J].广东社会科学，2019（6）：24-35.
⑤ 李政刚.中小企业知识产权质押融资的法律困境及其应对[J].科技促进发展，2019（5）：524-532.
⑥ 徐鲲，李宁，鲍新中.第三方中介平台参与的知识产权质押融资合作机制[J].科技管理研究，2019（5）：122-129.
⑦ 齐岳，廖科智，刘欣，等.创新创业背景下科技型中小企业融资模式研究：基于知识产权质押贷款ABS模式的探讨[J].科技管理研究，2018（18）：127-132.
⑧ 李佳航，吴冬晓，鲍新中.生命周期视角的知识产权证券化项目风险因素及其演化机理研究[J].金融理论与实践，2022（6）：30-40.

（2022）指出较为简单的知识产权证券化模式可以提升一些金融资源有限的地区的交易合作数量，从而帮助其创新发展；对于发展较为先进的地区则应完善标准化知识产权证券化模式，从而更深入地了解证券化模式的优势[①]。

（三）传统乳制品示范企业的知识产权保护研究

针对该研究主体的学界成果较少，本书基于其上一层主体概念"中小型创新示范企业"进行检索和分析发现，学界就基于传统行业的中小型创新示范企业的知识产权保护研究，主要围绕地方立法、商标抢注、行政执法三个层面展开研究。

关于地方立法的研究，宋才发（2022）提出地方立法的基本前提是地方立法不与上位法相违背[②]。李芳（2020）指出地方立法不本土化，立法缺乏充分性，对中央立法的复制性太高以及缺乏强制保障，地方立法应该特色化、彰显本地的特色[③]。阳娇娆和黎群（2019）指出民族自治地区的立法变通权是立法相当重要的一面，地方的信息滞后导致立法的条文与实质体现的问题相分离，当地居民对立法的参与性低，信息跟不上，在评估标准和机制上也会产生一些问题[④]。姚明和陈广明（2018）指出我国地方立法缺乏实时跟进性，个别法律法规已经过时[⑤]。单行条例也是地方立法中的一个重要部分，徐宜可（2018）指出地方立法也存在地方特色不明显，地方立法的个别立法条例陈旧甚至与新法相违背的问题[⑥]。关于商标抢注的研究，杨利华（2022）提出了商标抢注方面的新的突破——公共领域的保留原则，即在商标抢注的规制中，发挥公共领域的重要价值，从而维护商标注册的良性发展，构建一个健康发展的市场。公共领域的保留原则以维护社会公共利益为主，让公共利益去制衡专有领域的商标抢注问题，完善司法制度和司法领域的保障，以保障生产经营者使

① 程文莉，谢瞻，高佳华，等.中小企业知识产权证券化模式探究[J].会计之友，2022（3）：23-29.
② 宋才发.地方立法的规制、备案审查与行政处罚研究[J].河北法学，2022（12）：2-16.
③ 李芳.我国民族教育单行条例的立法原则与实践路径：基于教育单行条例的文本分析[J].西南民族大学学报（人文社科版），2020（5）：211-218.
④ 阳娇娆，黎群."一带一路"背景下民族自治地区立法变通权改革路径探析[J].广西民族研究，2019（4）：38-43.
⑤ 姚明，陈广明.我国民族地区扶贫立法研究：基于民族八省区的实证分析[J].湖北民族学院学报（哲学社会科学版），2018（3）：88-93.
⑥ 徐宜可.民族自治地方自然资源保护立法实证研究：以云南省为样本的分析[J].原生态民族文化学刊，2018（2）：72-78.

用公共资源的自由权益[①]。张铃（2019）基于诚信原则做出论述，指出商标注册、申请等行为应当遵循诚信原则，同时指出诚信原则的司法适用情形[②]。田晓玲和张玉敏（2018）指出商标抢注的行为违反《民法总则》《侵权责任法》《反不正当竞争法》相关法律，是一种有法律明文规定的违法行为，商标抢注行为的界定在于其违法性和对被抢注人的危害性[③]。滕锐（2013）指出恶意注册他人使用的商标，占有商标资源并谋取非法利益的行为如果不及时发现并控制，不仅对于市场运行有影响，而且对于商标审查机构和知识产权创新的积极性也有一定的影响[④]。为了保护商标的合法权益，许多国家都制定了相关规定。曹柯（2011）的研究指出商标抢注的规制应该将行政程序与司法程序相结合，依据先决性原则和完整性原则将两种程序进行衔接，既要利用好行政程序中的公权力，维护好公共利益，也要利用好司法程序的法治性和私权力性质[⑤]。

关于商标抢注行为的规制，学界指出了如下对策方案：首先，提高商标审查标准。加大商标注册机构对商标申请的审查力度，增加对已存在商标的查验和对类似商标的比较分析，以避免恶意商标抢注。同时，加强对商标审查人员的培训，提高其判断商标之间相似性的技能。其次，设立商标监测机制。建立商标监测系统，监测商标注册申请，及时发现并阻止恶意商标抢注行为。监测系统可以利用技术手段如人工智能、大数据分析等，帮助发现潜在的商标冲突。再次，强化商标异议和复审程序。建立健全的商标异议和复审程序，允许关于商标注册申请的异议和复审申请，提供有效的途径来解决商标侵权和抢注的问题。这些程序可以为商标权利人提供保护其权益的机会，同时对恶意商标申请者进行惩罚。最后，增加商标使用要求。对商标注册和续展提出更严格的使用要求，要求商标注册人使用和实际使用商标，并加强对商标使用情况的监督。如果商标注册人无正当理由未在规定期限内使用商标或未能提供证据证明商标的实际使用，可以取消其商标注册权。加大打击商标抢注行为的法律制裁力度，提高违法行为的惩罚力度，包括罚款、处罚和刑事责任等，同时也要加强执法部门的监督和协调，确保法律的执行效果[⑥]。

---

① 杨利华. 商标抢注规制新突破：公共领域保留原则的引入：以网络热词的商标抢注为对象[J]. 社会科学战线，2022（5）：189-198.

② 张铃. 商标抢注行为中诚信条款的司法适用研究[J]. 东北大学学报（社会科学版），2019（5）：512-518.

③ 田晓玲，张玉敏. 商标抢注行为的法律性质和司法治理[J]. 知识产权，2018（1）：27-32，49.

④ 滕锐. 商标抢注行为的概念界定及其矫正[J]. 重庆社会科学，2013（1）：26-31.

⑤ 曹柯. 商标抢注及其规制程序[J]. 人民司法，2011（5）：89-94.

⑥ 张荣娟. 论商标抢注与商标保护[J]. 财经问题研究，1999（12）：76-77.

关于行政执法的前人研究，董涛（2022）指出知识产权的行政执法在立法、实践，以及新时代数字化时代下面临重重问题。在立法方面，知识产权行政执法的执法权限和执法管辖问题突出，权限设置过宽或过窄，管辖范围过大或过小都会产生问题；在实践方面，知识产权保护行政执法与司法保护衔接不密切，制度设置不统一，判定标准不统一；在数字化时代下，行政执法在知识产权保护方面没有与时俱进，部分执法所依据规范仍然落后等都是存在的问题[①]。戚建刚和兰皓翔（2022）指出地方层面的知识产权行政保护面临着新的挑战：行政法执行"薄弱"，需要提高知识产权行政保护的能力，在地方一级有必要建立"治理"的概念，即建立尊重知识产权的国家治理体系，并会同许多行动者参与其中，构建不同合作形式，建立知识产权行政法执行检查员制度[②]。孙国瑞（2021）指出知识产权行政执法的效率因地区不同而产生差异，需要提升行政执法能力，并加强法律普及，进一步加强知识产权保护[③]。执法力量不足导致某些地区或行业可能存在知识产权执法力量不足的问题，进而导致执法效果不佳。由于案件数量庞大和执法程序烦琐，有些案件可能无法及时得到处理，从而降低了执法的有效性。在一些情况下，执法行为可能存在主观偏好、不公正或不一致的现象，不同案件之间的行政处罚结果可能存在差异。关于对策方面，马忠法和谢迪扬（2020）提出对策方案：对于执法合作协议，可以在合作条件、激活方式、争端解决、责任分配、权利救济等方面增加实质性内容。为促进执法合作，可设立常设机构，开展日常执法合作。加强信息共享，鼓励区域性民间知识产权机构的建设，充分发挥其监管和服务功能[④]。李伟民（2021）指出应该做好行政执法与司法裁判的有机衔接，制定好统一的标准，使得"上下合一"。加强执法力量的培养和投入，加大对知识产权执法人员的培训和人员配备，提高他们的专业知识和技能，增强执法力量的整体水平[⑤]。优化执法程序和流程，通过简化执法程序、推行信息化管理等手段，提高执法效率，加快案件的处理和解决速度。提升执法标准和公正性，建立明确的执法标准和规范，通过完善执法指引、加强内部审核和监督等措施，提升执法的公正性和一致性。李雨峰和邓思迪（2020）认

① 董涛. 国家治理现代化下的知识产权行政执法[J]. 中国法学，2022（5）：63-82.

② 戚建刚，兰皓翔. 基层治理视角下的知识产权行政保护能力研究：以机构改革后湖北省 W 市 13 个区的市场监管局为样本[J]. 北京行政学院学报，2022（2）：47-54.

③ 孙国瑞. 对知识产权行政执法标准和司法裁判标准统一的几点认识[J]. 中国应用法学，2021（2）：87-99.

④ 马忠法，谢迪扬. 长三角一体化战略下的知识产权行政执法协作机制研究[J]. 杭州师范大学学报（社会科学版），2020（5）：101-110.

⑤ 李伟民. 知识产权行政执法与司法裁判衔接机制研究[J]. 中国应用法学，2021（2）：100-123.

为将常识作为行政执法的约束手段是一个切实可行的方法①。

（四）传统乳制品示范企业的知识产权管理研究

针对该研究主体的学界成果较少，本书基于其上一层主体概念"中小型创新示范企业"进行检索和分析发现，学界就基于传统行业的中小型创新示范企业的知识产权管理研究围绕业务管理和资源管理展开研究。邵兴东（2019）指出外向型企业有重复研发的情况，成本较高，研发周期长，企业发布的信息可能会泄露企业机密。因此要通过贯标来促进企业发展，形成制度化的知识产权机制，激发企业中知识产权管理人员保护企业知识产权的热情，构建出合理有效的知识产权管理体系②。赵星（2019）指出知识产权管理的主体界定过于笼统，很难区别出知识产权管理职能和其他管理职能，知识产权管理的客体分类不够细化，难以了解知识产权管理内容的专业性，知识产权管理的目的表述不清晰，不能明确掌握知识产权工作的方向。企业要提高知识产权相关人员的创造能力，还要重视知识产权管理的需求，存储更多的知识产权的资源来减少和避免知识产权发展中的风险③。石丹（2019）指出知识产权制度很难激励科研机构等创新者，给知识的流动造成了阻碍，互联网快速发展的同时知识共享成为双刃剑，企业对知识产权的识别能力差，运用知识的效率较低。因此企业作为创新主体，从新的角度重新理解知识产权，建立相关的诚信机制，提高知识的运用效率，完善知识产权法律体系，企业从知识产权管理的角度考虑，通过多元思路来解决困境④。王兰忠和周政宇（2019）指出我国知识产权制度发展起步较晚，还不够完善与规范，对侵权行为的惩罚力度小，企业缺少知识产权保护意识。通过进一步完善和规范我国的知识产权制度，利用好知识产权的规则，提升企业的知识产权保护意识，加强政府和行业协会的优势功能，营造出良好的知识产权环境⑤。王卓（2019）指出老字号食品企业需要加强对知识产权的保护，企业受到仿冒、抄袭、窃取等损害，不法经营者通过当前商标机制的漏洞恶意使用老字号食品企业商标，老字号食品企业的管理者没有相应的知识产权保护经验，面对知

① 李雨峰，邓思迪. 常识：知识产权行政执法的理性基础：从营商环境法治化展开[J]. 福建师范大学学报（哲学社会科学版），2020（3）：60-70，170.

② 邵兴东. 外向型企业应积极实施知识产权管理规范贯标[J]. 对外经贸实务，2019（11）：44-47.

③ 赵星. 企业知识产权管理基本概念探析及其实践意义[J]. 科技促进发展，2019（9）：956-963.

④ 石丹. 开放式创新下的知识产权法律挑战及其应对[J]. 科技与法律，2019（3）：42-48.

⑤ 王兰忠，周政宇. 逆向服务外包企业知识产权保护策略研究[J]. 山东社会科学，2019（1）：154-158.

识产权纠纷，老字号食品企业维权困难，维权成本高。通过提高企业管理者的知识产权保护意识可以预防企业知识产权受到损害，培育企业内部专业化知识产权事务管理团队管理知识产权，还要结合自身情况组建法律团队来维权。食品企业的知识产权需要政府、企业、社会共同保护[1]。陈学文（2019）指出我国目前知识产权制度规定的专利审批周期太长，侵权现象多，难以维权，维权成本高且对侵权行为惩罚力度小，知识产权有关的行政部门规模小、知识产权保护不到位、缺乏与企业的联系与沟通，高新园区知识产权服务的职能普遍缺失或被弱化。应从管理与服务的供给主体出发，加大侵权惩罚力度，提高行政管理部门的服务水平，积极开展服务，组织知识产权培训，强化高新园区的知识产权的管理与服务能力[2]。王博雅和向晶（2018）指出我国企业缺少知识产权人才，虽然大部分企业设置知识产权管理机构，但是人员配备数量少且对知识产权人才的待遇也普遍偏低，知识产权人才流失问题也很严重，这导致企业的知识产权管理水平低、质量差。因此要加强知识产权培训，增强企业管理层对知识产权管理的重视，制定标准来规范知识产权管理体系，政府制定体系为企业提供参照，建立相关的辅导机构帮助企业建立知识产权管理体系，针对企业知识产权管理，还要准备完善的科研管理制度，对中小型企业进行财政补贴[3]。侯曼等（2018）指出中国知识产权运营管理体系还不够健全，保护机制也不完善，缺乏运营管理的专业人才。企业要形成运营知识产权的意识，可以有效提高知识产权管理能力和运营能力，还要培养运营知识产权人才，有效推动知识产权运营，要加强企业知识产权保护力度，使员工意识到知识产权的重要性，最后通过改善企业知识产权的运营管理机构来提高企业的工作效率[4]。廉串德（2018）指出我国企业在外国缺少进行专利申请的资金，在与外方合作中我国企业缺乏核心技术控制能力，自身转化能力差导致产权市场交易成功率不高，大多数企业忽略自身产权管理体系建设，对外方侵权行为难以实行有效保护。所以企业要根据与外方合作的具体情况来建立完备的知识产权管理机制，不断改良国际科技合作之间的评价机制，促进企业形成产权的保护意识和能力，甄选合作伙伴，减少因为文化冲突与

① 王卓.老字号食品企业知识产权管理与风险防范[J].食品工业，2019（10）：268-271.
② 陈学文.高新技术企业知识产权管理与服务的实证研究：基于广州市高新技术企业知识产权的调查[J].科技管理研究，2019（6）：148-154.
③ 王博雅，向晶.我国企业知识产权人才建设问题分析及政策建议[J].知识产权，2018（2）：82-89.
④ 侯曼，武敏娟，邢战雷.基于协同视角的企业知识产权运营管理实证研究[J].科技管理研究，2018（14）：187-193.

信息不对称产生的纠纷和冲突，积极利用国外研发力量来打造科技成果，完成整条转化链构建策略①。

（五）知识产权相关机构提供的知识产权服务研究

针对该研究主体的学界成果较少，本书基于其上一层主体概念"中小型创新示范企业"进行检索和分析发现，学界就基于传统行业的中小型创新示范企业的知识产权服务研究主要围绕知识产权服务链条展开研究，即强化知识产权五维链条的服务供给。陈明媛和刘运华（2023）提出应结合实际创新的水平与发展特点，创设一条最适宜社会运行的知识产权服务链。在知识产权代理的激烈竞争之中，鼓励各企业进行差异化经营，在提升自身服务水平的同时，杜绝恶行竞争行为的出现。发展完善知识产权服务信息、咨询、交易以及法律维权的相关事项，丰富知识产权信息数据库，从而提升企业的综合竞争力②。方舟之和王峻岭（2022）提出知识产权服务之中面临的显著问题：知识产权服务客体的类型复杂、知识产权服务内容的专业性高、知识产权服务对象的需求各异。另外，知识产权服务的涵盖面极广，各行各类皆有涉及；而且，知识产权服务受到国家政策的影响大，目前亟待解决的问题就是对服务迟缓的反馈③。何志敏（2021）提出知识产权公共服务应由单一转为多链条；将短板补齐，使我国科技更具竞争力。此外还明确指出我国知识产权服务的服务转化能力不足，应强化知识产权知识的传播与利用，深度资源的共享与优化能力，从而发挥知识产权信息的战略价值④。孙卫忠和韩瑞平（2020）指出知识产权服务的优化最后还要结合整合社会的实际需求和企业运营的需要，立足于各个地区的建设和发展，将知识产权服务同实体经济相结合，促使创新与产业交会相融；各个企业还应把握技术的发展方向，分析自身实力与对手优劣势，通过分析，掌控战略发展趋势，获得最佳发展方向⑤。孔令宾和宋伟（2019）通过量化分析得出，知识产权服务供给机制可分为决策、效率、协同、责任四种机制，以清晰地为企业的创新

---

① 廉串德.基于知识产权管理能力的企业国际科技合作效率研究[J].科学管理研究，2018（3）：117-120.

② 陈明媛，刘运华.促进科技成果转化的知识产权金融服务创新发展研究[J].科学管理研究，2023（4）：125-133.

③ 方舟之，王峻岭.知识产权服务生态系统的构建：基于服务生态系统的视角[J].图书情报工作，2022（18）：23-30.

④ 何志敏.努力开拓知识产权公共服务新局面[J].知识产权，2021（6）：3-5.

⑤ 孙卫忠，韩瑞平.国家知识产权信息服务中心建设的几点思考[J].中国高校科技，2020（S1）：51-52.

提供参考价值，目前存在的问题是知识产权服务质量需求不足、效率不足[①]。崔艳新（2019）通过对比中美两国的知识产权服务贸易发展研究得出，影响中美两个国家知识产权服务贸易水平的因素有知识产权的数量和产出质量，此外还指出知识产权标的物范围的扩大，使得中美知识产权服务贸易空间得到拓展；中美双方的知识产权政策不断完善，也为知识产权服务贸易相关活动提供了良好的保障[②]。陈学文（2019）通过对高新技术企业知识产权管理和服务的研究指出高新技术企业的实际需求无法被知识产权中介综合服务机构满足，高新园区知识产权服务整体性规划不足，应加强法律层面对知识产权服务的保护，搭建"贯标"综合服务平台并创建知识产权软环境，积极宣讲政策，开展服务，有序地进行专业知识培训[③]。黄莎和代江龙（2018）指出我国科技型中小企业存在着知识产权服务呈现单一、无体系的特点，认为企业发展知识产权服务应当加强知识产权与"互联网+"的结合发展，提供交叉性知识服务[④]。孙明贵（2018）对知识产权公共服务提出了几个模式选择：政府主导型——提供财产、公平、具备社会效益的平台；政府引导型——采取鼓励措施，支持社会力量参与；市场调控型——在市场机制中培育出特色专业的服务平台。综合各种模式的优劣得出：公共平台服务中政府应全力介入以保障知识产权服务的权威和公正；公共平台经济要依靠市场调节[⑤]。李杉杉等（2018）提出知识产权的正常运转、创新突破和持续发展皆依靠知识产权服务的支持。知识产权服务可以提供知识产权相关信息与资源乃至技术服务来辅助创新者在创新的阶段识别并研究出当前的焦点与研究的空白，并建立便捷的信息交流站，避免因信息无法对应而出现的研究阻碍[⑥]。谷丽等（2018）提出计划行为理论可为知识产权服务中合作创新行为作出解释；知识产权服务中合作创新行为受到行为态度的直接正面影响[⑦]。在知识产权的服务内容上，谷丽等（2017）指出知识产权服务内容渗透于知识产权的全过

① 孔令兵，宋伟. 知识产权服务供给机制实效性探寻：基于结构方程模型的量化分析[J]. 科技管理研究，2019（16）：191-198.

② 崔艳新. 中美知识产权服务贸易发展战略研究[J]. 国际贸易，2019（4）：68-77.

③ 陈学文. 高新技术企业知识产权管理与服务的实证研究：基于广州市高新技术企业知识产权的调查[J]. 科技管理研究，2019（6）：148-154.

④ 黄莎，代江龙. 供给侧改革视域下中小企业知识产权服务模式变革[J]. 理论视野，2018（5）：52-57.

⑤ 孙明贵. 借鉴国际经验发展我国知识产权公共服务平台的思考[J]. 企业经济，2018（10）：5-10，2.

⑥ 李杉杉，高莹莹，鲍志彦. 面向协同创新的知识产权服务联盟研究[J]. 图书馆工作与研究，2018（3）：41-46.

⑦ 谷丽，任立强，洪晨，等. 知识产权服务中合作创新行为的产生机理研究[J]. 科学学研究，2018（10）：1870-1878.

程——创造、运用、保护和管理都离不开知识产权服务，知识产权服务对合作创新行为也有着重大影响[①]。

学界对传统奶制品试点示范企业的知识产权全链条保护进行了富有见地的研究，但仍存在需完善之处。首先，该主题研究缺乏基于专利、商标等知识产权客体的数据统计和信息分析，即未能从知识产权客体"本身"出发，开展数据的深度分析和问题提出。其次，该主题研究从单一维度开展了丰富的研究，但未能从知识产权全链条保护角度开展系统性研究。最后，内蒙古自治区的传统奶制品试点示范企业的知识产权全链条保护研究仍处于严重滞后状态。

基于此，本书以"内蒙古传统奶制品试点示范企业的知识产权全链条保护问题研究"为主题，以分析知识产权客体本身为出发点，深度分析内蒙古自治区160家奶制品试点示范企业的专利和商标申请情况，从中发现和揭示问题，助力内蒙古奶制品试点示范企业的知识产权全域保护。内蒙古奶制品试点示范企业的知识产权五维链条保护贯穿了知识产权的创造、运用、保护、管理以及服务五个维度，该主题研究关注了内蒙古自治区160家奶制品试点示范企业的知识产权五维链条，构建系统性研究，从五个维度展示内蒙古自治区160家奶制品试点示范企业的知识产权保护中存在的问题，并提供对应的解决方案。因此，本书以知识产权为牵引，在助力内蒙古自治区特色产业的健康发展和内蒙古自治区知识产权五维链条的质量提升上发挥着重要作用。

三、研究的主要内容、基本思路、研究方法

（一）研究的主要内容

该主题研究围绕三个方面展开研究，分别如下：

1. 深度掌握内蒙古传统奶制品试点示范企业的知识产权全链条保护情况

该部分围绕"宏观+微观"的思路展开研究。在宏观层面，重点梳理促进传统奶制品产业发展的法律法规和相关政策。通过梳理法律法规和相关政策，从宏观层

---

① 谷丽，任立强，丁堃. 知识产权服务中合作创新行为的相关研究综述[J]. 情报杂志，2017（10）：104-109，90.

面了解国家和内蒙古自治区对奶制品产业的促进情况。在微观层面，选取并研究内蒙古传统奶制品试点示范企业的专利申请数据和商标申请数据，分析内蒙古160家传统奶制品试点示范企业的知识产权保护情况。

2. 揭示内蒙古传统奶制品试点示范企业的知识产权全链条保护问题

前人研究通过分析专利数据查看数据背后的问题，但本书不仅关注知识产权数据，还关注知识产权五维链条（知识产权的创造、运用、保护、管理和知识产权服务提供），通过增加系统的维度，全面揭示内蒙古自治区160家传统奶制品试点示范企业在知识产权保护中存在的问题。这些被揭示的问题不仅是160家传统试点示范企业内部存在的问题，同时也是内蒙古自治区知识产权五维链条保护中存在的问题。

3. 解决内蒙古传统奶制品试点示范企业的知识产权全链条保护问题

基于160家传统奶制品试点示范企业的知识产权五维链条保护中存在的问题，该部分重点探索问题的解决方案，即探寻知识产权的创造、运用、保护、管理以及知识产权相关机构提供的知识产权服务中存在问题的解决方案，助力提升内蒙古自治区160家传统奶制品试点示范企业的创新成果的诞生，促进其健康长久发展，以试点示范企业为先行者，最终助力内蒙古自治区奶产业的振兴和繁荣发展。

（二）基本思路

本书以"内蒙古传统奶制品试点示范企业的知识产权全链条保护问题研究"为题开展知识产权的五维链条的研究，以了解现状为研究的出发点，以探寻"160家传统奶制品试点示范企业的知识产权五维链条保护中存在的问题"为研究的切入点，以解决存在的问题为落脚点，全面助力内蒙古奶产业的振兴和繁荣发展为根本目标，科学开展系统性研究。总体而言，本书遵循"现状掌握 → 问题发现 → 问题解决"的研究思路展开该主题研究（见图1-6）。

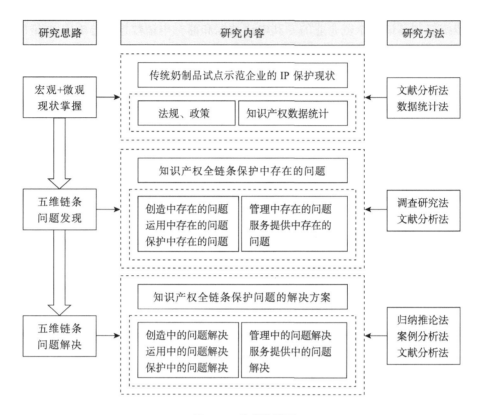

图1-6　技术路线图

（三）研究方法

该主题研究主要运用了数据统计法、文献分析法和案例分析法（见图1-6）。

1. 数据统计法

在内蒙古传统奶制品试点示范企业的知识产权保护现状研究部分运用了商标申请和专利申请的数据统计法，通过知识产权信息的专门分析方法，呈现数据背后存在的知识产权保护问题。

2. 文献分析法

在内蒙古奶制品试点示范企业的知识产权保护的现状描述、问题发现以及问题解决部分均需要对现有文献进行梳理和分析，深度掌握前人研究成果，揭示存在的问题，并提供解决方案。

3. 案例分析法

在内蒙古奶制品试点示范企业的知识产权保护问题的解决方案中，运用案例分析法呈现他人值得借鉴的经验方案，基于他人的经验，构建本书的解决路径和行动方案。

四、创新点

（一）呈现了研究对象的知识产权数据的分析结果

前人研究多以奶制品专利数据分析为研究的切入点，以专利预警和专利导航的形式呈现研究成果，展现了奶制品行业的专利布局现状。但由于专利申请数量的逐年快速提升，一方面，此类研究的数据分析结果已变得较为陈旧（见图1-1）；另一方面，这类研究重视宏观视野，在比较研究中仅比较区域之间的数据差异，对不同区域中的数据的深度分析较为欠缺，尤其是对内蒙古自治区的数据的深度分析处于空白状态；再一方面，这类研究严重缺乏其他知识产权客体数据的深度分析。基于此，本书梳理分析了160家内蒙古自治区传统奶制品试点示范企业的商标申请数据和专利申请数据，通过微观层面的数据分析揭示了数据背后的内蒙古奶制品试点示范企业知识产权保护中存在的问题。通过对问题的揭示，助力构建解决路径和行动方案，为内蒙古自治区的"奶业振兴"添砖加瓦。

（二）五维链条保护维度下构建了系统性解决方案

前人研究多关注"中小企业主体""奶制品新产品研发"和"以知识产权为牵引破解行业发展的瓶颈"三大主题研究（见图1-3和表1-2）。随着知识产权事业的全面发展，知识产权五维链条的保护不断被提及和被重视，即通过系统性和整体性研究可以更加全面地掌握知识产权保护问题。而内蒙古自治区奶制品企业的知识产权五维链条保护的研究仍处于严重滞后状态。基于此，本研究以160家内蒙古自治区传统奶制品试点示范企业为研究对象，以知识产权五维链条保护（创造、运用、保护、管理以及服务五个维度）为研究的切入点，深度揭示内蒙古自治区160家传统奶制品试点示范企业在知识产权五维链条保护上存在的问题，并提供解决方案，从而促进内蒙古重点特色产业的健康良性发展，以知识产权为牵引助力内蒙古奶业的繁荣发展。

第二章

传统奶制品试点示范企业的知识产权保护现状

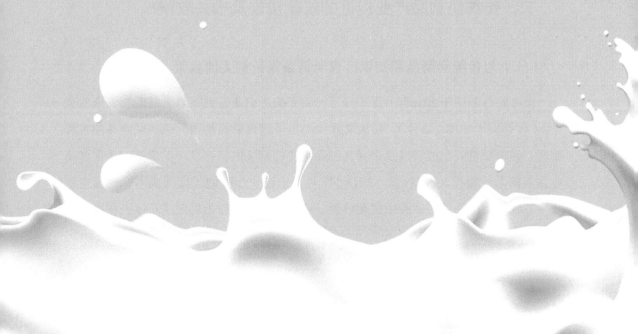

一、内蒙古自治区传统奶制品试点示范企业概述

2019年7月15日至16日，习近平总书记视察了内蒙古工作并发表了重要讲话，习近平总书记强调，针对内蒙古初级产品多、原字号特征明显、好东西卖不上好价钱的突出问题，延伸能源、冶金、建材、化工、农畜产品加工等产业链条，提高资源利用率和产品精深加工度，提高产品科技含量和附加值。2018年6月11日，国务院出台了《关于推进奶业振兴保障乳品质量安全的意见》（国办发〔2018〕43号）。2018年8月27日，在内蒙古自治区呼伦贝尔市召开了全国奶业振兴工作推进会。该次会议中特别强调了要打造有竞争力的民族奶业。因此，发展内蒙古自治区传统奶制品产业是深入贯彻落实习近平总书记指示精神的重要举措[①]。以内蒙古传统奶制品试点示范企业为先行者，引领和带动内蒙古自治区传统奶制品行业的稳步发展便是一项重要的、切实可行的践行方案。2020年6月28日，内蒙古自治区市场监督管理局公布了160家传统奶制品试点示范企业名单（见附录一）。内蒙古奶制品试点示范企业在内蒙古奶制品行业中发挥着引领和示范的作用，通过对传统奶制品试点示范企业的经验积累和复制传播，最终可以实现内蒙古奶制品行业全面振兴。

二、传统奶制品产业促进的法律法规及相关政策

（一）与传统奶制品和知识产权全链条保护相关的政策

国务院办公厅于2018年6月印发了《关于推进奶业振兴保障乳品质量安全的意见》（国办发〔2018〕43号）。在该文件中提出了建设奶源基地、完善乳制品加工和流通、强化质量安全监管以及引导乳制品消费的相关内容。在《关于进一步促进奶业振兴的若干意见》（农牧发〔2018〕18号）中进一步强调了减低成本、提高生效效率、乳制品加工业的做强做优等内容。内蒙古自治区作为奶业主产区，积极推进

[①]内蒙古举行推动民族传统奶制品产业发展新闻发布会[EB/OL].（2020-07-21）. http://www.scio.gov.cn/xwfb/dfxwfb/gssfbh/nmg_13830/202207/t20220715_225581.html.

了内蒙古自治区的奶业振兴方案。2019年8月发布了《关于推进奶业振兴的实施意见》（内政办发〔2019〕20号）、2019年12月发布了《推进奶业振兴若干政策措施》（内政办发〔2019〕33号）、2020年12月发布了《奶业振兴三年行动方案（2020—2022年）》（内政办发〔2020〕39号），以及2022年3月发布了《推进奶业振兴九条政策措施》（内政办发〔2022〕18号）。与奶业振兴相关的政策文件的发布，有利于推动内蒙古自治区奶业的高质量发展以及在全国率先实现奶业的振兴。

国务院助力知识产权的创造、运用、保护和管理，发布了系列政策，例如，《2016年全国打击侵犯知识产权和制售假冒伪劣商品工作要点》（国办发〔2016〕25号）、《国务院关于同意在中新广州知识城开展知识产权运用和保护综合改革试验的批复》（国函〔2016〕122号）、《中药现代化发展纲要》（国办发〔2002〕61号）、《知识产权综合管理改革试点总体方案》（国办发〔2016〕106号）、《"十三五"国家知识产权保护和运用规划》（国发〔2016〕86号）、《国务院关于新形势下加强打击侵犯知识产权和制售假冒伪劣商品工作的意见》（国发〔2017〕14号）、《知识产权对外转让有关工作办法（试行）》（国办发〔2018〕19号）、《"十四五"国家知识产权保护和运用规划》（国发〔2021〕20号）等。这些知识产权相关政策的发布，有利于促进创新、保护知识产权权利人的合法权益、促进经济社会的发展和国际合作交流等。

（二）与中小企业和知识产权全链条保护相关的法律法规

传统奶制品试点示范企业均为中小企业。与中小企业紧密相关的一部法律为《中华人民共和国中小企业促进法》（公布日期为2017年9月1日，实施日期为2018年1月1日）。本书基于关键词"奶制品"和"知识产权全链条"，梳理了与促进中小企业健康发展和知识产权全链条保护相关的法律法规，具体见表2-1。

表2-1　与中小企业和知识产权全链条保护相关的法律法规

关联的法律法规	数量	法律性质		时效性/公布日期	
与"知识产权创造"关联的法律法规	60条数据	法律	1条数据	有效	
		地方性法规	59条数据		
关联的法律	《中华人民共和国促进科技成果转化法》			公布日期	2015-08-29
与"知识产权运用"关联的法律法规	18条数据	地方性法规	18条数据	有效	

续 表

关联的法律法规	数量	法律性质		时效性/公布日期
与"知识产权保护"关联的法律法规	391 条数据	法律	6 条数据	有效
		行政法规	4 条数据	
		司法解释	1 条数据	
		地方性法规	380 条数据	
关联的法律		《中华人民共和国科学技术进步法》		2021-12-24
		《中华人民共和国公共图书馆法》		2018-10-26
		《中华人民共和国核安全法》		2017-09-01
		《中华人民共和国对外贸易法》		2022-12-30
		《中华人民共和国电子商务法》	公布日期	2018-08-31
		《中华人民共和国中小企业促进法》		2017-09-01
关联的行政法规		《医疗器械监督管理条例》		2021-02-09
		《中华人民共和国知识产权海关保护条例》		2018-03-19
		《中华人民共和国档案法实施办法》		2017-03-01
		《中华人民共和国货物进出口管理条例》		2001-12-10
与"知识产权管理"关联的法律法规	73 条数据	法律	2 条数据	有效
		地方性法规	71 条数据	
关联的法律		《中华人民共和国促进科技成果转化法》	公布日期	2015-08-29
		《中华人民共和国中小企业促进法》		2017-09-01
与"知识产权服务"关联的法律法规	71 条数据	地方性法规	71 条数据	有效

三、传统奶制品试点示范企业商标注册情况

（一）传统奶制品试点示范企业商标注册申请总体情况统计

2020年6月28日，内蒙古自治区市场监督管理局下发了《自治区市场监管局关于印发民族传统奶制品产业发展首批试点示范名单的通知》（内市监办字〔2020〕149号）（简称《通知》），《通知》中公布了首批160家民族传统奶制品试点示范企业，其中呼和浩特市的试点示范企业3家，包头市的试点示范企业6家，呼伦贝尔市的试点示范企业26家，兴安盟的试点示范企业10家，通辽市的试点示范企业16家，赤峰市的试点示范企业21家，锡林郭勒盟的试点示范企业28家，乌兰察布市

的试点示范企业17家，鄂尔多斯市的试点示范企业12家，巴彦淖尔市的试点示范企业13家，阿拉善盟的试点示范企业6家，满洲里市和二连浩特市的试点示范企业各1家。

对于企业而言，创造商标价值是一件极其重要的事项。注册商标，不仅可以开展权利运营事项，在商品或服务维度上也可以区分竞争对手。截至2023年10月31日，160家试点示范企业中仅有35家试点示范企业进行了商标注册申请，总计申请数量306件。其中阿拉善盟的试点示范企业商标注册申请数量最多，为68件；第二是巴彦淖尔市的试点示范企业，为55件；第三是乌兰察布市的试点示范企业，为46件；呼伦贝尔市试点示范企业商标注册申请数量最少，仅有1件；呼和浩特市、满洲里市和二连浩特市的试点示范企业没有商标注册申请（见表2-2）。

表2-2　160家试点示范企业数量及其商标注册申请情况

区域	试点示范企业数/个	试点示范企业合计商标申请数量/件
呼和浩特市	3	0
包头市	6	26
呼伦贝尔市	26	1
兴安盟	10	11
通辽市	16	12
赤峰市	21	13
锡林郭勒盟	28	44
乌兰察布市	17	46
鄂尔多斯市	12	30
巴彦淖尔市	13	55
阿拉善盟	6	68
满洲里市	1	0
二连浩特市	1	0
合计	160	306

（二）传统奶制品试点示范企业商标注册申请地域情况统计

经统计，160家试点示范企业的商标注册申请地域分布在10个盟市的旗县区，商标注册申请量排名前三的盟市依次为：阿拉善盟（68件），其商标注册申请分布在阿拉善右旗和阿拉善左旗2个旗县区，其中阿拉善右旗商标注册申请的数量为阿拉善左旗的3.9倍；巴彦淖尔市（55件），其商标注册申请分布在乌拉特后旗1个旗县区；锡林郭勒盟（44件），其商标注册申请分布在锡林浩特市、正蓝旗、正镶白旗、阿巴嘎旗四个旗县区（见表2-3）。

表2-3　160家试点示范企业商标注册申请地域情况

单位：件

盟市名称	旗县区名称	商标注册申请数量	合计
包头市	达茂旗	26	26
呼伦贝尔市	海拉尔区	1	1
兴安盟	科尔沁右翼中旗	11	11
通辽市	科尔沁左翼后旗	6	12
	扎鲁特旗	6	
赤峰市	阿鲁科尔沁旗	7	13
	巴林左旗	3	
	克什克腾旗	3	
锡林郭勒盟	锡林浩特市	10	44
	正蓝旗	22	
	正镶白旗	1	
	阿巴嘎旗	11	
乌兰察布	察哈尔右翼前旗	46	46
鄂尔多斯市	鄂托克前旗	7	30
	杭锦旗	2	
	乌审旗	21	
巴彦淖尔市	乌拉特后旗	55	55
阿拉善盟	阿拉善右旗	54	68
	阿拉善左旗	14	

（三）传统奶制品试点示范企业商标注册申请量统计

经统计，传统奶制品试点示范企业从1994年开始有了第1件商标注册申请，为达茂旗毕力格泰民族食品有限责任公司在29类"肉、蛋、奶、油"等商品上申请的"牧人"商标。在此后近20年的时间内，传统奶制品试点示范企业的商标注册申请数量一直很少，除了2006年、2007年、2010年、2011年、2012年、2013年有少量商标注册申请外，其余时间内商标注册申请保持"零"的状态。自2014年开始，传统奶制品试点示范企业商标注册申请数量开始有小幅度上升，之后又出现下滑，直到2017年开始申请量呈每年逐渐上升趋势，到2020年商标注册申请量达到高峰，为87件，之后增长速度放缓，2021年注册量下降至56件（见图2-1）。

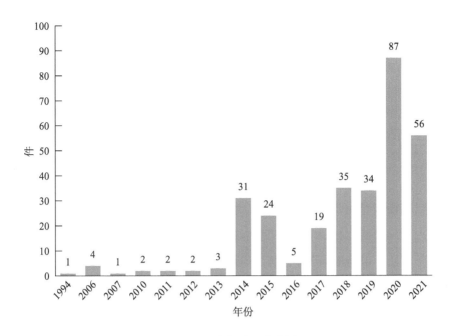

图2-1　商标注册申请量

（四）传统奶制品试点示范企业商标注册申请人情况统计

在35家传统奶制品试点示范企业的商标注册申请人当中，来自家庭牧场的有3家，分别是阿鲁科尔沁旗阿拉坦其其格家庭牧场、阿鲁科尔沁旗梅林家庭牧场、阿鲁科尔沁旗特格西巴亚尔家庭牧场；来自专业合作社的有6家，分别是达茂旗阿都琴农牧业专业合作社、科右前旗爱日克奶食品专业合作社、科右中旗巴图查干种养殖业专业合作社、科右中旗毛仁塔拉种养殖业专业合作社、察右前旗双喜养殖专业合作社、内蒙古谊尔养殖专业合作社。在35家商标注册申请人当中，商标注册申请量排名第一的商标申请人是来自巴彦淖尔市乌拉特后旗的内蒙古英格苏生物科技有限公司，申请量为55件；排名第二的商标申请人是来自阿拉善盟阿拉善右旗的内蒙古沙漠之神生物科技有限公司，申请量为54件；排名第三的商标申请人是来自乌兰察布察哈尔右翼前旗的内蒙古辉腾锡勒旅游文化股份有限公司，申请量为45件；排名第四的商标申请人是来自锡林郭勒盟正蓝旗的内蒙古苏太食品有限责任公司，申请量为22件；排名第五的商标申请人是来自包头市达茂旗的达茂旗毕力格泰民族食品有限责任公司，申请量为19件（见表2-4）。

表2-4　商标注册申请量排名前五的传统奶制品试点示范企业

商标注册申请人	商标注册申请数量/件
内蒙古英格苏生物科技有限公司	55
内蒙古沙漠之神生物科技有限公司	54
内蒙古辉腾锡勒旅游文化股份有限公司	45
内蒙古苏太食品有限责任公司	22
达茂旗毕力格泰民族食品有限责任公司	19

在家庭牧场和专业合作社的商标注册申请人当中，商标注册申请量最多的商标注册申请人为阿鲁科尔沁旗梅林家庭牧场，申请量为3件；其次是达茂旗阿都琴农牧业专业合作社，申请量为2件，其余申请量均为1件。

（五）传统奶制品试点示范企业商标申请类别情况统计

从传统奶制品试点示范企业申请商标指定使用的商品或服务类别来看，申请量最多的9个类别依次是：（29类）肉、蛋、奶、油，申请量为111件，占比36.2%；（35类）广告销售，申请量为43件，占比14.0%；（30类）方便食品，申请量为26件，占比8.4%；（32类）无酒精饮料、啤酒，申请量为15件，占比4.9%；（05类）药品、婴儿奶粉、卫生用品，申请量为9件，占比2.9%；（31类）农林生鲜、（41类）教育娱乐，申请量均为8件，占比2.6%；（33类）酒、（43类）餐饮住宿服务，申请量均为6件，占比1.9%。

根据2021年商标尼斯分类表29类2907群组，2907群组的商品包含了传统奶制品企业生产销售的商品，如2907群组的"黄油、奶酒（奶制品）、奶酪、奶、酸奶、乳清、奶制品、奶粉、酸牛奶、乳酸饮料、羊奶、鲜奶油、乳酪、奶油、牛奶、牛奶制品、马奶酒（奶饮料）、以牛奶为主的饮料、奶茶（以奶为主）、牛奶饮料（以牛奶为主）、酸乳酒（牛奶饮料）、乳酸饮料"这些都是与奶及乳制品相关的商品。因此，从申请量上来看，申请量排在首位的（29类）肉、蛋、奶、油中的奶类相关商品正是传统奶制品试点示范企业商标重点保护的核心商品类别。此外，传统奶制品试点示范企业还倾向于（35类）广告销售，（43类）餐饮住宿服务以及与食品领域相关的（30类）方便食品，（32类）无酒精饮料、啤酒，（05类）药品、婴儿奶粉、卫生用品，（31类）农林生鲜这些类别。

商标尼斯分类表共45个类别，在除上述传统奶制品试点示范企业核心类别及倾向注册的类别外，有个别传统奶制品试点示范企业还在其他剩余的38个类别对其主品牌进行了商标布局，如内蒙古沙漠之神生物科技有限公司对其"沙漠之神"（THE GOD OF DESERT）商标在45个类别进行了防御商标注册；内蒙古英格苏生物科技有限公司对其"英格苏"商标，内蒙古辉腾锡勒旅游文化股份有限公司对其"辉腾梁""黄花沟"商标均进行了多类别的商标布局（见表2-5）。

表2-5　传统奶制品试点示范企业商标注册申请类别统计表（01类至45类）

类别		申请数量/件	所占比例/%
01类 化学原料	用于工业、科学、摄影、农业、园艺和林业的化学品；未加工人造合成树脂，未加工塑料物质；灭火和防火用合成物；淬火和焊接用制剂；鞣制动物皮毛用物质；工业用黏合剂；油灰及其他膏状填料；堆肥，肥料，化肥；工业和科学用生物制剂	2	0.6
02类 颜料油漆	颜料，清漆，漆；防锈剂和木材防腐剂；着色剂，染料；印刷、标记和雕刻用油墨；未加工的天然树脂；绘画、装饰、印刷和艺术用金属箔及金属粉	1	0.3
03类 日化用品	不含药物的化妆品和梳洗用制剂；不含药物的牙膏；香料，香精油；洗衣用漂白剂及其他物料；清洁、擦亮、去渍及研磨用制剂	4	1.3
04类 工业用油、燃料	工业用油和油脂，蜡；润滑剂；吸收、润湿和黏结灰尘用合成物；燃料和照明材料；照明用蜡烛和灯芯	1	0.3
05类 药品、婴儿奶粉、卫生用品	药品，医用和兽医用制剂；医用卫生制剂；医用或兽医用营养食物和物质，婴儿食品；人用和动物用膳食补充剂；膏药，绷敷材料；填塞牙孔用料，牙科用蜡；消毒剂；消灭有害动物制剂；杀真菌剂，除莠剂	9	2.9
06类 金属制品	普通金属及其合金，金属矿石；金属建筑材料；可移动金属建筑物；普通金属制非电气用缆线；金属小五金具；存储和运输用金属容器；保险箱	1	0.3
07类 机械设备	机器，机床，电动工具；马达和引擎（陆地车辆用的除外）；机器联结器和传动机件（陆地车辆用的除外）；除手动手工具以外的农业器具；孵化器；自动售货机	1	0.3
08类 手工用具	手工具和器具（手动的）；刀、叉和匙餐具；除火器外的随身武器；剃刀	2	0.6
09类 科学仪器	科学、研究、导航、测量、摄影、电影、视听、光学、衡具、量具、信号、侦测、测试、检验、救生和教学用装置及仪器；处理、开关、转换、积累、调节或控制电的配送或使用的装置和仪器；录制、传送、重放或处理声音、影像或数据的装置和仪器；已录制和可下载的媒体，计算机软件，录制和存储用空白的数字或模拟介质；投币启动设备用机械装置；收银机，计算设备；计算机和计算机外围设备；潜水服，潜水面罩，潜水用耳塞，潜水和游泳用鼻夹，潜水员手套，潜水呼吸器，灭火设备	1	0.3

类别		申请数量/件	所占比例/%
10 类 医疗器械	外科、医疗、牙科和兽医用仪器及器械；假肢，假眼和假牙；矫形用物品；缝合材料；残疾人专用治疗装置；按摩器械；婴儿护理用器械、器具及用品；性生活用器械、器具及用品	1	0.3
11 类 照明、空调、烹调设备	照明、加热、冷却、蒸汽发生、烹饪、干燥、通风、供水以及卫生用装置和设备	1	0.3
12 类 运输工具	运载工具；陆、空、海用运载装置	1	0.3
13 类 军火、烟火、爆竹	火器；军火及弹药；炸药；焰火	1	0.3
14 类 珠宝首饰、钟表	贵金属及其合金；首饰，宝石和半宝石；钟表和计时仪器	3	0.9
15 类 乐器	乐器；乐谱架和乐器架；指挥棒	2	0.6
16 类 办公用品	纸和纸板；印刷品；书籍装订材料；照片；文具和办公用品（家具除外）；文具用或家庭用黏合剂；绘画材料和艺术家用材料；画笔；教育或教学用品；包装和打包用塑料纸、塑料膜和塑料袋；印刷铅字，印版	5	1.6
17 类 橡胶制品、绝缘材料	未加工和半加工的橡胶、古塔胶、树胶、石棉、云母及这些材料的代用品；生产用成型塑料和树脂制品；包装、填充和绝缘用材料；非金属软管和非金属柔性管	1	0.3
18 类 皮革皮具	皮革和人造皮革；动物皮；行李箱和背包；雨伞和阳伞；手杖；鞭，马具和鞍具；动物用项圈、皮带和衣服	5	1.6
19 类 非金属的建筑材料	非金属的建筑材料；建筑用非金属硬管；柏油，沥青；可移动非金属建筑物；非金属纪念碑	1	0.3
20 类 家具、塑料制品	家具，镜子，相框；未加工或半加工的骨、角、鲸骨或珍珠母；贝壳；海泡石；黄琥珀；存储或运输用非金属容器	3	0.9
21 类 厨房用具及容器	家用或厨房用器具和容器；梳子和海绵；刷子(画笔除外)；制刷原料；清洁用具；未加工或半加工玻璃（建筑用玻璃除外）；玻璃器皿、瓷器和陶器；烹饪用具和餐具（刀、叉、匙除外）	3	0.9
22 类 缆、绳、网、帐篷	绳索和细绳；网；帐篷和防水遮布；纺织品或合成材料制遮篷；帆；运输和贮存散装物用麻袋；衬垫和填充材料（纸或纸板、橡胶、塑料制除外）；纺织用纤维原料及其替代品	2	0.6
23 类 纺织用纱和线	纺织用纱和线	1	0.3
24 类 纺织品	织物及其替代品；家庭日用纺织品；纺织品制或塑料制帘	3	0.9
25 类 服装、鞋、帽	服装，鞋，帽	4	1.3
26 类 花边、刺绣	花边，编带和刺绣品；缝纫用饰带和蝴蝶结；纽扣，领钩扣，饰针和缝针；人造花；发饰；假发	3	0.9

类别		申请数量/件	所占比例/%
27类 地毯、席垫	地毯，地席，亚麻油地毡及其他铺在已建成地板上的材料；非纺织品制壁挂	2	0.6
28类 体育用品、玩具	游戏器具和玩具；视频游戏装置；体育和运动用品；圣诞树用装饰品	2	0.6
29类 肉、蛋、奶、油	肉，鱼，家禽和野味；肉汁；腌渍、冷冻、干制及煮熟的水果和蔬菜；果冻，果酱，蜜饯；蛋；奶，奶酪，黄油，酸奶和其他奶制品；食用油和油脂	111	36.2
30类 方便食品	咖啡、茶、可可及其代用品；米，意式面食，面条；食用淀粉和西米；面粉和谷类制品；面包、糕点和甜食；巧克力；冰淇淋，果汁刨冰和其他食用冰；糖，蜂蜜，糖浆；鲜酵母，发酵粉；食盐，调味料，香辛料，腌制香草	26	8.4
31类 农林生鲜	未加工的农业、水产养殖业、园艺、林业产品；未加工的谷物和种子；新鲜水果和蔬菜，新鲜芳香草本植物；草木和花卉；种植用球茎、幼苗和种子；活动物；动物的饮食；麦芽	8	2.6
32类 无酒精饮料、啤酒	啤酒；无酒精饮料；矿泉水和汽水；水果饮料及果汁；糖浆及其他用于制作无酒精饮料的制剂	15	4.9
33类 酒	酒精饮料（啤酒除外）；制饮料用酒精制剂	6	1.9
34类 烟草烟具	烟草和烟草代用品；香烟和雪茄；电子香烟和吸烟者用口腔雾化器；烟具；火柴	1	0.3
35类 广告销售	广告；商业经营、组织和管理；办公事务	43	14.0
36类 金融保险	金融，货币和银行服务；保险服务；不动产服务	1	0.3
37类 建筑、修理、安装	建筑服务；安装和修理服务；采矿，石油和天然气钻探	1	0.3
38类 通讯服务	电信服务	1	0.3
39类 运输贮藏、旅行安排	运输；商品包装和贮藏；旅行安排	4	1.3
40类 材料处理	材料处理；废物和垃圾的回收利用；空气净化和水处理；印刷服务；食物和饮料的防腐处理	2	0.6
41类 教育娱乐	教育；提供培训；娱乐；文体活动	8	2.6
42类 科技服务	科学技术服务和与之相关的研究与设计服务；工业分析、工业研究和工业品外观设计服务；质量控制和质量认证服务；计算机硬件与软件的设计与开发	2	0.6
43类 餐饮、住宿服务	提供食物和饮料的服务；临时住宿服务	6	1.9
44类 医疗服务	医疗服务；兽医服务；人或动物的卫生和美容服务；农业、水产养殖、园艺和林业服务	4	1.3
45类 社会服务	法律服务；为有形财产和个人提供实体保护的安全服务；交友服务，在线社交网络服务；殡仪服务；临时照看婴孩	1	0.3

（六）传统奶制品试点示范企业商标注册申请法律状态统计

在306件商标注册申请当中，其中有效商标注册量为214件，占比69.9%；无效商标数量为72件，占比23.5%；审理中商标数量为20件，占比6.5%，从总体占比情况来看，有效商标注册量占比较高（见图2-2）。

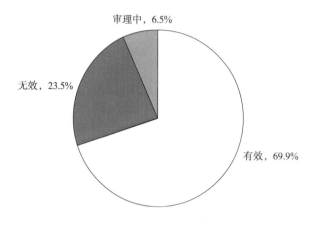

图2-2　商标法律状态

从区域来看，有效商标注册量排名前三的盟市依次为：乌兰察布市（46件）、巴彦淖尔市（36件）、锡林郭勒盟（32件）。阿拉善盟虽然商标注册申请数量排名第一，但是有效商标注册量仅有19件，居第六位（见表2-6）。

表2-6　区域有效商标注册量

单位：件

盟市	商标注册申请数量	有效商标注册量
包头市	26	24
呼伦贝尔市	1	1
兴安盟	11	10
通辽市	12	10
赤峰市	13	11
锡林郭勒盟	44	32
乌兰察布市	46	46
鄂尔多斯市	30	25
巴彦淖尔市	55	36
阿拉善盟	68	19
合计	306	214

四、传统奶制品试点示范企业专利申请情况

（一）传统奶制品试点示范企业专利申请总体情况统计

从专利申请情况来看，截至2021年12月31日，160家传统奶制品试点示范企业仅有3家企业申请了专利，总计为20件，包括来自兴安盟的内蒙古沙漠之神生物科技有限公司（专利申请数量14件），鄂尔多斯市的内蒙古牧名食品有限责任公司（专利申请数量4件）及鄂尔多斯市伊德泰生态农牧业有限公司（专利申请数量2件）（见表2-7）。

表2-7　传统奶制品试点示范企业专利申请总量

区域	专利权人	专利数量/件
兴安盟	内蒙古沙漠之神生物科技有限公司	14
鄂尔多斯市	内蒙古牧名食品有限责任公司	4
	伊德泰生态农牧业有限公司	2
合计		20

（二）传统奶制品试点示范企业专利申请趋势情况统计

从3家传统奶制品试点示范企业的专利申请时间来看，内蒙古沙漠之神生物科技有限公司早在2008年针对风味酸驼乳及其制备方法提交了1件专利申请，在此后长达10年的时间里，传统奶制品试点示范企业的专利申请数量为0，直到2018年，内蒙古沙漠之神生物科技有限公司再次申请了2件关于骆驼奶外包装盒和包装罐的外观设计专利申请，其后又进入了短暂的沉寂期，直到2020年，专利申请量迎来了新高，除内蒙古沙漠之神生物科技有限公司外，另外2家试点企业也开始布局专利申请，3家试点企业共计申请9件专利。其后在2021年，虽然专利申请数量下滑了1件，但总量维持在8件。从申请的持续程度上来看，是一个向好转变的信号，预示着传统奶制品试点示范企业已经开始注重产品创新与专利保护（见图2-3）。

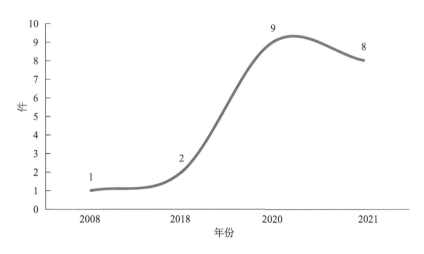

图2-3　专利申请趋势

（三）传统奶制品试点示范企业专利申请类型情况统计

经统计，传统奶制品试点示范企业的实用新型专利申请所占比重较大，为13件，占总申请量的65%；发明专利为5件，占总申请的25%；外观设计专利为2件，占总申请量的10%（见图2-4）。

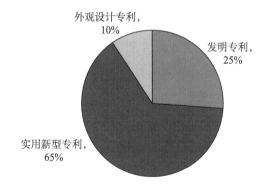

图2-4　专利申请类型统计

在上述申请的发明专利当中，授权的发明专利仅有1件，剩余4件发明专利申请均被驳回；而13件实用新型专利和2件外观设计专利均授权并有效（见图2-5）。

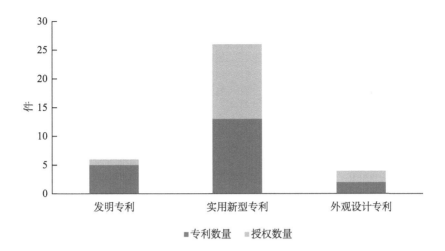

图2-5　专利申请量与授权量

（四）传统奶制品试点示范企业专利技术构成情况统计

经统计，传统奶制品试点示范企业的专利技术主要涉及驼奶、酸奶、酸马奶、乳清、酪丹、饮水装置六大领域，从数量占比情况来看，涉及驼奶领域的专利申请以12件优势成为传统奶制品试点示范企业专利申请和布局的重点领域，其次是乳清领域，专利申请量共计2件。酪丹、酸奶、酸马奶、饮水装置领域的专利申请量最少，各为1件。

传统奶制品试点示范企业在上述领域的专利申请比较分散，还未申请体系化布局。根据图2-6可以得知：

针对驼奶领域，专利保护范围涉及驼奶的制备方法、检测方法、检测设备、灭菌装置、发酵设备、运输装置，驼奶片和驼奶酸奶片的压片装置，驼奶粉的干燥装置、净乳装置，儿童驼奶粉的调制装置，驼奶皂的制备工艺。针对乳清领域，专利申请涉及脱乳清设备和乳清饮料的制备工艺。针对酪丹领域，专利申请涉及酪丹的制备工艺。针对酸奶领域，专利申请涉及酸奶脱脂机设备。针对酸马奶领域，专利申请涉及酸马奶发酵设备。针对饮水装置领域，专利申请涉及牲畜饮水装置。

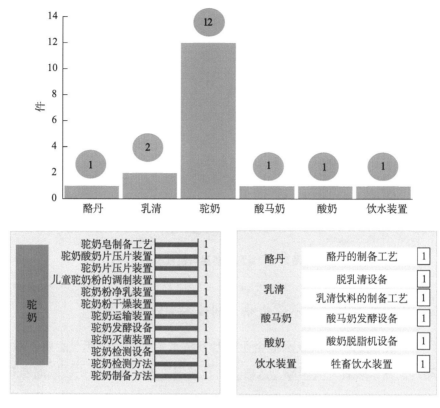

图2-6　专利技术构成

（五）传统奶制品试点示范企业专利发明人构成情况统计

从参与研发的专利数量来看，陈钢粮、傲特更脑日布、杭盖、格希格玛、宝乐德、赛音毕力格、朝格毕力格、苏日娜、朝格苏力德为主要发明人（表2-8）。

表2-8　专利发明人构成

发明人	专利数量/件	申请人
陈钢粮	12	内蒙古沙漠之神生物科技有限公司
傲特更脑日布	4	内蒙古牧名食品有限责任公司
杭盖、格希格玛	1	鄂尔多斯市伊德泰生态农牧业有限公司
宝乐德、赛音毕力格 朝格毕力格、苏日娜、朝格苏力德	1	鄂尔多斯市伊德泰生态农牧业有限公司

（六）传统奶制品试点示范企业专利申请人情况分析

在传统奶制品试点示范企业专利申请人的数据分析中，选取了内蒙古沙漠之神生物科技有限公司、鄂尔多斯市伊德泰生态农牧业有限公司和内蒙古牧名食品有限责任公司三家典型企业进行数据统计和分析。

1. 内蒙古沙漠之神生物科技有限公司

内蒙古沙漠之神生物科技有限公司于2014年5月14日成立，是一家从事集骆驼系列产品研究、生产和销售于一体的特色乳制品企业，公司注册地址位于阿拉善盟右旗巴丹吉林镇骆驼产业园，是自治区级驼奶产业龙头企业。公司主营"沙漠之神"牌驼乳奶粉、驼奶片、驼奶宝宝皂、液态奶四大系列产品。该公司是内蒙古自治区的高新技术企业，曾获得"农牧业科技示范园""全区脱贫攻坚优秀扶贫龙头企业""中国农产品百强标志性品牌""全国乳制品行业质量领先企业""全国质量检验信得过产品"等多项荣誉称号。

（1）专利申请总体情况统计

在传统奶制品试点示范企业当中，内蒙古沙漠之神生物科技有限公司是最早申请专利的企业，该企业申请的第一件专利是在2008年，名称为"一种风味酸驼乳及其制备方法"的发明专利，其后在沉寂近10年之后，于2018年申请了2件关于骆驼奶外包装盒和包装罐的外观设计专利申请，之后在2020年和2021年分别陆续申请了4件和7件专利（见图2-7）。

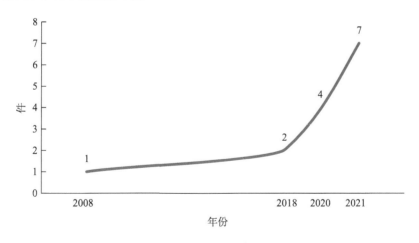

图2-7　专利申请量

（2）专利类型情况统计

从内蒙古沙漠之神生物科技有限公司的专利申请类型来看，实用新型专利是主要申请类型，占比64%；其次是发明专利，占比21%；再次是外观设计专利，占比14%。从授权比率来看，申请的4件实用新型专利和2件外观设计专利全部授权，授权率为100%，而申请的3件发明专利当中，只有1件授权，其余2件全部驳回，授权率为33.3%（见图2-8）。

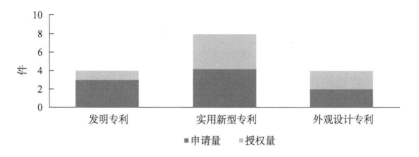

图2-8　专利申请类型

（3）技术构成情况统计

内蒙古沙漠之神生物科技有限公司的专利申请全部集中在驼奶领域，专利申请保护范围涉及驼奶的制备方法、检测方法、检测设备、灭菌装置、发酵设备、运输装置，驼奶片和驼奶酸奶片的压片装置，驼奶粉的干燥装置、净乳装置，儿童驼奶粉的调制装置，驼奶皂的制备工艺十二个方面（见图2-9）。

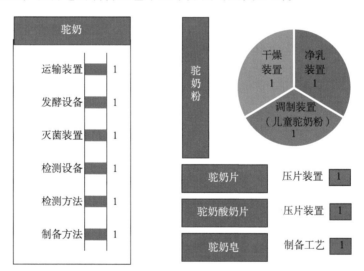

图2-9　专利技术构成（单位：件）

2. 鄂尔多斯市伊德泰生态农牧业有限公司

鄂尔多斯市伊德泰生态农牧业有限公司成立于2017年2月28日，是一家从事家禽饲养，牲畜饲养，传统乳制品研发、推广、销售的企业，公司注册地址位于内蒙古自治区鄂尔多斯市鄂托克前旗敖镇文化产业园。在传统奶制品领域，该公司主要开展有机酸马奶、沙棘马奶等地方特色饮品的研究与开发。

（1）专利申请总体情况统计

在3家有专利申请的传统奶制品试点示范企业当中，鄂尔多斯市伊德泰生态农牧业有限公司的专利申请量最少，只有2件（见图2-10）。该企业从2021年开始申请专利，申请的第一件专利是名称为"一种双向旋转的酸马奶空气发酵罐"的实用新型专利，随后又申请了一件名称为"喷泉式牧区牲畜饮水装置"的实用新型专利。

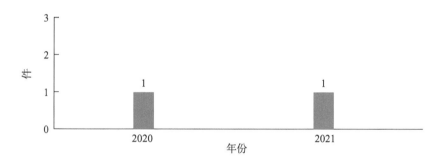

图2-10 专利申请量

（2）专利类型情况统计

从鄂尔多斯市伊德泰生态农牧业有限公司的专利申请类型来看，均为实用新型专利，而且该2件实用新型专利均已授权，授权率为100%（见图2-11）。

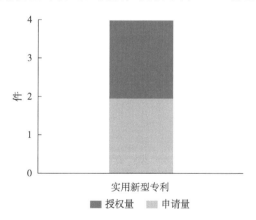

图2-11 专利申请类型

（3）技术构成情况统计

鄂尔多斯市伊德泰生态农牧业有限公司的专利申请主要集中在酸马奶和饮水装

置领域，专利申请保护范围涉及酸马奶的发酵设备和牲畜饮水装置两个方面（见图2-12）。

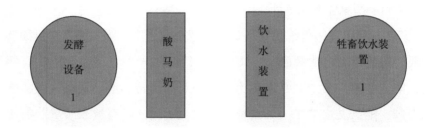

图2-12 专利申请类型（单位：件）

3. 内蒙古牧名食品有限责任公司

内蒙古牧名食品有限责任公司成立于2016年4月7日，是一家从事传统奶制品生产和销售的企业。公司注册地址位于内蒙古自治区鄂尔多斯市乌审旗图克镇，是鄂尔多斯市农牧业产业化龙头企业。公司主营产品有"￥"（乳酪）牌蒙古黄油、乳清饮料、乳酪干、乳酪饮料等传统奶制品，其中黄油、乳酪干及乳清饮料获得"国家级名优特新产品"荣誉，黄油获得"自治区名优特产品"荣誉称号。

（1）专利申请总体情况统计

内蒙古牧名食品有限责任公司自2020年开始申请专利，当年共计申请4件专利，分别是"一种酪丹的制作工艺""一种发酵型乳清饮料的制作工艺"2件发明专利及"一种酸奶脱脂机""一种脱乳清设备"2件实用新型专利（见图2-13）。

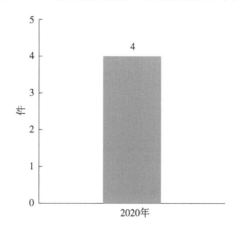

图2-13 专利申请量

（2）专利类型情况统计

从内蒙古牧名食品有限责任公司的专利申请类型来看，发明专利和实用新型专利各占比50%；从授权率来看，2件发明专利申请全部被驳回，授权率为0，而申请的2件实用新型专利均已授权，授权率为100%（见图2-14）。

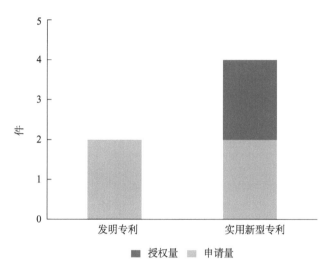

图2-14　专利申请类型

（3）技术构成情况统计

内蒙古牧名食品有限责任公司的专利申请主要集中在酪丹、乳清、酸马奶、酸奶领域，专利申请保护范围涉及酪丹的制备工艺、脱乳清设备、乳清饮料的制备工艺、酸马奶的发酵设备、酸奶脱脂机设备五个方面（见图2-15）。

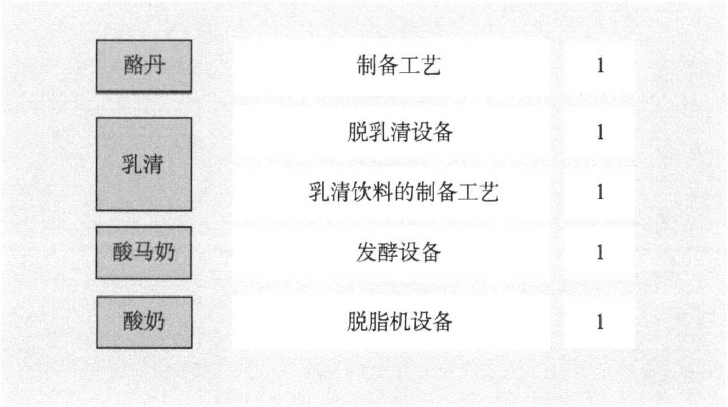

酪丹	制备工艺	1
乳清	脱乳清设备	1
	乳清饮料的制备工艺	1
酸马奶	发酵设备	1
酸奶	脱脂机设备	1

图2-15　专利技术构成（单位：件）

第三章

知识产权全链条保护中存在的问题

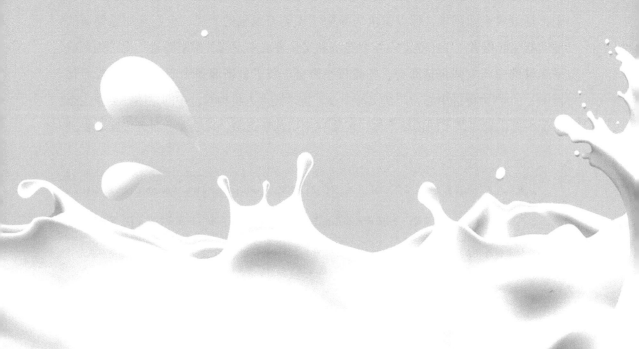

一、知识产权创造中存在的问题

（一）创新条件中存在的问题

1. 创新生态系统的要素合力和内外协同不强导致的创新困境

创新生态系统要素及其有机协同运作是促进创新生成的重要条件。创新生态系统要素是指，为了全力推进科学技术和社会经济发展，将与创新环境紧密关联的要素进行协同运作，实现动态的创新生态系统，即生成创新生态系统的必备的组成要素[①]。

就创新生态系统要素的组成部分而言，学界主要将其划分为三点，分别是：功能性要素、环境要素以及主体性要素[②]。功能性要素是指为创新思维提供资源供给，如提供人力资源、资本资源、整合性资源等。整合性资源是指将现有的技术、数据等多维资源进行整合，通过整合能力充分发挥功能性要素的裂变效应。环境要素是指创建人才培养的良好环境和助力企业运转的良好环境等。主体性要素中包括四大类主体，分别是：生成创新成果的直接主体、促进创新成果运营的中间主体、在资金等维度上提供创新资源的功能主体以及确保创新成果在市场化过程中的产权安全的保障性主体。生成创新成果的直接主体包括企业、大学及科研院所等。大学以及科研院所是不断生成创新成果的组织机构，但大学和科研院所的创新成果应当依托于市场或者企业需求，即以需求为导向实现创新成果的生成。企业是加速创新的推动器和践行者。中小企业在社会经济和文化发展中发挥着中坚力量。促进创新成果运营的中间主体包括商会、各类行业协会、技术创新服务中心（也被称为孵化器）[③]、生产力促进中心、产权交易中心、技术经理人机构等。中间主体在创新生态系统中提供着协调不同创新主体、汇集和调用创新资源、提供专业服务方案、促进

[①] 美国发布新版国家创新战略[EB/OL].（2015-12-25）[2023-04-30]. https://www.cnipa.gov.cn/art/2015/12/25/art_1415_133085.html.

[②] 惠兴杰，李晓慧，罗国锋，等. 创新型企业生态系统及其关键要素：基于企业生态理论[J]. 华东经济管理，2014（12）：100-103.

[③] 技术创新服务中心也被称为"孵化器"，可以为企业提供创新方案，为企业提供符合企业自身发展的商业模式，助力创新产品和创新服务的诞生，在企业创新过程中起到"孵化"的功能。

知识产权成果的生成以及风险防范等方面的专业化服务①。孵化器是助力生成创新产品和提供创新服务的服务中介机构。产权交易中心是实现"权利运营"的重要平台。产权交易所带来的高收益也伴随着高风险。在产权交易平台内的企业需要对权利固定（确权）、进入机制以及退出机制等方面全面考虑，即降低风险使其最低化并激发企业的创新活力②。提供创新资源的功能性主体包括银行、风险投资机构、创新基金机构等。功能性主体不仅可以为直接主体提供所需的资金，弥补直接主体的资金需求缺口，在开展具体的资本运转活动中还能提供丰富的资金运转及其管理经验，实现直接主体顺利开展创新活动。确保创新成果在市场化过程中的产权安全的保障性主体包括律师事务所、会计师事务所等，保障性主体通过辅助性功能实现创新活动的顺利开展。在创新生态系统中，不仅需要高质量知识产权成果的生成，更需要知识产权成果在市场化过程中的顺利运营。可以说，知识产权的权利保护不仅是创新生态系统的内在要求，也是人员和成果流动的切实保障，是创新生态系统的内生性动力。

创新主体之间的联动互通是确保创新生态系统要素的交叉互动、资源配置、功能实现的重要前提，在优质知识产权成果生成和运营转化中发挥着重要作用，是实现人力资源、资金资源、知识产权资源流动转化的关键力量，是落实成果生成、成果运营、保障实施、成果保护的主体力量，是实现知识产权成果涌现的力量支撑③。那么，如何发挥创新主体的关键力量并构建创新要素之间的高效协同已成为重要的时代课题。就如何构建要素之间的协同机制，使要素之间相互作用并发挥功效，从而确保创新生态系统的正常运转？主要关注外部协同和内部协同。从外部协同的角度来看，主要在于创新生态系统的主体性要素之间的相互关联和沟通，通过合作的方式实现一种有机整体。外部协同的关键在于通力配合，即在战略、资源、知识、人力、资本等方面实现通力协同，构建有机运转的创新生态系统。在外部协同中尤为强调产业链之间的协同合作。产业链及其辅助性功能链④的功能发挥可以有效防

---

① 郑述招，吴琴. 从知识产权看城市创新能力及创新生态系统构建：以珠海市为例[J]. 科技管理研究，2016（5）：111-116，126.

② 在产权交易中心中知识产权是关键性内容。在产权交易平台上，通过权利运营，一方面实现知识产权的运营，另一方面还可以推进创新。

③ 惠舒清. 激发创新活力关键在于营造良好创新生态[N/OL].（2020-12-09）[2023-05-02]. http：//theory.people.com.cn/n1/2020/1209/c40531-31960065.html.

④ 这里所指的产业链的辅助性功能链是指实现产业链顺利运转的配套措施，如乳制品冷链运输等。仅仅强调产业链的功能实现，而忽略配套的辅助性功能链的功效发挥，严重影响创新生态系统的生成和运转。就乳制品而言，冷链运输甚至起到关键作用。

范创新风险，确保创新产品和服务在市场中的顺利实施。总体而言，以确保产业链以及辅助性功能链的功效发挥为前提，通过外部协同通力合作，实现创新环节以及要素之间的协同交织运转，生成有效的创新生态环境，从而获得更多的外部资源供给、占据市场份额和生成优质的创新产品和服务[①]。从内部协同的角度来看，在创新主体内部之间构建协同合作，实现资源互换和优势互补，加强创新能力的提升，实现创新成果的生成和运营转化，最终实现创新主体的高质量发展[②]。创新生态系统经外部协同和内部协同的运转之后发挥其创新生成的功能，助力成果产出。例如，大唐电信在构建创新生态系统时加强创新主体之间的协同合作，积极开展内外部协同运作事项，重视创建良好的创新环境，在信息分享、利益分配、信息披露等方面构建良好创新生成机制，从而大唐电信在编码技术、无线平台、射频技术等领域生成了高质量专利并实现了专利转移转化[③]。苹果公司一方面加强良好的创新生态环境的构建，另一方面加强创新主体之间的内外部协同合作，保持创新环境的活力。在外部协同中重视上下游产业链的高度协同，在组件商、配件商、集成商等之间构建通力合作，形成高效的运营合作，实现生成高质量的知识产权成果[④]。阿里巴巴[⑤]是我国著名的以互联网电子商务平台为核心，向多维拓展商业版图的一家互联网公司。阿里巴巴在创新生态系统中不断实施创新，生成了从淘宝网购平台到天猫网购平台、从支付宝开放平台到蚂蚁金服金融平台等包含多维知识产权客体的创新成果。从创新生态系统的构成要素和内外部协同运作方面分别可以看出：就主体性要素而言，阿里巴巴的组织框架由庞大的创新主体构成，其创新主体可以延伸至创新事业部、投资部门、以达摩院命名的全球性创新研究院、以创新孵化服务提供和创新创业资金供给为特色的阿里云创新中心等。具体来讲，其创新事业部类似于孵化器，通过孵化创新项目和生成创新产品和服务，形成深厚的创新土壤。投资部门会通过项目评审的方式投资具有一定用户数量级和清晰发展方向的项目。以达摩院命

---

① 周全，程梦婷，陈九宏，等. 战略性新兴产业创新生态系统研究进展及趋势展望 [J]. 科学管理研究，2023（2）：57-65.

② 刘和东，王少强. 内外协同促进经济高质量发展的机制与效应：以区域创新生态系统中高技术企业为对象 [J]. 创新科技，2022（12）：35-45.

③ 吴绍波，顾新. 战略性新兴产业创新生态系统协同创新的治理模式选择研究 [J]. 研究与发展管理，2014（1）：13-21.

④ 詹爱岚，陈衍泰. 标准创新生态系统治理与知识产权战略演化 [J]. 科学学研究，2021（7）：1326-1334.

⑤ "阿里巴巴创新生态系统"的案例参见：王勇，董伊帆. 企业创新生态系统：以阿里巴巴为例 [EB/OL].（2020-11-30）[2023-05-02]. https://k.sina.com.cn/article_7395349859_1b8cc156301900vf2l.html.

名的全球性创新研究院涵盖人工智能、数字金融、智能网络等多个产业领域，致力于颠覆式创新和基础学科研究。阿里云创新中心是基于互联网、云计算和大数据的提供创新创业资金的科技孵化器服务平台。就功能性要素而言，阿里巴巴充分整合技术、数据等多维功能要素，发挥由要素的整合而产生的支撑性、交叉性、裂变性效应，为创新思维提供资源支持，确保了创新产品项目和服务项目的顺利开展和成果生成，为创新业务和子业务的发展提供了有力保障。在内部协同上将叠合要素的功能发挥到不同的内部组织结构中，将电商事务、金融事务、云服务等进行连贯互通，以内部业务部门为单元构建生态之网，为创新思维提供资源支持。如创新事业部为数个创新项目设计项目方案、提交申请方案、扩大用户数量级、明确创新成果的发展方向等，待到项目达到投资标准的时候，项目投资部门及时制定投资方案，开展投资事项，并给予股权奖励①。在外部协同上，阿里巴巴达摩院通过协同合作与国内外的高等院校和科研院所开展深度的产学研合作研究，构建全球学术合作网络，实现资源互换和高效配置，大力推进科学技术创新和社会发展。阿里云创新中心构建融合了资金、场地、创业、指导、培训、服务等多维协同场景的功能平台，助力了不同主体之间的协同合作和构建了开放式创新生态圈。在辅助性功能链条支持上，菜鸟提供了物流运输的基础建设支持。蚂蚁金服提供了小额贷款项目，为中小微商家提供了融资渠道。芝麻信用构建普惠金融扶持初创企业的成长。在庞大的创新产品和服务中，融入了不同的创新性主体，贯穿了上中下产业链和辅助性功能链条，通过协同联动实现不同创新主体的协同合作，构建了庞大且有序运转的创新生态系统②。

就涉及内蒙古自治区奶制品示范企业的要素合力而言，科研院所等生成创新成果的直接主体未能依据企业主体开展创新研究，可以说，科研院所的智力成果与内蒙古自治区奶制品示范企业的创新需求之间的关联不大。根据前期调研，内蒙古自治区奶制品示范企业也未参考科研院所的前沿研究③，即科研院所的智力成果并未能

① 投资部门不会一开始就投资大量资金。在项目推广初期的事业部的项目团队成员不会借助具有高流量的前期市场化的创新成果，而是自寻市场、吸引用户群体，在市场运转过程中检验项目。只有项目达到一定的用户流量，并且可以明确未来的发展方向，阿里巴巴的投资部门才会给予资金投资使项目获得融资。仅当项目达到足够的成熟度，可以完全独立开展业务时，投资部门才会给事业部的团队成员股权奖励。

② "阿里巴巴创新生态系统"的案例参见：王勇，董伊帆. 企业创新生态系统：以阿里巴巴为例 [EB/OL]. （2020-11-30）[2023-05-02]. https://k.sina.com.cn/article_7395349859_1b8cc156301900vf2l.html.

③ 学界的研究与内蒙古自治区奶制品示范企业的新品之间并未能形成成果衔接。学界主要围绕乳制品工艺改良、奶酪的新产品、奶豆腐的新产品、奶皮子的新产品、酸奶的新产品展开研究。但学界的智力成果未能应用到乳制品示范企业的新品生成中。具体论证过程会在"创新基础中存在的问题"部分展开论述。

依据企业需求开展创新研究[①]，内蒙古自治区奶制品示范企业的新品产出更多是依据自身经验、网店搜索、市场新品这三个途径进行产品的升级改造。就促进创新成果运营的主体而言，一方面，内蒙古自治区乳制品示范企业的知识产权运营意识严重不足，另一方面，内蒙古自治区的知识产权运营中介机构主要以提供知识产权导航报告为主，但导航报告的针对主体多为伊利、蒙牛等大型乳制品企业，因此，对轻资产企业的借鉴和帮助作用实际上并不大。就提供创新资源的功能主体而言，由于内蒙古自治区的轻资产企业的规模小，加上权利评估不是以"客体"为评估对象，导致评估结果的错误。此外，评估机构的以"资本＋绩效"[②]为导向的不良风气也直接影响着对内蒙古自治区乳制品示范企业的知识产权的客体价格评估的结果。从创新环境内外部协同机理上来看，由于创新主体之间的关联互动欠缺，未能形成"创新成果生成主体—创新成果运营主体—创新资源供给主体"的三维有效衔接，可以说，未能实现一种"有机整体"。就内部协同而言，创新主体内部未能实现资源互换和优势互补，更多是一种"摸着石头过河"的知识产权生成思维。总体而言，内蒙古自治区奶制品示范企业，由于其创新生态系统的要素合力和内外部协同不强，导致难以提供知识产权创新成果生成的创新环境。

2. 创新生态系统的四维引擎未能发挥全效功能导致的创新困境

创新生态系统的四维引擎是指以法律法规为兜底保障，以政策支持为激励要素，以融资牵引确保资金流动性，以营商环境铸牢经济高质量发展和降低社会交易成本，确保建立良好的创新生态系统，助力高质量知识产权成果的产出，最终落实全面推进经济和社会发展。在四维引擎中"营商环境"是关键指标，在"营商环境"的评价指标中也会涉及"政策法规"和"金融供给"要素，因此，本部分重点论述"营商环境"的内容，即以"营商环境"为核心构建内蒙古自治区的创新生态环境的关键要素。

改善营商环境与激发创新、提升创新能力之间存在密切的关系。一个良好的营商环境可以为创造创作提供有利的条件，也可以为良性的市场环境提供有力的保障。良好的营商环境不仅可以直接反映企业的创新能力和水平，而且直接影响着创

---

① 该问题的关键在于学术机构的绩效主要以发表论文、申请项目为主（在一定程度上，发表论文数量成为关键绩效指标）。

② 该部分内容的论证环节会在"知识产权运营困境"部分论述。

新数量和创新质量[①]。营商环境的优化更是关联着企业的创新效率和竞争优势[②]。关于这点可以围绕两方面展开论述。一方面，一个良好的营商环境不仅可以实现资金资源、技术资源、人才资源、地域资源和社会资源等的强有力支持，还可以有效实现创新资源的精细化协同，最终构建出生成创新的基础保障措施和落地实施方案。营商环境的好坏直接影响着企业投资，即企业投资关注的首要因素便是营商环境[③]。一个良好的创新环境，可以吸引更多的投资者、创新者，为创新生态环境提供资源支持和实现资源的精细化协同。创新资源的精细化协同有助于创新主体之间的合作交流和知识共享、业务流程上的优化升级以及提供决策依据和切实可行的执行方案，最终确保综合创新能力的提升。另一方面，良好的营商环境意味着一个较开放、透明的社会环境以及便捷不烦琐的行政审批程序。行政审批程序的烦琐性和恶劣的服务态度严重影响投资和营商的热情，对创新环境更是起到制约作用。开放和透明的社会环境会降低创新成本和潜在的法律风险，会促使更多的创新主体和投资主体投身到创新活动中，助力激发创新和提升创新能力。可以说，改善营商环境和提升创新综合能力之间存在密切关系。良好的营商环境可以为创新主体提供便利的创新空间和激发投身创新的热情，从而提升创新综合能力。

从营商环境和知识产权的关联上来看，良好的知识产权创新和保护环境会吸引更多的投资力量和创新人才融入当地的文化、经济等领域的建设发展。投资者选取投资地点时知识产权便是一个考虑因素。知识产权保护环境影响着投资者的投资选择，而这又与当地的经济、文化等领域的发展建设密切相关。良好的营商环境会助力知识产权的创造、运用和保护，激励更多的投资者对当地经济投资和发展事业。可以说，知识产权的创造保护环境对营商环境的影响力绝对不可忽视。关于营商环境与知识产权的关联性，可以根据评定营商环境好坏的四个一级关键指标（政务环境、法律政策环境、市场竞争环境以及人文环境）入手探讨。从政务环境上来看，高效廉洁和公正透明的政务可以减少不必要的制度交易成本、寻租成本以及腐败行为。此外，高效的知识产权行政执法（行政执法的优点就在于其"高效"。知识产权行政执法可以涉及知识产权侵权行为的认定以及知识产权假冒行为的认定和

---

① 邱洋冬.营商环境生态构建缘何重要？：企业创新数量与创新质量视角[J].投资研究，2022（10）：39-61.

② 王磊，景诗龙，邓芳芳.营商环境优化对企业创新效率的影响研究[J].系统工程理论与实践，2022（6）：1601-1615.

③ 孙佳文，赵海东.提高科技创新能力加快西部地区承接产业转移研究：基于120家企业的问卷调查数据[J].科学管理研究，2021（3）：76-84.

查处等）和维护权利人或利害关系人的权益不仅可以增强创新驱动能力，还能提升知识产权创造创作者的信心。从法律政策环境上来看，良好的营商环境与公正透明的知识产权保护的法律环境紧密相关。知识产权作为创造创作实践活动的产出成果，需要公正透明的知识产权保护环境，需要鼓励创新和敢于投资的创新环境。地方立法是法律政策环境中的一项重要内容。地方立法不仅是我国法律体系的重要组成部分，也是我国社会主义法治建设的重要内容。从功能上来看，地方立法在我国现行法律建设中起到补充和细化的关键作用，同时在地方改革发展和解决地方实际问题上也起到关键作用。可以说，地方立法在优化地方营商环境和解决地方具体问题上发挥着关键作用。从市场竞争环境上来看，开放性竞争环境可以确保企业主体之间的公平竞争，会激发企业主体加强知识产权保护的热情。进一步来说，健康的竞争环境是促进企业主体的创造创作、创新成果的保护和科学有效管理。此外，开发竞争环境与政府加强市场监管和打击不正当竞争行为不无关系。打击不正当竞争和加强市场监管意味着维护公平竞争环境。从人文环境上来看，人文环境对人的发展、社会的发展都起到重要作用。人文环境是一个地区或者社会的文化观念、道德观念、价值认定等协同发展并内化于人的综合体。人文环境的组成部分包括文学、艺术、科学、哲学、道德观念等，与人们的日常生活密切关联和交互协同。知识产权又与文学、艺术、科学、技术等高度交融，可以说，从组成部分的角度来看，一个社会的知识产权环境影射的是那个社会的人文环境，良好的人文环境激发了知识产权的创造创作。浓厚的知识产权的创造创作环境会吸引更多的创新人才和投资力量，促进当地的文化、经济等方面的发展。

就现阶段内蒙古自治区的营商环境而言，《中国省份营商环境评价报告（上）》的数据显示，内蒙古自治区的营商环境在全国31个省区市（不含香港、澳门、台湾）的营商环境的排名中位于第25名、市场环境位列第26名、法律政策环境位列第26名、人文环境位列第30名[①]。在营商环境评价等级上被列为"B–"级（属于落后水平）[②]。创新能力是影响营商环境的首要因素[③]。那么是哪些原因导致了内蒙古的

① 张志学，张三保，康璧成. 中国省份营商环境评价报告（上）[R/OL]. [2023-05-04]. https：//www.gsm. pku.edu.cn/thought_leadership/info/1007/1946.htm.

② 张三保，张志学. 中国省份营商环境研究报告[R/OL].（2020-12-26）[2023-05-04]. https：//www.gsm.pku. edu.cn/zhongguoshengfenyingshanghuanjingyanjiubaogao2020.pdf.

③ 孙佳文，赵海东. 提高科技创新能力加快西部地区承接产业转移研究：基于120家企业的问卷调查数据 [J]. 科学管理研究，2021（3）：76-84.

创新能力的不足？针对这点，不同学者从不同维度展开了深度研究。部分学者认为，服务意识、服务供给和服务能力上的薄弱，增加了寻租成本、不必要的制度交易成本[①]。此外，营商环境优化与制度交易成本的加大和行政审批程序的烦琐之间呈现反关联[②]。行政审批的烦琐程序以及制度交易成本增加了创新主体的运营成本，在有限市场规模下的市场竞争的非充分性也会制约企业的发展和创新能力的提升。行政审批制度的改革和制度交易成本的降低会促使城市创新水平的显著提升，而且其后的良性反馈和积极影响也会随着时间的增加而变强[③]。总而言之，内蒙古自治区的营商环境的改善和优化与激励知识产权的创造创作息息相关。改善和优化内蒙古自治区的营商环境还需要在政务环境、法律政策环境、市场竞争环境以及人文环境（四个关键一级指标）等维度上开展改善和优化工作。

（二）创新基础中存在的问题

1. 创新资源整合力严重薄弱

挖掘创新资源并将其进行整合可以提升创新能力、增强企业核心竞争力、推进创新的迭代升级、助力新的增长点、在全球竞争中获得主动性，因此，创新资源的整合力发挥着重要作用[④]。创新资源整合力可以适用于科技、文化创意、物联网资源和信息整合、教育教学等不同领域。以文化创意产业为例，通过创新资源整合力，将不同文化资源元素进行创新融合，呈现艺术表达形式，再经过视觉技术等托底技术创造出更具有吸引力、创新力的文化创意产品。创新资源整合力也是跨界融合的创新尝试，将音乐作品、舞蹈作品、曲艺作品等不同作品整合，打造出符合当代美感需求的、具有个性化表达的文化创意产品。运用现代视觉技术，加强创意产品的视觉互动和呈现更加逼真的视觉效果，实现形式上的创新性发展。健康管理是充分发挥资源整合力的典型案例。健康管理行业需要深度融合医学知识、智能化健康设备以及与健康管理相关的技术，搭建健康管理平台。通过建立健康管理平台，深度

---

① 姜雅婷，刘银喜. 欠发达地区县域政务营商环境建设的影响因素及作用路径：基于内蒙古自治区 D 旗的质性研究 [J]. 甘肃行政学院学报，2021（3）：115-123，128.

② 闫永生，邵传林，刘慧侠. 营商环境与民营企业创新：基于行政审批中心设立的准自然实验 [J]. 财经论丛，2021（9）：93-103.

③ 陈晓东，刘佳. 行政审批制度改革、创新环境与城市科技创新 [J]. 财经论丛，2020（7）：104-112.

④ 任晓刚，方力. 全力提升科技创新要素整合力 [EB/OL].（2020-10-02）[2023-09-07]. http://www.qstheory.cn/llwx/2020-10/02/c_1126568426.htm.

分析用户的健康信息，提供信息反馈、建议推送、预测等健康服务。这种整合力不仅实现了健康管理平台的构建，也实现了医学科学与医学工程的深度衔接，提供了更精准、更及时的健康服务，满足了大众对健康服务的心理需求。

基于本书的研究内容以及对内蒙古传统奶制品试点示范企业的前期调研，本书提出"创新资源整合力"的概念。本书所指的"创新资源整合力"是创新主体将创新资源经精细化协同，构建出生成创新成果的基础保障措施和落地实施方案的综合能力。通过创新资源整合力最终生成具有竞争力和创新力的创新产品和相关服务，从而提升行业地位和市场占有率。这里所指的创新资源包括资金、人才、知识、地域和社会资源。上述创新资源类别的确定是基于前期调研，而非基于学界的相关研究①。发挥创新资源整合力的根本目的在于创造新的价值、产生强竞争优势的创新产品和相关服务。

基于本书的研究内容，创新资源整合力包含两个重要内容，即创新资源整合力所需的资源类别和精细化协同。资源整合力所需的资源类别主要包括五个方面的内容：资金资源、人才资源、知识资源、地域资源和社会资源。资金资源的实现目标是运用资金资源实现创新主体的长久和稳定发展。资金资源包括政策资金支持、社会募集资金、风险投资资金、银行资金等。人才资源的实现目标是通过整合不同领域的人才，最终形成人才团队，促进创新实践的顺利开展和创新成果的落地转化。这里所指的不同领域包括技术领域、市场领域、管理领域、法律领域等。知识资源的实现目标在于整合企业、高校、研究机构的技术知识、经验知识等。通过知识赋能提升创新主体的创新能力。地域资源的实现目标是整合不同地域的相关资源，形成地域之间的链接，强化合作，最终推动地区的产业振兴和区域发展。社会资源的实现目的是借力社会力量，全面推动宽泛的社会行动合作网络（或社会行动力网络），通过加强创新主体的社会行动力量，实现在科技和经济上的发展。这里所指的社会资源包括政府资源、企业资源、机构资源（如知识产权保护机构资源、知识产权服务机构资源等）、群众资源等。

精细化协同是指创新主体通过环节协同、信息控制、优化流程以及数据运营，构建出的一套协同管理体系，从而降低成本、实现高效的流程管理、拓展市场空

---

① 例如，从王莉静等学者的研究成果中可以得知，资源整合的类别中包括政策资源、市场资源等。创新资源的整合能力可以通过自主能力的提升、创新资源质量的提升、环境的改善三个维度提升。具体参见：王莉静，李菲菲.基于灰色关联度的中小制造企业创新资源整合影响因素研究[J].学习与探索.2018（4）：138-143.

间、打造具有影响力的企业以及提升产品品牌形象和行业地位。环节协同是指创新主体在整合资源时，对创新环节的协同效应的关注，实现不同环节之间的高度衔接和配合，从而实现创新成果在多维构思、成果生成、生产制造、销售服务等不同环节上的精细化、高效化、协同化。信息化控制是为了实现信息的及时传递和准确把握，运用相关信息工具，助力创新主体做出及时的判断和精确的决策。优化流程是指为了实现业务流程的高效和降低不必要的成本，对流程进行优化处理，从而获得提升的机会和可以优化的空间。但需要注意的是：优化流程的关键是优化业务流程。优化业务流程的前提是资源的整合和协同管理。数据化运营是指运用数据分析手段，挖掘数据价值，了解业务流程，从而实现创新主体的准确判断和决策。

　　创新资源整合力的基础保障措施和落地实施方案可以在五个维度上展开：整合内外部资源、建立资源库、建立依托于产业链的创新平台、创新人才的培养和人才培养体系的建立、实施管理和漏洞改进。创新主体整合现有资源时需要考虑如何将内部资源和外部资源进行调节和整合。这里既需要了解相关行业的实际需求，也需要调节人力资源以及采用技术、知识等。资源库是企业汇集创新资源的基地，也是基于现有资源实现创造性转化和创新性发展的关键所在。资源库的建立有助于调节和协调现有资源、提升资源的整合能力、加强创新主体的创新能力和竞争能力。依托于产业链的创新平台的建设有助于推动资源库内的资源开发和资源整合。建立符合产业链需求的创新平台可以解决行业内部的问题，实现行业内部的"基本"目标。创新人才的培养和人才培养体系的建立是创新资源整合力运行方案的重要内容，也是知识产权管理的组成部分。创新资源整合力的核心是形成创新人才的连接和协调的闭环机制。创新人才的培养和建立培养体系中既要重视人才培养，也要完善人才流动机制和外部联动机制。就外部联动机制而言，通过与供应商、外联公司、合作伙伴等建立良好的合作联动关系，实现创新资源的共同创造，以及向市场提供满足市场需求的高品质产品。通过资源共建、技术转移转化、产业协作共建等外部合作联动，不仅可以使创新主体与外部资源形成连接和合作交流，还可以通过外部资源获得技术支持、知识支持、客户支持和市场支持。实施管理和漏洞改进可以打通内容供给端和内容输出端，确保资源整合的效率和业务提升的效率（这点对应的是知识产权管理体系内的资源管理和业务管理）。在进行知识产权管理时，需要强化提高漏洞改进意识的重要性。当资金和人才等创新资源出现问题时，创新主体需要及时发现和分析问题，尽快找到需要弥补的缺口，在创新资源的协同上加以改进，保证创新资源整合力运行时的顺畅和可持续性，提升创新资源整合力的运作效率。另外，还需要回顾创新资源整合力运作时的不足，进行反思和采取应对策略，确保创新资源整合力运行的顺利实施和发挥效果，最终打造出切实可行的、具有创新性和竞争性的创新产品和对应服务。

基于上述原理解释，这里可以指出内蒙古奶制品试点示范企业的创新资源整合力上的不足。从资源类别上来看，内蒙古奶制品试点示范企业对资金资源、人才资源、知识资源、地域资源和社会资源的认识严重不足。内蒙古奶制品试点示范企业的资金获取途径严重单一，主要靠银行资金确保现金流。导致这一现象的根本原因在于内蒙古奶制品试点示范企业经营规模较小，获取资金资源的信息渠道有限，并且认识严重不足。人才资源严重薄弱，多数内蒙古奶制品试点示范企业认为不需要人才团队，渠道开拓人才和销售人才才是核心力量。就"技术人才"的认识，内蒙古奶制品试点示范企业的负责人在认识上出现了三种观点，持有第一种观点的企业负责人认为：奶制品的产品定位属于"民族特需品"（或民族特产），只要确保奶源供给的安全性和稳定性，知道传统奶制品的制作工艺流程以及打通当地销售途径，就可以满足技术上的所有要求。持有第二种观点的企业负责人认为：内蒙古的奶制品是牧业商品，食用主体是蒙古族人民，是蒙古族人民的日常饮食，在更大地域内推广食用的可能性不大。因此，技术人才主要是指懂得机械化生产、加工奶制品的相关设备的技术人才和技术服务人才。持有第三种观点的企业负责人认为：奶制品不仅是内蒙古地域内的日常食品，经过技术改进之后可以成为大众市场产品，部分产品，如黄油等，也可以是高端市场产品。持有第三种观点的企业负责人人数极少，但这类企业负责人的企业规模相对较大，资金需求量也较大。但从总体上来看，对技术人才的重视不强，关注不高，关注点主要集中在销售途径。内蒙古奶制品试点示范企业对知识资源的获取和认识严重不足，缺乏对高校和科研院所相关成果的关注（关于这一观点，本书会单独论述）。首先，从奶制品领域内的创新资源整合力所需的五个重要资源上来看，由于奶制品试点示范企业是地方企业，并未能形成跨地跨区的生产规模，内蒙古奶制品试点示范企业在本地域资源的整合力和合作力上具有较强的优势，在一定程度上发挥着推动地域经济发展的重要作用。对社会资源重要性的认识严重不足。根据调研反馈，内蒙古奶制品试点示范企业的负责人关于获取政府资源和机构资源的认识严重不足，甚至多数企业负责人从未听说过相关机构可以提供资源支持。其次，从精细化协同上来看，内蒙古奶制品试点示范企业由于在五维创新资源上的认识不足，无法形成环节协同。可以说，创新资源是环节协同的前提和基础。进一步来说，资源整合和协同管理是业务流程的基础，而业务流程是优化流程的前提和基础。因此，创新资源的严重缺失必然导致环节协同和流程优化的粗放和低效。内蒙古奶制品试点示范企业多为规模较小、创新意识不足的地方企业主体，信息化、数字化、智能化严重不足。这也直接导致了信息控制和数据运营上的滞后和严重落后。最后，由于创新资源整合能力所需的五维资源类别严重缺乏和精细化协同功能低下，无法实现内外部资源的整合、数据库的组建和建立基于产业链的创新平台、综合性创新人才培养机制的建立以及知识产权管理的实施和改进，即无法顺利实现创新资源整合力的基础保障措施和落地实施方案。可以说，只有实现和丰富创新资源整合力的基础性要素，才能确保要素之间的协同发展和顺利实现落地实施方案。

2. 缺乏依托于上中下产业链的开放式创新平台

我国奶制品行业结构的优化升级以及我国奶制品消费的持续提升，对我国奶制品行业在新品研发、质量控制等方面均提出了新的要求。从新品研发上来看，不仅在奶制品新品的商品形式上，而且在消费形态上均出现了新的内容。从奶制品新品的商品形式维度来看，出现了液态、固态等形式创新。从奶制品新品的消费形态维度来看，出现了奶茶、黄油煎制、烘烤工艺等形式创新。从质量控制上来看，对奶制品商品的质量要求提高了，既要求安全性，又强调便携性。传统奶制品的新品研发、质量把控等关键内容无疑与奶制品产业链紧密相关。

不同学者依据奶制品产业链中的侧重点概括了不同的内容。根据徐鑫亮等（2022）学者的研究成果，奶制品产业链主要包括以奶牛养殖企业为核心进行上下游蔓延的产业链和以乳制品加工企业为核心进行上下游蔓延的产业链[①]。这里我们以常规分类为主，指出奶制品产业链的包含内容。奶制品产业链包括以饲料、养殖、保存等为主的上游链，以各类奶制品形式为主的中游链，以线上线下销售和服务为主的下游链，三链形成有机整体，成为奶制品产业链。规模化养殖的快速发展，伴随的是牛奶产量需求的增加，这导致奶制品加工业的快速发展。在此背景下，上游链中的"粗饲料为主、散户为主、养殖规模和原奶的供给量小"的特征逐渐发生变

---

① 徐鑫亮，李翠霞，徐嘉琦. 我国乳制品全产业链发展的现状、演变与发展趋势[J]. 中国乳品工业，2022，50（8）：42-47.

化，形成"粗+精饲料配比饲养、规模化养殖"的特征。以各类奶制品产品形式为主的中游链重点关注奶制品的安全和质量。这一点在《中国奶业质量报告（2023）》中得到充分体现。在《中国奶业质量报告（2023）》中，在质量维度上强化各类蛋白、乳果糖、糠氨酸等安全指标；在安全维度上强化杀菌灭菌指标[①]。随着奶制品加工步入新阶段，乳制品加工过程已采用了冷加工技术、膜分离技术等先进技术，并且实现全程机械化和安全无菌操作化，提高了奶制品加工过程的质量和安全要求。下游链通过线上（电商平台、网购平台等）线下（大卖场、各类超市等）销售和服务方式，实现奶制品的销售和提供服务。

数智信息时代和流量时代，融合三产，实现三产联动的乳制品创新管理平台在促进资源共享、优化资源配置、加速奶制品工艺和新产品创新、强化奶制品试点示范企业竞争力、推动经济发展、产业发展上有着重要的意义。从促进资源共享和优化资源配置角度来看，三产联动的奶制品创新管理平台可以打破行业壁垒、消除"信息孤岛"现象，实现奶制品一产、二产、三产之间的资源共享和优质资源配置。奶制品上下游产业链开放创新管理平台是实现上游链、中游链、下游链互动和信息共享和优化的平台。上游主体在创新管理信息平台上可以提供原料供给、信息追溯服务。中游主体基于安全和质量维度提供生产和加工信息。下游主体与市场紧密关联，可以及时提供用户需求反馈。依托于上中下产业链的开放式创新管理平台不仅能够实现三链主体协同互动、资源信息共享、降本增效，还能实现资源优化配置、资源互补利用、减少平台重复建设和公共资源浪费。从加速奶制品工艺和新产品创新角度来看，三产联动的开放式创新管理平台可以提供一个开放、共享的创新生态环境。通过平台信息共享和优化配置，激励技术的交叉融合和创新发展，基于奶制品新产品的消费需求推动奶制品工艺流程和新产品的升级迭代。从强化奶制品试点示范企业的竞争力和促进经济发展的角度来看，实现三产联动的开放式创新管理平台能够加强产业链之间的协同发展，提升整体产业链的竞争优势。平台内的协同运作不仅可以降本增效，还能提高研发效率。

目前，内蒙古自治区没有建设融合三产的乳制品全产业链创新管理平台。依托于上中下产业链的创新管理平台可以有效解决内蒙古自治区的奶制品时效短、资源散、信息不透明的问题。内蒙古自治区作为"全球黄金奶源带"（黄金奶源地），在

---

①《中国奶业质量报告（2023）》正式发布[EB/OL].（2023-07-22）[2023-09-03]. https://www.dairychina.cn/html/jianguan/458.html.

气候、饲养、奶制品加工制作、奶制品消费等方面有着得天独厚的优势。但一方面，内蒙古自治区的奶制品试点示范企业分布于内蒙古自治区不同盟市，地域跨度大分布广，资源严重分散。另一方面，奶制品要求极高的保鲜性和时效性，这会导致奶制品试点示范企业在生产奶制品、分类包装、存储运输以及销售服务等闭环式环节中难以实现资源的整合和优化。再一方面，内蒙古奶制品试点示范企业的产品销售信息不透明，直接影响乳制品的向外销售。经前期调研发现，内蒙古奶制品试点示范企业具有较强的"向外销售"的需求。例如，作为奶制品试点示范企业的安牧态（"安牧态"为蒙古语，意为"好吃"）的负责人在访谈时明确指出：

> "安牧态在我们当地很出名，销量也很好，消费者对我们的认可度也高。我们的新品已经不再是民族特需品的范畴，南方人吃了都觉得好吃！我们很需要将安牧态产品向外推广。但现阶段，（只有）本地人了解安牧态，别说外省人，本地以外的内蒙古人不了解我们的品牌和我们的商品。我们很需要向外销售，除了本地人，外地人对我们的商品信息都不了解。"（由笔者翻译成汉语）

融合上中下产业链的开放式创新管理平台将分散在内蒙古不同地区的关键信息汇总在平台中，实现信息公开、信息共享以及资源整合和优化。除了可以解决时效短、资源散、信息不透明的问题，还可以解决过度依赖电商平台的问题[1]。随着网络经济的快速发展，网上购物和电商平台走进了人们的日常生活。内蒙古自治区奶制品试点示范企业也在使用不同的电商平台，通过直播等方式开展销售和宣传工作。但经过前期调研后发现，从消费者的角度来看，消费者通过电商平台购买奶制品后未能形成对商品和品牌的黏性，形成忠实消费；从电商平台的角度来看，要么借助智能推送，要么形成随机选择，要么借力昂贵的知名主播。此外，根据钟敏的研究，现有的专门出售乳制品的电商平台，其运行体系与新诞生的运营模式产生冲突，并不能为新诞生的运营模式提供配套的服务措施和保障支撑[2]。无论采取哪种方式，对内蒙古自治区奶制品试点示范企业的宣传和商品出售都不能形成便利。

融合上中下产业链的奶制品开放式创新管理平台可以将养殖饲养、加工生产、包装销售等各环节资源和参与主体集中在平台上，形成完整的产业价值链和产生创

---

[1] 钟敏. 内蒙古乳制品电子商务运营模式优化策略[J]. 食品研究与开发，2022（16）：231-232.
[2] 同①。

新的数据优势。融通三产的平台可以实现乳制品行业的协同效应，切实提高资源利用率，确保资源信息的公开和汇总散点信息，从而促进各环节的合作和创新。同时，融合上中下产业链的奶制品开放式创新管理平台可以汇集内蒙古分散的奶制品试点示范企业及其商品，实现信息共享和资源优化配置，为新的奶制品运营模式提供专门平台。通过开放式创新平台吸引更多的创新资源和参与主体，实现跨部门和跨行业的合作交流，汇集各方的智慧，加速推进奶制品工艺流程的改进和新产品的研发，推动奶制品产业的发展。

总体而言，奶制品三产融通的创新管理平台的构建是笔者借鉴了国外专门创新管理平台而提出的一种提议。例如，日本的可以生吃的鸡蛋与融合了三产的创新管理平台紧密相关。通过信息管理平台可以追溯每一个鸡蛋的生产、加工制造、销售信息，确保了产品的安全质量和信息公开。三产融通的开放式创新管理平台通过整合产业链，可以更好地满足市场需求。企业利用开放式的平台也有助于优化资源和成本控制，并且提供更安全、高质量的奶制品，从而占据市场竞争优势。

3. 产学研联合体脱离实际创新需求

产学研联合体是搭建市场需求与科学研究的纽带，构建"市场—研究"的链条，加大研究成果的商业化效率和结成"利益共享、风险共担"的创新团队。就内蒙古自治区传统乳制品而言，传统奶制品的工艺改良和新产品研发是内蒙古自治区乳制品领域内产学研联合体关注的重点。围绕这个重点，产学研三方可以开展深度的研究和成果产出。

传统乳制品的工艺改良可以解决传统乳制品在质量、发酵、味觉、配方、保质期等方面的问题。乳制品工艺改良多指方法上的改进，但也包含产品的内容和用途发明。实际上，就发明创造的保护范围而言，方法的发明专利并非仅仅指方法的改进本身，也包括用方法直接获得的产品，以及在方法实施过程中使用的设备、仪器、装置等。换句话说，方法发明专利的保护范围涵盖着产品，产品发明专利的保护范围涵盖着方法本身。从这一角度来看，产品发明专利保护范围和方法发明专利的保护范围实际上是可以交叉的"大"的保护范围。学界也围绕上述维度开展了对传统乳制品工艺改良的探索研究。例如，张书义等（2019）指出再制奶酪的工艺流程为：在粉碎的奶酪中添加乳化盐后放入锅内搅拌、加热乳化后装箱冷却[①]。李明

---

① 张书义, 徐杨, 赵华, 等. 再制奶酪工艺配料实用控制技术[J]. 中国乳业, 2019（211）: 73-76.

和何玉梅（2018）指出要运用现代科学技术完善乳制品的加工流程。主要包括利用生物荧光技术进行微生物检测、利用超高压技术杀菌、利用膜分离技术提高产品浓度与促进回收利用、利用微胶囊技术防止添加剂被破坏、利用在线监测技术控制生产过程[①]。包福才和史春光（1994）介绍了用于工艺改良的扬乳法、搅拌法和回流法。扬乳法的试验步骤为：鲜乳加热沸腾后形成奶皮膜—降温冷却—静置后形成皮膜—取皮整形。搅拌法的试验步骤为：用专业搅拌机搅拌—待乳脂上浮后降温冷却—静置成膜—取皮整形。回流法的试验步骤为：使用小型泵进行循环回流—乳脂上浮—降温冷却静置—形成皮膜—排除浓缩乳—取皮定型[②]。

　　但从前期调研的情况来看，学界的研究成果未能被应用到产业界，尤其是内蒙古的奶制品试点示范企业对学界的关于传统奶制品工艺改良成果的应用几乎为零。其根本原因是：一方面，内蒙古的传统奶制品试点示范企业的总体规模较小、奶制品产出较少、供应市场较为集中，因此，对工艺改良的期许并不强烈。另一方面，一些较大型的奶制品试点示范企业主要通过购买大型制作奶制品机器来实现扩大产品供给。这也进一步导致对学界关于工艺改良成果的漠视以及知识产权保护意识的淡薄。再一方面，学界的职称评定与成果产出与现实需求脱节，即未能从基层的实际需求出发进行科学研究。

　　传统奶制品新产品的研发是学界关注的另一重点。传统奶制品的新产品也可能成为发明专利的保护客体（发明专利中包括产品发明和方法发明，但必须满足专利授权的三性要求）。奶制品新产品的研发有助于满足消费者的消费需求、有助于提升品牌的竞争力。奶制品新产品的研发可以更好地满足消费者对不同奶制品的口感、品质、营养等方面的消费心理需求，可以为消费者提供更加多样化、个性化的选择；奶制品新产品的推陈出新，可以加大品牌的知名度、竞争力和影响力。在竞争激烈的市场中，推出新产品已成为增强消费吸引力、加大品牌影响力、提高市场占有率的有力手段。奶制品新产品的研发还有助于奶制品行业的发展和创造经济效益。内蒙古自治区奶制品试点示范企业需要奶制品新产品，内蒙古自治区的奶制品行业也需要奶制品新产品。通过奶制品新产品的研发和新品上市可以推动奶制品行业的进步和发展，同时可以为内蒙古奶制品试点示范企业增强竞争力和创造经济效益。

---

① 李明，何玉梅.乳制品加工新技术研究[J].食品界，2018（10）：129.
② 包福才，史春光.蒙古族传统奶皮子的工业化生产实验[J].食品科学，1994（12）：17-19.

基于此，学界也开展了奶制品新产品研发的探索研究。从现有的奶制品新产品的研发文献角度分析，学界重点关注了奶酪的新产品研发、奶豆腐的新产品研发、奶皮子的新产品研发、酸奶的新产品研发。

学界在文献中描述了有关奶酪的新产品，新产品包括：涂抹型核桃奶酪、玫瑰花再制奶酪、一种合生元切达奶酪、乳清奶酪酥饼、枸杞再制奶酪、牛肉蜂蜜活力奶酪、香蕉奶酪、"奶疙瘩"、杏仁再制奶酪、特色鲜奶酪、燕麦奶酪、羊奶软质奶酪、阿胶奶酪、鲜奶酪巧克力派、核桃再制奶酪、比萨奶酪。田洋等（2020）指出涂抹型核桃奶酪的研制流程为：将核桃仁磨成浆—添加蛋白酶酶解—添加配料均质—在85℃温度下杀菌30分钟—冷却至45℃—添加复合发酵剂进行发酵—冷藏①。马青雯等（2019）指出玫瑰花再制奶酪的制作流程为：将玫瑰花和水融合后进行杀菌—接种发酵—形成玫瑰花发酵液—粉碎干酪—干酪中添加配料—加入玫瑰花发酵液并搅拌—添加乳化剂和稳定剂进行乳化—添加发酵玫瑰花—冷藏成型②。曾志丹等（2019）指出切达奶酪的制作流程为：混合嗜热链球菌与保加利亚乳杆菌制成发酵剂—均质牛乳—对杀菌后的牛乳冷却并添加发酵剂—加热发酵并添加凝乳酶与益生元—凝乳—切割并分离乳清—加热过滤—加盐成型③。温艳霞和宋国庆（2017）指出枸杞再制奶酪的加工工艺为：研磨枸杞—加水制浆—形成枸杞浆液—粉碎奶酪并加热—准备枸杞浆液与乳化盐—将加热后的奶酪—枸杞浆液与乳化盐进行混合—均质—加热—冷却④。王鹏等（2017）指出牛肉蜂蜜活力奶酪的制作工艺流程为：切丁牛肉—反复烧煮—晾晒后烘烤—冷却备用—在干酪中加入进口油、水、白砂糖、乳化剂和卡拉胶后升温融化——边搅拌一边加入蜂蜜、熟牛肉—冷却切割、成型⑤。吴金山等（2015）指出香蕉奶酪的制作工艺为：准备原料乳、香蕉粉、三氯蔗糖—在37℃条件下预热原料乳30分钟—注入奶酪槽冷却—添加发酵剂—搅拌稀释—添加凝乳酶—凝乳切割—在保温条件下搅拌—加热并继续搅拌—排清乳—压榨盐渍⑥。高泓娟（2015）指出了"奶疙瘩"的制作工艺：制作

① 田洋，周艳，赵存朝，等.一种涂抹型核桃奶酪的研制[J].现代食品科技，2020（1）：169-177，21.
② 马青雯，顾天娇，赵存朝，等.玫瑰花再制奶酪的研制[J].中国奶牛，2019（3）：48-52.
③ 曾志丹，吴爱娟，黄苓，等.一种合生元切达奶酪的加工工艺优化[J].宁波大学学报（理工版），2019（2）：9-15.
④ 温艳霞，宋国庆.枸杞再制奶酪加工工艺研究[J].农产品加工，2017（1）：38-40.
⑤ 王鹏，关乐颖，赵茂臻，等.牛肉蜂蜜活力奶酪加工工艺及配方的研究[J].食品工业科技，2017（7）：207-210，215.
⑥ 吴金山，黄和升，陆正清.香蕉奶酪工艺技术研究[J].农产品加工，2015（23）：28-30.

直投式发酵剂—生产奶酪—加热杀菌—形成"奶疙瘩"[①]。温艳霞等（2014）指出杏仁再制奶酪的具体制作流程为：热水浸泡杏仁—磨浆—形成杏仁酱—在处理过后的奶酪中添加杏仁酱和原料—加热乳化—抽真空—冷却成型[②]。陈丹等（2013）指出特色鲜奶酪的制作工艺流程为：黄豆磨浆—混合牛奶、豆浆、白砂糖—在63℃条件下杀菌30分钟—发酵—添加氯化钙—搅拌凝乳—排乳清—冷藏发酵[③]。于涛等（2012）指出燕麦奶酪的制作工艺为：烘干燕麦片—磨制成粉—焙熟—鲜乳杀菌—室温下冷却鲜乳—将脱脂乳粉、乳清粉、麦芽糊精、淀粉、蔗糖、植脂末进行混合—在鲜乳中添加氯化钙并搅拌——边搅拌一边添加柠檬酸—切成小块—排出乳清—冷水洗涤—吊挂排出乳清—加入燕麦粉搅拌—成型—在40℃条件中干燥[④]。顾建勤等（2012）指出羊奶软质奶酪的制作工艺为：准备检验合格的鲜羊奶—对原料乳中的酪蛋白与脂肪的比例进行标准化处理—对羊奶进行杀菌—添加发酵剂—添加氯化钙—添加凝乳酶进行凝乳—凝乳后进行切割—静置凝乳条—不断翻转排乳清—将盐均匀涂抹—放置奶酪成熟室成熟—制成成品[⑤]。刘桂芹等（2010）提到阿胶奶酪的制作工艺为：准备原料乳—过滤—杀菌冷却—发酵—添加凝乳酶及添加剂—凝乳切割—加热搅拌—排出乳清—添加阿胶干粉—用纱布包裹后压榨成型[⑥]。董青和刘斐（2010）谈到鲜奶酪巧克力派的制造流程：将净化的牛奶放入奶罐暂存—加热脱脂—对脱脂奶进行巴氏杀菌—将分离出的稀奶油进行均质—进行杀菌—放入发酵罐中提高脱脂乳的脂肪含量—搅拌发酵—提高温度分离乳清—形成奶酪—冷藏奶酪—在奶酪中添加柠檬酸、白砂糖、柠檬香料、稳定剂并搅拌—挤压成型后涂抹巧克力涂层—包装[⑦]。杨永龙等（2010）指出核桃再制奶酪的生产工艺是：准备切达奶酪—在经过预处理的奶酪中添加原料—升温乳化—抽真空—在70℃条件下灌装—在5℃到10℃的条件下冷藏[⑧]。吕淑芹（2002）指出比萨奶酪的制作工艺为：均匀全脂奶和脱脂奶的数量—杀菌—制备干酪粒—均匀加热—

---

① 高泓娟. 工艺技术改造催生新的奶酪产品："奶疙瘩"[N]. 中国食品报, 2015-04-24.
② 温艳霞, 宋国庆, 田莉莉. 杏仁再制奶酪工艺条件及其感官检验[J]. 农产品加工, 2014（2）: 46-47.
③ 陈丹, 曾小群, 潘道东, 等. 特色鲜奶酪加工工艺研究[J]. 中国食品学报, 2013（11）: 15-20.
④ 于涛, 于冰兰, 杜鹏. 燕麦奶酪加工工艺的研究[J]. 中国食品添加剂, 2012（5）: 166-170.
⑤ 顾建勤, 刘兴龙, 于倩. 羊奶软质奶酪关键工艺及成熟特性的研究[J]. 食品工业科技, 2012（14）: 279-283.
⑥ 刘桂芹, 程霜, 王会, 等. 阿胶奶酪的工艺研究[J]. 食品研究与开发, 2010（2）: 103-107.
⑦ 董青, 刘斐. 鲜奶酪巧克力派的加工工艺研究[J]. 中国乳业, 2010（8）: 74-76.
⑧ 杨永龙, 张杰, 宗学醒, 等. 核桃再制奶酪生产工艺研究[J]. 食品科技, 2010（12）: 64-67.

形成团后揉成团状—冷却定型—干酪浸置盐水—清晰包装。干酪粒是制作比萨奶酪的关键。干酪粒的制作工艺是：奶源消毒—置入搅拌机—添加发酵剂和氯化钙溶液—注入凝乳酶—搅拌—静置凝乳—切割—加热搅拌—硬化凝块状—排出乳清—清洗后继续搅拌—冷却降温①。有关奶酪的新产品的研究成果的数量较多，在新产品研制中实际上也包含了方法，即运用方法直接获得产品，以及在方法实施过程中使用的设备、工具、装置等。也就是说，方法的发明专利不是仅限于方法专利的保护范围，产品的发明专利也不是仅限于产品专利的保护范围。用途发明专利可以包括产品的用途发明和方法的用途发明。这些内容其实都可以从奶酪新产品的文献中得知。文献中的产品和方法已成为现有技术。

奶豆腐是最常见的传统乳制品之一，但关于奶豆腐新产品的现有文献较少。宋社果等（2010）指出猕猴桃奶豆腐的加工工艺：准备制作奶皮子后剩下的脱脂乳当作原料—杀菌处理—发酵凝乳—排出乳清—压榨乳凝块—形成奶豆腐—添加猕猴桃汁并加热搅拌—静置—排出乳清—堆积—切碎—压榨成型—冷藏②。

学界在文献中描述了有关奶皮子的新产品，新产品包括：蛋花羊奶皮子、可可味奶皮、草莓奶皮、桑葚奶皮等。马伟伟等（2010）指出蛋花羊奶皮子的生产工艺为：首先制作鸡蛋糊，其次处理鲜羊奶，再次生产奶皮子，最后生产蛋花奶皮子。制作鸡蛋糊的流程是：准备鸡蛋—检验去壳—搅拌混合—冷藏备用；加工处理鲜羊奶的方式为：将过滤后的羊奶进行高温灭菌；传统奶皮子生产工艺流程为：将羊奶煮热沸腾—扬乳—形成泡沫—降温冷却—稳定皮膜—使用小刀和筷子取皮；蛋花奶皮子生产工艺流程是：将羊乳过滤后进行灭菌—均质—大火加热并搅拌—形成泡沫—停止搅拌放入鸡蛋糊—文火保温4至6小时—形成皮膜—自然冷却12小时—倒出奶皮子—干燥—冷藏③。安小鹏等（2010）介绍了可可味奶皮、草莓奶皮、桑葚奶皮的制作工艺。可可味奶皮的制作方法为：将羊奶过滤后在90℃条件下进行灭菌—搅拌溶解可可粉—混合匀浆过的可可粉和白砂糖—升温搅拌—保温—冷却—晾晒2到3天—成型。果味奶皮子的制作方法：草莓奶皮、桑葚奶皮的制作工艺要分两步，第一步，制备果汁，第二步，制作果味奶皮子。制备果汁的流程是：将捣碎的草莓或桑葚放入搅拌机搅拌15分钟—冷藏备用—将过滤好的羊奶加热灭

---

① 吕淑芹.比萨奶酪的加工工艺[J].食品工业科技，2002（5）：79-80.
② 宋社果，曹少华，崔易虹，等.猕猴桃奶豆腐加工工艺及配方研究[J].畜牧兽医杂志，2010（4）：18-21.
③ 马伟伟，崔易红，曹斌云.蛋花羊奶皮子配方及加工工艺研究[J].畜牧兽医杂志，2010（4）：22-25，30.

菌—混合均浆过的果汁和白砂糖—羊奶沸腾后不断搅拌—保温—冷却一夜—晾晒2到3天—成型后冷藏①。

学界在文献中描述了有关酸奶的新产品，新产品包括：保健型绿豆皮酸奶、紫薯酸奶、绿茶酸奶、绿豆皮酸奶、凝固型沙棘酸奶、黑元素酸奶、槐米酸奶、柠檬绿茶酸奶、金银花凝固型酸奶、红枣酸奶冻、木瓜酸奶、凝固型蟠桃西瓜菠萝复合酸奶。马永哲等（2017）指出凝固型绿豆皮酸奶和搅拌型绿豆皮酸奶的制作工艺。凝固型绿豆皮酸奶的制作工艺包括十个步骤：准备复原乳—加糖—添加绿豆皮粉和稳定剂—均质—杀菌—冷却—接种—发酵凝固—冷却—制成成品。搅拌型绿豆皮酸奶的制作工艺包括九个步骤：准备复原乳—加糖均质—杀菌—冷却—接种—在42℃温度下发酵6小时—搅拌—冷却—制成成品②。杨春杰和李楠（2017）指出紫薯酸奶的制作流程为先制备紫薯泥再制作紫薯酸奶。制备紫薯泥的过程为：准备紫薯—将清洗干净的紫薯去皮后切块—蒸制30分钟—制成紫薯泥。紫薯酸奶的工艺流程包括：过滤牛奶—加入白砂糖、紫薯泥—均质—接种发酵—冷藏—制成成品③。南竹和曹博恒（2017）指出绿茶酸奶的制作工艺为先制备绿茶汁再制作绿茶酸奶。制备绿茶汁包括：清洗绿茶—高温灭酶—热水浸泡—过滤—形成绿茶汁。绿茶酸奶的制作流程为：准备鲜牛奶、绿茶汁、木糖醇—均质—加入明胶进行调配—在100℃条件下杀菌20分钟—冷却—添加发酵剂—分装—发酵—冷却—后熟—形成成品④。林祥群等（2016）指出制作凝固型沙棘酸奶的流程为先制备沙棘汁再制作沙棘酸奶。制备沙棘汁的方法为：在-30℃条件下速冻沙棘24小时—震动脱粒—去除杂质—在-18℃的条件下储存—清洗—沥干水分—放入捣碎机进行打浆—形成沙棘汁—放入烧杯—添加蜂蜜—低温澄清8小时—使用双层纱布过滤—杀菌—冷却。沙棘酸奶的制作流程为：将沙棘汁、菌种、蔗糖、牛奶进行搅拌混合—在42℃条件下发酵—后熟—制成成品⑤。邵虎等（2016）指出黑元素酸奶的制作流程为首先制备黑豆汁、黑花生汁和黑木耳汁，其次进行菌种驯化，最后制作黑元素酸奶。制备黑豆汁的工艺流程为：烘烤清洗后的黑豆—浸泡—磨浆—过

① 安小鹏，王琳婷，崔易红，等.不同风味羊奶皮配方及加工工艺研究[J].畜牧兽医杂志，2010（4）：11-14.
② 马永哲，罗磊，曹伟民，等.保健型绿豆皮酸奶的制备及其抗氧化活性的研究[J].食品工业，2017（7）：102-106.
③ 杨春杰，李楠.基于模糊综合评价法的紫薯酸奶制作工艺优化研究[J].现代食品，2017（8）：72-77.
④ 南竹，曹博恒.绿茶酸奶制作工艺条件的优化[J].锦州医科大学学报，2017（1）：12-14，20，115.
⑤ 林祥群，马彩梅，杨国江，等.凝固型沙棘酸奶的研制及其评价[J].新疆农业科学，2016（11）：2062-2068.

滤。制备黑花生汁的工艺流程为：烘烤清洗后的黑花生—浸泡—磨浆—过滤。制备黑木耳汁的工艺流程为：浸泡黑木耳—打浆。菌种驯化的流程为：活化嗜热链球菌和保加利亚乳杆菌—冷藏—混合黑豆汁、黑花生汁、黑木耳汁和复原奶—接种—继代培养。黑元素酸奶的制作流程为：预热净化水—添加全脂乳粉—搅拌溶解—静置15到20分钟—升温至70℃—加入稳定剂和糖的干混物—快速搅匀—混合黑花生汁、黑豆汁、黑木耳汁—均质两次—杀菌—冷却—无菌接入嗜热链球菌和保加利亚乳杆菌—搅拌15分钟—装杯—放入酸奶发酵柜—发酵—低温保存—检验合格—制成成品[①]。郭俊花等（2016）指出槐米酸奶的工艺流程为先制备槐米粉再制作槐米酸奶。制备槐米粉的流程为：粉碎槐米—过筛—形成槐米粉。槐米酸奶制作工艺流程包括：将牛奶预热至50℃—混合槐米粉、白砂糖、稳定剂—过滤—均质—在85℃条件下杀菌20分钟—接种发酵—冷藏[②]。付亮等（2015）指出柠檬绿茶酸奶的加工工艺为先制备柠檬绿茶汁再加工柠檬绿茶酸奶。制备柠檬绿茶汁的方法为：将柠檬去皮切片后榨出柠檬汁—添加绿茶粉—混合。柠檬绿茶酸奶的加工工艺为：准备全脂奶粉—调配柠檬绿茶汁—均质—灭菌—冷却—接种—装瓶—发酵—冷藏[③]。肖元园和王大平（2015）指出金银花凝固型酸奶的制作工艺流程为首先制备金银花汁，其次进行菌种驯化，再次制备发酵剂，最后制作金银花凝固型酸奶。驯化菌种的流程为：使用60℃到70℃的开水冲奶粉—添加金银花汁—灭菌—冷却—无菌方式接种—活化菌种—发酵—凝固牛奶—放入冰箱保存。制备发酵剂的方法为：准备牛奶—升温灭菌—冷却—添加驯化菌种—凝乳。制作金银花凝固型酸奶的工艺为：将金银花汁、白砂糖、稳定剂、牛奶混合—均质—在95℃的条件下灭菌5分钟—冷却—接种—分装—发酵—后发酵—制成成品[④]。张胜来（2014）指出红枣酸奶冻的制作工艺流程为首先制备红枣汁，其次制作红枣酸奶，最后再制作红枣酸奶冻。制备红枣汁的流程是：热水中浸泡干红枣—在95℃到100℃的条件下煮15分钟—去枣核—磨浆—过滤—杀菌—形成枣汁。制作红枣酸奶的流程是：融合奶粉与水—将红枣汁、蔗糖、奶液、复合稳定剂搅拌混合—

① 邵虎，朱晓，庄爱峰，等.黑元素酸奶的工艺与配方研究[J].食品工业，2016（6）：103-105.

② 郭俊花，许先猛，成少宁，等.槐米酸奶加工工艺及DPPH自由基清除能力研究[J].中国酿造，2016（6）：187-191.

③ 付亮，刘诗扬，徐方旭.柠檬绿茶酸奶的加工工艺研究[J].食品安全质量检测学报，2015（8）：2944-2949.

④ 肖元园，王大平.金银花凝固型酸奶制作工艺研究[J].食品研究与开发，2015（7）：52-55.

均质—杀菌冷却—接种—发酵—冷却—灌装—冷藏。制作红枣酸奶冻的流程为：清洗鱼胶片—冷水浸泡5到10分钟—泡软—温水加热—加热搅拌—溶解—自然冷却—将红枣酸奶倒入鱼胶溶液—装盒—冷却—形成红枣酸奶冻[①]。孟君等（2014）指出木瓜酸奶的制作工艺流程为先制备木瓜汁，后制作木瓜酸奶。制备木瓜汁的方法为：去掉木瓜的皮和籽—将木瓜切成小块—在95℃的热水中浸泡5分钟达到软化效果—使用打浆机匀浆—过滤—产生果汁—杀菌—冷却备用。木瓜酸奶的制作流程为：在木瓜中加入原料乳—混合稳定剂和蔗糖—灭菌—冷却—添加酸奶—接种—保温发酵—冷藏后熟—制成成品[②]。陈涛（2013）指出凝固型蟠桃西瓜菠萝复合酸奶工艺流程为先制备蟠桃西瓜菠萝汁，再制作凝固型蟠桃西瓜菠萝复合酸奶。制备蟠桃汁的方法为：将蟠桃去皮切块后榨出汁液并过滤。制备西瓜汁的方法为：将西瓜去皮切块后榨出汁液并过滤。制备菠萝汁的方法为：去掉菠萝不可食用的部分后切块榨汁并过滤。制备蟠桃西瓜菠萝汁的方法为：将菠萝汁、西瓜汁、蟠桃汁以1∶1∶1的比例混合后进行杀菌。凝固型蟠桃西瓜菠萝复合酸奶的制作工艺为：在经过标准化处理的牛奶中添加糖和稳定剂—均质—杀菌—冷却—在混合果汁中加入发酵剂—搅拌—控温发酵—冷却—后熟—制成成品[③]。

从上述学界公开的关于奶制品改进方法或新产品的文献可以得知，学界已经公开了诸多技术实施方案。这些技术实施方案已不再成为专利垄断的客体，是完全可以免费实施的。但这些可以免费实施的技术方案却未能得到内蒙古奶制品试点示范企业的认可。经过前期调研发现，内蒙古奶制品试点示范企业总体而言规模较小，商品定位为"民族特需品"，面向的服务对象或者客户以当地买家为主，因此，对学界的研究成果，未能体现出很浓厚的兴趣。部分试点示范企业尝试探索研发奶制品新产品，但这种新产品的研发均依托于本土市场的实际需求、成本控制以及本土消费者的试吃口感等考虑因素。被调研的试点示范企业的负责人普遍表示学界的新产品可能在口感上会略好，但从成本和本土化等角度考虑，不具有推广意义。另外，学界对新产品研发的诉求脱离于实际生活场景，而更多是与论文发表、职称评定等自身因素相关。这也进一步导致了产学研综合体脱离了实际的创新需求。

---

① 张胜来.红枣酸奶冻的制作工艺研究[J].食品与发酵科技，2014（5）：102-107.

② 孟君，范秉琳，白会丽.木瓜酸奶制作工艺的优化[J].南方农业学报，2014（3）：469-474.

③ 陈涛.凝固型蟠桃西瓜菠萝复合酸奶制作工艺研究[J].安徽农业科学，2013（6）：2685-2686.

（三）创新内容中存在的问题

1. 商业模式：传统商业模式陈旧失去流量市场的竞争优势

内蒙古自治区传统乳制品的商业运营模式是：以家庭和小规模生产车间为运营主体，以"原料采集—手工加工—传统熟化"为操作流程，以"线下销售"为运营路径，实现传统乳制品的制作、推广和销售。"原料采集"是指在内蒙古自治区的农牧地区，采集奶牛、山羊、马等动物的乳汁。原材料的种类和品质深受自然条件和饲养条件的影响。现阶段，内蒙古自治区奶制品试点示范企业多从合作的农户和牧户进行原料采集。"手工加工"是技术和艺术的融合过程。传统奶制品的手工加工包括勺筛、熬煮、做酸等内容。在数千年的传统工艺的地方性操作实践中，实践主体通过手工加工不仅传承了这项非物质文化遗产，通过摸索改进，实现了非物质文化遗产的弘扬发展。这种地方性操作实践中融入了内蒙古自治区人民的文化生活和传统技艺。"传统熟化"是指在控制干燥温度、自然风速等自然条件下的手工加工后的奶制品出现外表硬化的现象。奶制品的熟化确保了奶制品的长期保存。手工加工后的软奶豆腐如不重视熟化，会导致奶制品的发霉腐化。之后的程序便是市场推广和销售环节。内蒙古奶制品试点示范企业的商业模式是传统销售模式，而且以线下销售为主。

数字流量时代的快速发展，并不意味着新的商业模式会立刻取代内蒙古奶制品试点示范企业的传统商业模式。但在数字流量时代，这种销售模式会凸显出其严重的缺陷，包括：产品结构单一、效率低、可塑性不强、投资少、品牌化程度不高[①]。在产品结构上，内蒙古奶制品试点示范企业的奶制品在产品规格、产品功能以及包装设计上趋向同质化。这种同质化的产品结果，会直接导致同质化的商业竞争。而同质化的商业竞争意味着竞争策略不具有多元性，主要通过"降价+买赠"手段提升产品售卖。市场竞争的白热化，直接导致单品价格的直线下降，导致形成"低价拉拢消费者"的销售生态环境。在效率上，由于内蒙古奶制品试点示范企业的"手工加工"和"传统熟化"的生产过程多为手工实践，不仅效率低，还受制于劳动力的数量和技术水平。可以说，生产效率的低下会导致无法实现大规模生产。在可塑性上，内蒙古奶制品试点示范企业在原料采购、制作加工、熟化产品上缺乏标准

---

① "同质化"和"品牌化建设"方面参见：张寒. 中国乳制品同质化严重，高端产品研发能力不足[R/OL].（2021-06-25）[2023-10-13]. https://www.huaon.com/channel/trend/726969.html.

化管理和可塑性监测。这导致产品质量把控和监测依赖于生产加工环境，因此，会引发一定的风险。在投资上，由于内蒙古奶制品试点示范企业的投资受制于传统商业模式，很难及时获取资金额度较大的投资，难以实现企业的发展和转型。在品牌化上，由于内蒙古奶制品试点示范企业的销售模式以线下零售为主，其销售手段以"降价＋买赠"为特征，因此，品牌发展意识严重不足，也缺乏平台宣传。这进一步导致商品品牌难以实现大众化发展，无法提升市场竞争力和影响力。在创新上，新品研发的严重滞后，技术升级意识的落后以及科学标准化管理的缺失，导致大部分内蒙古奶制品试点示范企业的最终产品始终处于"原地踏步"。

2. 内容创新："小精美"乳制品创新品类供给严重不足

"小精美"乳制品创新品类是指：乳制品在产品形式和内容上满足"量""质""美"三个维度的要求，确保乳制品外包装上的吸引力、消费上的体验感、存储上的便捷性、使用量上的节约性以及品质上的高品质。需要注意的是，乳制品"小精美"创新商品品类不是仅仅侧重外观设计，其质量是关键内容。乳制品创新品类被定位在"小精美"上的根本原因在于：第一，使用量上的节约性。传统的奶制品的体积较大，食用时间较长。这种大尺寸的奶制品主要用于长途跋涉时的食用，因此被称为"行军粮"。但随着时代的发展，人们的出行变得方便和快捷，对大容量或大尺寸的奶制品的实际需求逐渐变少。"小精美"奶制品的需求逐渐增强。"小精美"的奶制品的单次的食用量会减少，防止食物的浪费，还可以节约成本。第二，存储上的便捷性。"小精美"的乳制品在存储上具有便捷性，方便存储和管理，存储时占用的时间也较少。由于存储上的便捷性，会直接引出品质保证。第三，品质上的高品质。"小精美"的奶制品可以更好地保持乳制品的新鲜程度和质量要求。第四，外包装上的吸引力。符合当代消费场景和审美体验的"小精美"的奶制品可以让消费者在视觉上得到享受，其精美的外观设计（需要注意的是产品外观设计不仅是专利权的客体，也可以是著作权的客体）可以增加产品的吸引力。第五，消费上的体验感。"小精美"的奶制品由于其便携性和存储性，可以使得消费者在享受美味的奶制品的同时，也可以获得更好的消费体验感。

"小精美"的奶制品体现的是现代人的健康生活和精致生活。从健康的角度来说，奶制品富含营养物质，蛋白质、钙、维生素等营养元素是人们体内所需的重要营养物质。在高速现代化的今天，人们除了在乎吃得健康，也注重食物的视觉美感。人们对审美的心理需求和精致化表达的诉求也在不断地提高。为了迎合消费者对奶制品的健康、美味、精致的消费需求，内蒙古奶制品试点示范企业在奶制品的形状、口味、品质等方面进行了技术改造和外观设计，向消费者呈现了包装精美、口味优美的"小精美"奶制品，使消费者获得愉悦的消费体验。此外，"小精美"的奶制品体现的是现代人的休闲生活和对健康美学的追求。"小精美"的奶制品方便携带，可以当作休闲小零食，随时可以享用。由于容量较小，在一定程度上可以控制奶制品的食用量，发挥了控制食量的作用。

内蒙古自治区是我国重要的奶制品产区，但从前期调研结果可以得知，内蒙古奶制品试点示范企业的产品形态以传统形态为主，体积大不方便携带，其精致性和审美性严重不足，甚者，严重缺乏高端的"小精美"奶制品（部分企业向上海等地的高端餐饮店出售和提供黄油等奶制品。但这种出售和提供行为更多是粗加工的原料提供，并非高端商品供给）。询问原因之后发现，第一，市场需求是关键要素。市场上购买传统奶制品多为当地的少数民族，而且一般是以日常食用为目的购买，因此，对"小精美"奶制品的购买需求不大。第二，奶制品依然属于民族特产，除了酸奶等普及化程度较高的奶制品外，其他类型的奶制品未能形成大众化商品，即其他类型的奶制品的消费需求依然集中在当地少数民族。第三，生产"小精美"的奶制品需要特定的设备，绝大多数的奶制品试点示范企业对新设备的购买需求不强，从而限制了"小精美"奶制品的生产和供应。除了上述通过访谈获得的关于"原因"的信息之外，对提供"小精美"产品的意识不足也是一个关键的原因。

3. 形式创新：基于"数字流量"的创新性发展意识严重不足

随着流量经济的快速发展，以新媒体为杠杆推动内蒙古奶制品试点示范企业的传统乳制品的快速发展变得越发重要。传统乳制品的制作工艺作为我国一项非物质文化遗产，作为中华优秀传统文化的重要组成部分，在数字流量时代，构建其形式上的创新性发展是内蒙古自治区的一项重要的时代课题。内蒙古奶制品试点示范企业，在数字流量时代，以新媒体为杠杆，在实现传统奶制品的形式上的创新性发展中，可以充分运用"短视频+直播"的创新性发展模式。"短视频+直播"模式之所以重要，主要在于：基于2022年6月的数据，我国网民的规模数已经达到10.51亿，实现了73%的互联网普及率。短视频的用户规模数已达9.62亿，较2021年12月增长了 2 805 万，占网民整体数的 91.5%[①]。短视频具有制作门槛低，内容展示鲜活且可以生动展示内蒙古地方特点，流量传播目标精准，传播速度较快等特点。直播可以呈现现场真实感，让大众可以看到事件的发展过程，相比传统的文字、图片等一维的信息传播和信息接收，更符合大众的心理预期。直播还具有信息扩散性、社交互动性、平台闭环性[②]以及打赏变现性等特点。由于直播方式融合了文字、画面、语音等多感官呈现方式，被不同受众群体的接受度较高，信息的扩散性较强，且更具有观赏性。直播平台具有社交属性[③]，从主播与粉丝之间的及时互动和粉丝与粉丝之间的及时互动中可以看出新媒体直播平台具有极强的社交属性。这种社交互动强化了粉丝对产品的认知和推广宣传。直播平台基于其开放性属性，可以上传商品链接、可以与粉丝之间形成互动交流、可以将产品信息充分在网上进行分享等，促使观看人、直播人以及直播辅助人员之间形成闭环，促进商品信息的网络分享和传播。"直播带货"是现在变现收益极高的一种方式[④]，主要变现方式为"直播打赏"或"直播刷礼品"。此外，直播的广告投放、会员充值、内容付费等已成为直播平台变现的重要方式[⑤]。正因上述优点，"短视频+直播"模式已成为当下最火的新媒体运营模式，发展迅速，且具有较强的生命活力。"短视频+直播"促进了电商的快速发展，也提升了地域及其产品的知名度和影响力。

但内蒙古奶制品试点示范企业的企业主对"短视频+直播"模式的认识不足，参与应用和实践操作的意识不强，未能将奶制品试点示范企业的优势产品在互联网上进行介绍和传播。经前期调研，询问到的原因是：一方面担心语言表达能力的不足，另一方面人手严重不足，难以运用新媒体开展宣传普及工作。笔者在前期调研中还发现，传统奶制品试点示范企业的企业主年龄普遍偏大，从业的年轻人数量普遍较少，即使有些传统奶制品试点示范企业已经实现规模化经营，但从业者中年轻人的身影依然较少。

① 中国互联网络信息中心. 第 50 次《中国互联网络发展状况统计报告》发布 [R/OL].（2022-09-01）[2023-10-15]. http://www.gov.cn/xinwen/2022/09/01/content_5707695.htm.

② 常倩倩. 基于视频类平台的农村阅读带读机制策略研究 [J]. 图书馆建设，2021（5）：58-69.

③ 赵红勋，刘秀娟. 表征、逻辑与隐忧：听觉回归下音频直播的声音社交 [J]. 青年记者，2023（12）：39-41.

④ 邵培松. 基于网络直播的网络营销模式及策略初探 [J]. 新闻爱好者，2023（2）：60-62.

⑤ 胡娇，李莉. 网络直播内广告投放及收入分成策略 [J]. 企业经济，2023（2）：129-140.

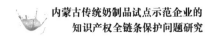
二、知识产权运用中存在的问题

（一）知识产权立体布局意识严重不足

早在2016年，"知识产权的多维保护"[①]的观点不断被强调。就知识产权立体（多维）保护的常规认识有两点：第一点认识的出发点是基于"国家、公众与权利人的权益关系"，即进行知识产权立体保护时应充分考虑"国家利益、公众利益与权利人（或利害关系人）的利益"，关联"国与国之间的双边或多边协议，国内立法以及合同约定"，实现知识产权的多维保护（包括横向保护和纵向保护），形成系统性保护工程[②]。第二点认识的出发点是基于知识产权五维保护链条，即通过综合运用法律、管理、市场等多维度，开展全方位的综合立体保护，即知识产权立体保护包括法律保护、技术保护、市场保护和管理保护等多维保护。本书所指的"知识产权立体保护"是基于知识产权的不同客体类型，形成强有力且持久的保护方案，即综合运用知识产权的不同客体，从而形成难以攻破的知识产权策略和实践方案。需注意的是，综合运用知识产权的不同客体不仅是指知识产权的不同客体的混合运用，也包括同一客体内部的不同内容之间的综合运用。

就内蒙古自治区奶制品试点示范企业的知识产权立体布局意识而言，企业逐渐意识到知识产权立体布局的重要性，但知识产权布局以单一布局为主。此外，内蒙古奶制品试点示范企业虽然在不同知识产权客体中进行了权利布局（可参见本书中的专利申请和商标申请数据分析部分的内容），但对知识产权权利布局之间的高度关联性的认识严重不足。总而言之，在知识产权立体布局方面必须提升意识。这种意识提升不仅是针对不同客体之间的权利布局，还包括同一客体不同内容之间的权利布局。

（二）"企业—银行—评估机构"中存在的专利权质押融资问题

2017年国务院办公厅在《关于推广支持创新相关改革举措的通知》（国办发〔2017〕80号）中第一次提出专利权质押融资，即"贷款、保险、财政风险补偿捆绑的专利

---

① 例如，在国家版权局官网中的"业界动态"部分中转发了强调"知识产权综合（立体）保护"的相关文章，强化了知识产权立体保护的意识。具体参见：窦新颖. 迪士尼维权给国产动画电影敲响警钟[EB/OL].（2016-07-01）[2023-10-15]. https://www.ncac.gov.cn/chinacopyright/contents/12222/341513.shtml.

② 刘亚军，郭璇慧. 国际技术转让中知识产权保护立体之维[J]. 社会科学战线，2022（8）：261-266.

权质押融资服务"。此后全国各地开展评估补贴、项目贴息、补助资金等行动方案。2021年国务院印发的《"十四五"国家知识产权保护和运用规划》（国发〔2021〕20号）中将知识产权质押融资金额纳入"十四五"时期知识产权发展的指标之中。

在国家层面持续推进知识产权质押融资的背景下，内蒙古自治区在2021年发布的《内蒙古自治区"十四五"保障和改善公共服务规划》（内政办发〔2021〕70号）中指出金融机构向企业提供专利权质押融资的服务。尤其在新冠疫情期间，为了支持防控疫情重点保障企业和中小企业健康发展，知识产权质押融资的金融服务得到政府的支持。在此背景下，揭示内蒙古自治区专利权质押融资的特色模式、分析困境、提出实施路径，以及专利权质押融资地方立法的框架设计对助力内蒙古自治区奶制品示范企业的知识产权质押融资会起到借鉴和推进作用，对全面推进内蒙古自治区知识产权质押融资的顺利实施意义重大。

从专利权评估现存问题、专利权质押融资模式、专利权评价指标的三维全景研究中可以看出，中国专利权质押融资的研究主要是以"价值整体评估"的思维展开知识产权质押融资的研究。这种知识产权质押融资的评估思维和研究进路不仅脱离知识产权客体的客观、科学评估要求，还无益于内蒙古自治区乳制品示范企业等轻资产企业的资金需求的及时供给。专利权质押融资的评估思路应回归到"客体"本身，围绕"技术—法律—经济"三维指标展开专利权质押融资的价格评估。

针对专利权评估的现存问题，学界主要围绕专利权质押困境的内外围原因进行了全面研究。张伯友（2009）指出权力归属、权力稳定性、潜在侵权风险、在先权利冲突是知识产权评估的困境[1]。张惠彬（2017）指出影响专利权质押融资的因素有：配套法律严重滞后、复合型人才较少且分布不均衡、专利权评估机构权威性不高且评估方法混乱、资产评估机构的专业性有待提高、专利的流转以及交易的受限导致银行处理成本的提升[2]。郭建伟和郭文（2019）指出专利"权"的评估难、企业规模小信用基础差、专利质量和市场价值较低[3]。陈杨（2019）认为评估标准的不统一、专业机构不够成熟、立法不完善是制约专利权评估的因素[4]。常鑫（2020）从企

① 张伯友. 知识产权质押融资的风险分解与分步控制[J]. 知识产权, 2009（2）：30-34.

② 张惠彬. 企业专利权质押融资的困境及出路：以重庆市的实践为考察重点[J]. 理论月刊, 2017（10）：136-140.

③ 郭建伟, 郭文. 知识产权质押融资困境[J]. 中国金融, 2019（5）：90-91.

④ 陈杨. 科技型中小企业专利权质押融资的估值困境及其对策[J]. 经济研究导刊, 2019（8）：147-148.

业、金融机构、中介机构、评估方法层面指出专利权质押融资的困境[1]。

就专利权质押融资模式，学界主要围绕"政府机构—金融机构—担保机构"融资及风险分担模式进行了深度的研究。目前国内典型担保模式主要有：以市场化为主的"银行+专利权"的北京模式、"银行+政府基金担保+专利权反担保"的上海模式、借鉴北京和上海模式基础上的"银行+担保公司+专利权反担保"的武汉模式，以及以政府信用和资金保障为背书的"成都模式"。学者提出了相应的担保模式，卢志英（2007）指出"银行+权利担保""投资公司+权利担保""银行+担保公司+权利担保""银行+担保公司+权利反担保"[2]。滕丽和滕小硕（2012）指出"银行+担保公司+权力反担保""银行+权力担保+担保公司""金融机构+权力担保""银行+专利权担保+债权转股权"等担保模式，以"银行85%：资产评估机构5%：担保中心捆绑企业未来收益抵押10%"风险分担比例为主的"风险分担模式"[3]。李明星等（2013）指出"金融机构+权力担保""投资公司+权力担保""金融机构+权力担保+担保公司""金融机构+担保公司+权力反担保"四种模式[4]。徐文（2016）提出四川的模式："生产力促进中心+中介服务机构""专利保险+交易平台"[5]。胡旭微和杨海萍（2016）指出浙江省的三种模式：政府补贴、政府出资分担风险、政府建库推进[6]。杨青和桑芝芳（2018）指出青岛市和嘉兴市的科技融资担保模式：青岛市的"银行—青岛市政府主导成立的科技融资担保机构—保险机构"风险分担模式。嘉兴市的"农行嘉兴科技支行—政府专项风险补偿金—融资企业"共同承担风险的质押融资模式[7]。

针对专利权评价指标的研究，学界主要围绕指标设定和评估运算的"整体价值评估"进行了深度研究。这里所指的"整体价值评估"是指：在评估基准日，在特定评估目标下，不是从知识产权"自身"维度进行价格评估，而是对企业的整体价

① 常鑫.风险量化视角下专利权质押融资价值评估：以极路由为例[J].财会通讯，2020（20）：152-156.
② 卢志英.专利权质押融资现状分析[J].中国发明与专利，2007（6）：45-47.
③ 滕丽，滕小硕.我国知识产权质押融资典型模式研究：基于机制设计理论的比较分析[J].理论观察，2012（4）：81-83.
④ 李明星，Nelson Amowine，何娣，等.转型升级背景下小微企业专利融资模式创新研究[J].科技进步与对策，2013（18）：138-142.
⑤ 徐文.科技型小微企业专利权质押融资模式研究：以四川省为例[J].西南科技大学学报（哲学社会科学版），2016（3）：80-88.
⑥ 胡旭微，杨海萍.浙江省科技型中小企业专利权质押融资的策略研究[J].浙江理工大学学报（社会科学版），2016（2）：132-137.
⑦ 杨青，桑芝芳.中国专利权质押融资状况研究[J].中国发明与专利，2018（1）：69-73.

值进行评估，最终确认其知识产权的价值。这种评估方式导致的最大影响是将知识产权的客体评估等同于企业的综合评估，即把对知识产权客体的"价值评估"等同于对企业主体（知识产权权利主体）的"价格评估"。例如，在专利权的评估体系中，应关注专利的"技术性、市场性、法律性"因素，而不是将影响企业的所有因素囊括到专利权的评估体系中。Mergest（1988）指出以技术质量和技术经济为评估因素[①]。Ernst（1998）提出以市场份额、专利授权率、有效率、引证等方面评估专利权，其中市场份额被视为关键要素[②]。Hirschey 和 Richardson（2004）的评估因素包括技术生命周期、引用指数、非专利文献[③]。曹津燕等（2004）的三维评估涵盖数量、质量、价值[④]。魏雪君（2006）指出了五维度评估指标。该五维度指标包括：投入、产出、营运、效益、保护[⑤]。于晶晶和谭思明（2009）构建了加权数量、质量、综合三维指标后得出了对知识产权进行价值评估的综合指标[⑥]。宋河发等（2009）提出了单个专利质量和机构专利质量的评估方法[⑦]。任培民等（2012）结合了德尔菲法和模糊综合评估法求出直接价值指标和间接价值指标[⑧]。钱坤等（2013）指出法律、技术、经济一级指标以及对应数个二级指标的基础上运用模糊层次分析及权重排序得出法律价值维度的权重最高[⑨]。唐恒等（2014）提出法律、技术、经济为一级指标和对应数个二级指标的基础上加权平均得出评估范围[⑩]。孙付东和陈吉云（2014）从技术、市场、质押合同约定、合同履行地、质押人五个维度确定指标权重后加权综合评估[⑪]。李志鹏和夏轶群（2016）指出在法律、技术、市场、企业经营状况四个

① MERGEST R P. Commercial Success and Patent Standards: Economic Perspectives on Innovation[J]. California Law Review, 1988（7）: 805-876.

② ERNST H. Patent portfolios for strategic R&D planning[J]. Journal of Engineering Technology Management, 1998（4）: 279-308.

③ HIRSCHEY M, RICHARDSON V. Are scientific indicators of patent quality useful to investors?[J]. Journal of Empirical Finance, 2004（11）: 91-107.

④ 曹津燕, 肖云鹏, 石昱, 等. 专利评价指标体系（二）: 运用专利评价指标体系中的指标进行数据分析[J]. 知识产权, 2004（5）: 29-34.

⑤ 魏雪君. 用科学发展观构建新的专利评价指标体系[J]. 科技管理研究, 2006（7）: 171-173.

⑥ 于晶晶, 谭思明. 专利组合分析评价指标体系的构建[J]. 现代情报, 2009（12）: 152-155.

⑦ 宋河发, 穆荣平, 曹鸿星. 技术标准与知识产权关联及其检验方法研究[J]. 科学学研究, 2009（2）: 234-239.

⑧ 任培民, 陈育花, 姜彬, 等. 科技型中小企业专利质押融资评价指标体系研究[J]. 山东农业大学学报（社会科学版）, 2012（4）: 55-60, 118.

⑨ 钱坤, 沈厚才, 黄忠全. 基于质押融资的专利价值系统分析[J]. 管理现代化, 2013（4）: 16-18, 30.

⑩ 唐恒, 李绍飞, 朱宇. 不同生命周期阶段的企业专利质量影响因素: 基于江苏省战略性新兴产业企业的实证分析[J]. 技术经济, 2014（9）: 10-16.

⑪ 孙付东, 陈吉云. 专利权质押中专利权价值评估指标体系分析[J]. 科技创新导报, 2014（7）: 213-216.

一级指标和对应的数个二级指标的基础上运用三角模糊数层次分析法进行权重分析，得出企业经营状况在评估中的重要性[1]。夏轶群和李志鹏（2016）提出运用模糊VIKOR法对专利的法律、技术、市场、融资情况四维度多指标确定决策权重[2]。常鑫（2020）基于信用风险、评估风险、经济风险、法律风险指标，构建价值评估模型进行评估[3]。

学界对于专利权质押融资等领域进行了富有见地的研究，从方向上看，模式研究逐渐趋向地方模式探索，评价指标集中在价值评估指标设定、数理模型和权重评估计算。存在的问题是，专利权评价指标属于"价值整体评估"，即错误地将企业整体评估套用到专利权评价中，使专利权评价脱离技术和法律逻辑以及基于技术和法律的经济逻辑。因此，需要探索符合技术和法律自身逻辑以及基于法律和技术逻辑的经济逻辑维度上的"技术—法律—经济"三维指标。此外，内蒙古专利权质押融资的特色模式、路径建设及地方立法框架设计的研究严重滞后。

内蒙古自治区专利权质押融资主要采取的是"行政全流程+银行+生产力促进中心反担保和投资"模式。通过该质押融资模式方便向内蒙古自治区乳制品示范企业提供融资支持。通过"行政全流程"，完成前端数据采集与后端数据审核和出证环境；在银行维度上，地方银行的优势得到了充分的体现，地方银行会依据客体的需求设计相应的金融产品，促进地方企业的专利权的质押融资；在反担保的维度上，内蒙古生产力促进中心有限公司提供了基金池，方便投资，实现专利权的质押融资。

内蒙古自治区从2017年开展专利权质押融资业务以来，截至2021年未出现不良情形（见表3–1），从表3–1中可以看出，2018—2020年内蒙古自治区专利权质押融资在项目数、专利数、质押金额上逐年上升，2021年略有下降。但需要注意的是，质押金额数分摊到质押项目数（金额数/质押项目数）后获得的个项数金额较大，即银行需要承担的风险系数较大。可喜的是，自2017年开展专利权质押融资业务以来，至今未出现不良现象。

① 李志鹏，夏轶群.基于三角模糊数层次分析法的专利质押融资价值评估[J].财会月刊，2016（15）：63-66.

② 夏轶群，李志鹏.基于模糊VIKOR法的专利质押融资优质质押专利选择研究[J].科技管理研究，2016（12）：130-134.

③ 常鑫.风险量化视角下专利权质押融资价值评估：以极路由为例[J].财会通讯.2020（20）：152-156.

表3-1 2018—2021年内蒙古自治区专利权质押融资情况

年份	质押项目数/项	专利数/件	金额/亿元
2018	17	—	—
2019	48	—	—
2020	82	516	18.77
2021	78	479	10.3

资料来源：国家知识产权局专利局呼和浩特代办处、内蒙古知识产权公共服务（保护）信息化系统（平台）。内蒙古知识产权公共服务（保护）信息化系统（平台）中列出了2020年和2021年的详细信息。由于知识产权质押融资合同具有保密性，无法确认内蒙古自治区乳制品示范企业的具体数据，因此，本书从宏观层面展开研究，即该领域的宏观层面的研究，可以说直接反映了内蒙古自治区乳制品示范企业的质押融资的实际状况。自2022年起专利权质押融资的数据不再公开，未能获得2022年之后对应的数据。

从内蒙古自治区质押融资的模式上来看，内蒙古自治区专利权质押融资主要采取的是"行政全流程+银行+生产力促进中心反担保和投资"模式。

行政全流程是指：国家知识产权局专利局呼和浩特代办处的专利权质押登记业务施行全流程登记制——"前端+后端审核制度"，既包括前端采集，也包括国家知识产权局审核以及出证环节。全流程登记制度的优势在于，满足5个工作日内出证（从原来的7个工作日提升至5个工作日出证），在实务层面可以进一步提升至3个工作日内出证，实现行政高效便民原则。

在内蒙古自治区，银行、担保公司主要承担了知识产权质押融资业务，保险公司的业务量远不及前两者。在银行维度上，知识产权质押融资在规模、产品设计、团队建设、人员配置、合同拟定、评价依据上做得好的国有商业银行是中国银行内蒙古自治区分行；内蒙古银行、光大银行等股份制商业银行也在开展这类业务；在内蒙古自治区，东北再担保公司内蒙古分公司、内蒙古蓝筹融资担保股份有限公司等担保公司也在从事知识产权质押融资业务。相较于中国银行内蒙古自治区分行，内蒙古银行的优势在于，金融产品的研发在呼和浩特，因此，依据企业的需求，可以进行及时沟通，设计相应的金融产品；而中国银行内蒙古自治区分行的金融产品由总行设计研发，因此，到了内蒙古自治区只能沿用总行设计研发的金融产品。

从反担保的维度来看，内蒙古生产力促进中心有限公司施行风险补偿的措施——银行进行质押贷款的时候从风险金里剥离总贷款金额的10%到30%进行反担保。同时，内蒙古生产力促进中心有限公司也提供了协同基金池，方便科技类投资。

在内蒙古自治区乳制品示范企业的维度上，内蒙古自治区奶制品示范企业均为轻资产企业，而轻资产企业在内蒙古自治区的总体规模小，企业知识产权意识也不足，知识产权管理方面均存在较大的问题；在银行维度上，在内蒙古自治区，能够认可知识产权风控体系并将知识产权纳入考核指标的银行较少，银行普遍采用的制式合同不适用知识产权质押合同，"抵押＋质押模式"不适用知识产权质押融资，知识产权评估价值较低，质押率只占30%；在第三方评估机构的维度上，以"客户需求"为导向的第三方知识产权评估使评估不再真实，因此，银行内部设置了知识产权评估部门。

内蒙古自治区与其他省份在专利权价值评估上的共有困境主要从专利权的特有属性、机构、"技术—法律—经济"三维度中的主要影响要素——法律三个层面展开。

从专利权的特殊属性上看，其中最关键的属性在于不具有预测性。例如，平板电脑的支撑技术及其专利是在平板电脑诞生之后才拥有超额专利回报和高额估值，也就是说，在平板电脑诞生之前的很长时间内该技术不具有任何市场价值。因此，也不具有当下变现的可能，这就是专利权在经济维度上评估难的原因。除了经济维度，技术维度、法律维度上也存在评估难的问题（见表3–2）。

专利权质押融资需要合同约定分配责任。合同期限届满，债务人无法偿还贷款，债权人对处置的该项专利权享有优先受偿权，但处置专利权存在诸多风险。而诸多风险出自专利权无形及不可预测性。首先，权利受损的一个重要原因是专利权评估结果的失真。其次，专利权质押期限届满，债权人无法通过拍卖或其他方式变卖获得相应价款，会导致金融机构、中间机构的损失。最后，由于缺乏功能完善的交易平台，可能无法及时处置该项专利权，从而导致债权人无法主张权利。

表3-2 专利权内外围风险评估影响因素

	内外围因素	具体内容
专利权评估风险	外围因素	产业发展阶段
		企业竞争强度
	内围因素"技术—法律—经济"三维	技术主体：权属明晰无瑕疵
		技术客体：创新水平
		法律维度：专利权受保护情况
		经济维度：当下变现能力

从银行、第三方评估机构的角度来看，复合型人才团队是关键要素，既要对技术有深入了解，同时依据技术逻辑和法律对评估标的进行价格评估，资产评估专门人才是专利权评估复合型人才团队中的成员之一，而不是唯一成员（见表3-3）。

表3-3 专利权评估宏微观风险

	宏微观分类	具体内容
专利权评估宏微观风险	宏观	未来的经济形势
		政策环境的稳定性
	微观	评估团队的专业能力
		评估师的业务熟练程度
		评估方法的合理性
		评估管理的规范性
		评估结果的合理性

法律要素是专利权"技术—法律—经济"三维度价格评估中的核心要素，这一观点得到钱坤等（2013）研究团队的证实[1]。法律维度的指标需严格依据《专利法》、《民法典》合同编以及《专利权质押登记办法》等相关法律法规（见表3-4）。

---

[1] 钱坤，沈厚才，黄忠全．基于质押融资的专利价值系统分析[J]．管理现代化，2013（4）：16-18，30．

表3-4　法律风险的考量因素

考量因素		具体内容
法律风险	外部风险	政策环境稳定性
		政府支持力度
	权利的稳定性	主体：权属明晰
		期限：符合《专利法》《民法典》合同编条文
		范围：有效期内的权利保护范围的确认
		行政、司法：无效诉讼、司法诉讼
	立法	相关法律规定的完善程度
	执法	相关法律执行力度

　　内蒙古自治区轻资产企业、银行、第三方评估机构在专利权质押融资方面产生的问题分别如下：

　　（1）内蒙古自治区乳制品示范企业均为轻资产企业，而采取知识产权质押融资的轻资产企业的总体规模较小，企业知识产权意识亦不足，知识产权管理方面均存在较大的问题。

　　知识产权质押融资往往面向轻资产企业，因为轻资产企业融资时缺乏充足的实物资产和金融资产。因此，轻资产企业的核心便是拥有核心技术的知识产权，也就是说，轻资产企业是以拥有核心技术的知识产权实现贷款融资。但内蒙古自治区的企业主要是以重工业为主的大型企业，内蒙古自治区乳制品示范企业的总体规模小，体量不足，这一点会影响知识产权质押融资的结果。此外，内蒙古自治区乳制品示范企业的知识产权意识薄弱，知识产权管理方面存在问题。内蒙古自治区轻资产企业的知识产权意识严重薄弱，严重缺乏知识产权管理、运营意识和经验。经团队在呼和浩特市及周边的前期调研发现，绝大部分市场份额较大的轻资产企业甚至没有自己的商标。轻资产企业的可抵押的有形资产相对有限，通过无形资产质押获得融资具有一定的可行性。专利的知识产权评价只关乎技术本身与专利文件所撰写的质量，与数量多寡并无关联。因此，轻资产企业需要在技术本身、专利撰写、专利管理方面增强意识和资金投入。此外，国家知识产权局出具的专利权评价报告是知识产权质押融资中证明权利稳定的重要证据。但内蒙古自治区在这方面的认识严重欠缺。

　　（2）从开展专利权质押融资业务的银行角度来看，在内蒙古自治区，能够认可知识产权风控体系并将知识产权纳入考核指标的银行较少、银行普遍采用的制式合同不适用知识产权质押合同，"抵押＋质押模式"不适用知识产权质押融资，知识产权评估价值较低，质押率只占30%。

在内蒙古自治区，能够认可知识产权风控体系、将知识产权纳入考核的银行较少，银行金融企业的不良率不允许超过3%，控制银行的风险不良率。因此，国有银行的风控体系有着严格的不可改变的价值评估方式。换句话说，银行认可有形资产。在内蒙古自治区，中国银行内蒙古自治区分行有专门的知识产权产品；中国农业银行内蒙古自治区分行有一定的参与度；中国建设银行内蒙古自治区分行、中国工商银行内蒙古自治区分行均未开展相关业务。此外，银行普遍采用的制式合同不适用知识产权质押合同。除了中国银行内蒙古自治区分行有专门的知识产权质押合同外，其他银行暂无针对知识产权的质押合同，一般采取制式合同。这类格式合同实际上属于最高额抵押或权利质押合同，合同当中列举出了抵押物、担保物，唯独没有知识产权。从此情况可以看出，这类合同不能适用知识产权质押。再者，"抵押＋质押模式"不适用知识产权质押融资。银行的放款额一般由银行的规模决定，规模较小的银行的放款额一般在500万元以下，中国银行内蒙古自治区分行的放款额一般在2 000万元以下。这种放款主要通过"抵押＋质押模式"放款。这种模式的特点是不拆分"抵押"和"质押"，因此，放款总额中很难确定两者之间的占比。企业需要的贷款总额中知识产权质押贷款额的占比并不大，但这种模式会导致将贷款总额纳入知识产权质押贷款额中。由于不区分"抵押"和"质押"，一方面，在统计中会直接导致知识产权质押融资的实际发生额被无限放大，与企业的规模和实际评估形成巨大出入，一旦出现风险，直接拉高银行的风险不良率，直接影响银行开展知识产权质押融资业务。可喜的是，自2017年内蒙古自治区开展知识产权质押融资业务以来，截至2022年未出现不良情形。另一方面，也会间接导致知识产权评估中的夸大"评价"现象。最后，知识产权评估价值较低，质押率只占30%。内蒙古自治区银行的专利权的质押率一般在30%。这是因为，一方面，需要知识产权质押的专利的总体评估值较低，银行融资较难；另一方面，知识产权相较于有形资产，因其无形特征，评估较为困难；而有形资产评估的质押率一般可以达到80%。

（3）从为内蒙古乳制品示范企业提供第三方评估机构的角度来看，客户需求导向的第三方知识产权评估使评估不再真实。

过度的商业化色彩使评估费用与评估值挂钩，评估值越高获取越多的评估费用，从而导致以客户需求为导向的知识产权评估的虚假现象，即通过询问客户关于评估价格的需求进行知识产权评估。这使得银行不认可第三方评估机构的知识产权评估报告。因此，银行内部需自行组建评估团队或者委托给准入的评估公司进行知识产权评估。

（三）传统知识产权证券化模式未能提供便利化融资

知识产权证券化实际上是将从未来的专利、商标、版权、商业秘密、确权数据等知识产权客体获得的收益折现到现在进行价值定价的一种权利运营方式，简而言之，未来现金流折现。知识产权证券化对中小企业发挥的功能主要体现在三点：

实现无形资产定价、通过无形资产证券化的途径实现融资以及为企业进行股票、证券、储蓄等资产的优化配置。买卖双方必须在交易平台上开展合法合规的知识产权证券化的权利运营业务，即只有满足"平台、买卖双方、合法合规"三个条件时，才能产生知识产权证券化的产品。一旦某个IP在未来某个点实现价值共识，会实现知识产权证券化的盈利裂变，因此，探寻价值共识的"点"也是中小企业获取大额融资的重要的关注点。可以说，知识产权证券化为我国轻资产企业的多元融资开辟了新的路径。为了确保企业的多维融资渠道，国务院发布了诸多政策，探索知识产权证券化业务模式和以试点为基础的落地方案。国务院于2015年在《国务院关于新形势下加快知识产权强国建设的若干意见》（国发〔2015〕71号）中首次提出开展知识产权证券化业务。此后国务院针对不同政策场景发布了关于知识产权证券化的系列政策文件，包括《国务院办公厅印发〈国务院关于新形势下加快知识产权强国建设的若干意见〉重点任务分工方案的通知》（国办函〔2016〕66号）、《国务院关于印发"十三五"国家知识产权保护和运用规划的通知》（国发〔2016〕86号）、《国务院关于印发"十三五"国家科技创新规划的通知》（国发〔2016〕43号）、《国务院关于印发国家技术转移体系建设方案的通知》（国发〔2017〕44号）、《国务院办公厅关于完善科技成果评价机制的指导意见》（国办发〔2021〕26号）、《国务院关于印发"十四五"市场监管现代化规划的通知》（国发〔2021〕30号）、《国务院关于开展营商环境创新试点工作的意见》（国发〔2021〕24号）。通过对上述政策文献的分析可以得知：知识产权证券化的政策应用场景从知识产权运用的内在维度延伸至成果转移转化、科技创新、科技成果评价、提升营商环境等延伸维度，并且兼顾了法制市场监管建设。为了将知识产权证券化的业务落到实处，在2016年《国务院关于印发"十三五"国家科技创新规划的通知》（国发〔2016〕43号）中首次提出探索知识产权证券化试点。此后国家立足现实，探索了不同的知识产权证券化试点。根据《国务院关于印发上海系统推进全面创新改革试验加快建设具有全球影响力科技创新中心方案的通知》（国发〔2016〕23号）、《国务院关于印发进一步深化中国（天津）自由贸易试验区改革开放方案的通知》（国发〔2018〕14号）、《国务院关于印发中国（海南）自由贸易试验区总体方案的通知》（国发〔2018〕34号）、《国务院关于支持自由贸易试验区深化改革创新若干措施的通知》（国发〔2018〕38号）、《国务院关于全面推进北京市服务业扩大开放综合试点工作方案的批复》（国函〔2019〕16号）、《国务院关于印发北京、湖南、安徽自由贸易试验区总体方案及浙江自由贸易试验区扩展区域方案的通知》（国发〔2020〕10号）、《国务院印发关于推进自由贸易试验区贸易投资便利化改革创新若干措施的通知》（国发〔2021〕12号）等国务院政策文件，知识产权证券化的试点从上海市开始，延伸至天津市、海南省、北京市、湖南省、安徽省、浙江省等地。2020年，在《国务院关于做好自由贸易试验区第六批改革试点经验复制推广工作的通知》（国函〔2020〕96号）中将知识产权证券化的业务延伸至全国范围，为全国的企业融资实现了政策保障。除此之外，国务院各部门也出台了知识产权证券化的相关政策文件或者实施的方案。

内蒙古自治区也出台了相关政策支持中小企业的融资。2016年内蒙古自治区在《内蒙古自治区人民政府关于加快知识产权强区建设的实施意见》（内政发〔2016〕113号）中首次提出探寻知识产权质押融资的创新模式。在《内蒙古自治区知识产权事业发展"十三五"规划》（内政办发〔2017〕50号）中提出进一步推进知识产权质押融资创新模式。此后，逐渐在内蒙古自治区层面构建多维的知识产权融资途径，而知识产权证券化是跨区域多维融资的一种途径。

现阶段内蒙古自治区传统乳制品示范企业可以采用的知识产权证券化的常规模式主要包括五点（以下内容均在知识产权范围内探讨），分别是：债权证券化、信托证券化、应收账款证券化、融资租赁证券化、知识产权授权许可证券化[①]。知识产权业务内的债权证券化是指质权人获得未来出质人的知识产权的临时控制权之后，将债权出售给金融机构，金融机构开展产品方案设计和风险规避举措，在证券市场发行证券的一种金融行为。债权证券化本质上是将"未来"的知识产权的收益折现到"现在"的一种促进流动性的金融产品设计方案。债权证券化的大致操作流

---

① 就知识产权证券化的传统模式可以参见：曹莉，胡伟，周适，等. 知识产权证券化模式分析及未来思考 [J]. 中国发明与专利，2022（11）：68-76.

程为：知识产权权利人质押权利—金融机构放贷—金融机构将债权打包出售给其他债券发行机构—在金融市场发行债券募集社会资金。知识产权的权利人（出质权利的人）将知识产权质押给银行、贷款公司等金融机构，知识产权权利人获得融资贷款，金融机构获得知识产权权利人的质押物（权利）之后将知识产权的未来收益作为盈利标的，再次打包出售给可以行使发行债权的金融机构，可以行使发行债权的金融机构（债券机构）一般会将多个知识产权权利人的权利客体进行产品打包设计、风险规避，在证券市场上发行证券产品，实现流动性，获得社会融资。知识产权证券化的社会功能体现在缓解银行借款压力，为内蒙古自治区乳制品中小企业提供融资途径；知识产权业务内的信托证券化是指信托人将未来的收益权转让给信托公司，信托公司占有债务人的知识产权后，设计信托产品，组建信托资金池，在金融市场发行证券的金融活动。信托证券化操作的大致流程[①]为：委托人（原始权益人）委托—信托公司接受委托后设计信托产品—债务人将知识产权质押—信托公司向债务人发放贷款—信托公司组建资金池—在金融市场发行证券募集社会资金。委托人将未来的收益权转让给信托机构，信托机构再依据知识产权质押情形，设计信托产品，并用委托人的原始资金组建资金池，在金融市场上发放证券，募集社会资金。信托证券化实际上属于未来收益权转让为基础的金融行为。知识产权业务内的应收账款证券化是指知识产权的权利人将通过知识产权获得的应收账款组合打包出售给证券机构，证券机构购买该应收账款之后开展降低风险举措，并组建资金池，在资本市场发行债券的一种金融行为。知识产权领域内的应收账款证券化的大致流程为：权利人将应收账款出售给证券机构—证券机构组建资金池—在资本市场发行债券。应收账款证券化的本质实际上是将通过知识产权获得的"未来"收益进行"现时的现金"折现；知识产权业务内的融资租赁证券化是指卖方将已出售的知识产权再次租赁使用，融资租赁公司将获得的债权设计成金融产品，在资本市场上发行债券募集社会资本的一种金融行为。知识产权业务内的融资租赁证券化的大致操作流程是：卖方将知识产权出售给买方—卖方通过租赁形式再次使用已售出的知识产权—融资租赁机构以债权的形式在资本市场上发行债券筹集社会资本。融资租赁证券化的本质是将未来的收益进行现时的现金折价；知识产权授权许可证券化是指知识产权权利人将知识产权独占许可给融资租赁公司，此后融资租赁公司以独

---

① 在实务实践中，中间环节会有顺序上的不同。

占实施许可的方式再反向许可给权利人使用，融资租赁公司以持续拥有的现金流为盈利点组建资金池，开展证券化业务。知识产权许可证券化的大致流程为：权利人独占许可给租赁公司—租赁公司反向独占许可给权利人—以现金流组建资金池—融资租赁机构在资本市场上发行债券。知识产权业务内的知识产权许可证券化实质上是通过知识产权的未来收益进行现金流折现。

就传统的五类知识产权证券化模式而言，未能为内蒙古自治区乳制品中小示范企业实现便利化融资。主要问题存在于两套体系的衔接匹配。我国知识产权制度和金融制度不断发展，已逐渐成为较为完善的两套体系。作为已经较为稳定的两套体系，两者之间的衔接成为亟待解决的难题——金融市场如何对以知识产权为客体的无形资产进行客观的评估作价、把控知识产权引发的风险、确保知识产权运营的顺利实施[1]，简而言之，三难问题：评估难、风控难、运营难。

传统的知识产权证券化业务未能给内蒙古自治区乳制品示范中小企业带来便利化融资手段的首要原因在于：评估难。知识产权的权利评估本身是一件非常困难且具备专业性的专门业务，对知识产权客体的评估，应以权利为基础，深度围绕客体维度—法律维度—市场维度展开评估。因此，对内蒙古自治区乳制品示范企业的知识产权成果，以企业整体评估方案进行评估俨然脱离了客观评估原则。此外，捆绑绩效的评估乱象会使评估方案脱离公平、公正原则，甚者，严重扰乱内蒙古自治区的评估市场。

对权利进行评估作价本身是很难的一件事情，即需要在客体维度—法律维度—市场维度上有深度了解，因此，对专业性的要求极高。知识产权作为较为完善的一种独立的制度设计，在不同客体维度上，具有较高的专业性要求。因此，证券市场的投资方对专利、植物新品种、著作权、软件著作权、布图设计、商标等不同的知识产权客体类型需要有深入的研究和全面的认识。研究知识产权的不同客体类型需要耗费较大的时间成本。这会导致证券市场上的投资方可能因认识不足而产生投资错误。此外，对知识产权的认识不能仅仅停留在客体本身，还需要在法律维度和市场维度有深度的认识。在法律维度上，需要特别关注知识产权的获取、申请、授权等法律环节；在市场维度上，需要关注技术发展的生命周期、技术应用、市场发展新趋势等衡量要素。以专利为例，专利的生命周期分为：诞生期、发展期、成熟

---

[1] 可以说两套体系的融合主要集中在三个层面，即评估难、风控难、运营难——对权利的评估作价、对知识产权客体引发的风险的规避、实现知识产权的权利运营。

期、替代期。专利的诞生期指的是在某个技术领域内出现新的技术风口，相同或者相关领域内的企业或者个人会围绕该技术全面开始专利布局；专利的发展期是指随着该技术的不断发展，相关专利会围绕不同技术维度开展全方位的专利布局，此时的市场出现白热化的竞争态势；专利的成熟期是指随着专利技术的进一步发展，专利技术的生命曲线逐渐发展到顶点，此时在市场竞争中出现头部竞争主体，头部竞争主体通过专利已经将诸多竞争对手限制在技术竞争外围；专利的替代期是指专利技术已经到达衰退期，新的技术逐渐取代原来的技术方案。专利的替代期也被称为技术的新的一轮循环，即原有技术的落败和退出市场也逐渐迎来新的技术生命周期，实现技术的"周而复始"。如果技术到了成熟后期和替代期，需要慎重对待该期间的专利的评估作价，甚至不应该签订相关许可或者转让合同，防止"雁过拔毛"的风险。可以说，对知识产权的评估作价不能单纯从某一个维度进行评估，而是在技术维度、法律维度、市场维度充分考量，确保评估的相对客观性。因此，知识产权的评估本身具有高度专业性和存在一定专业壁垒。

除了上述两种制度的衔接导致的评估困境，在内蒙古自治区还存在的问题是整体评估和捆绑绩效。就整体评估而言，知识产权的评估作价机构对知识产权客体进行评估时很多情况并不是按照知识产权的技术—法律—市场三维开展评估工作，而是基于传统的市场法、收益法、成本法进行企业整体评估，即评估脱离技术—法律—市场三维度，而是将知识产权的评估纳入企业整体性评估的方案中，评估方案中罗列了诸多企业内部环境、企业外部环境等评估要素。这种评估逻辑严重脱离了知识产权评估的真实性和相对客观性，将知识产权视为企业，可见，其评估的思路和逻辑是完全错误的。但这种评估现象在内蒙古较为常见，严重影响了奶制品示范企业的知识产权评估的相对客观性。由于绝大多数的内蒙古自治区奶制品示范企业是轻资产企业，如果单从企业整体维度评估，其评估结果必然趋向低价值，从而拉低知识产权客体的评估值，严重影响乳制品中小示范企业的融资；就捆绑绩效而言，评估机构评估专员的绩效薪水与评估额直接相关，这会导致夸大实际的评估额，使其严重脱离当下的公允价值，甚至严重扰乱正常的评估市场。笔者在访谈中得知锡林郭勒盟的某示范企业企业主曾找过位于呼和浩特的两家评估机构对其版权进行价值评估，评估专员本应关注该评估标的的客体维度—法律维度—市场维度，相反，该评估专员关注的点却是企业主的评估期许。这种以示范企业企业主的评估期许为导向的评估必然会脱离公平、公正、客观的评估原则。这种评估导向实际上是以迎合客户拉高评估值的心理诉求为出发点、以提高评估专员的绩效、可以当下变现为落脚点的评估乱象。这种评估乱象的不良影响不是仅限于上述乳制品示范企业，而是会延伸至内蒙古自治区的全体评估需求方。

传统的知识产权证券化业务未能给内蒙古自治区乳制品示范中小企业带来便利化融资手段的第二个原因在于：风控难。这里所指的风控难主要体现在三个层面：特殊性、不确定性、流动性。证券化后的知识产权资产的特殊性是基于客体维度—市场维度—法律维度的特殊性，正因该属性，知识产权证券化中存在一定的投融资风险；证券化后的知识产权资产是无法形成量化和标准化的资产，这类资产会受法律、经济、技术、政策环境等外部不确定环境的影响，会阻碍知识产权证券化的顺利运行；证券化后的知识产权资产在实现流通性上存在一定的困境。不能实现高流通性会直接影响融资率、投资人的风险稀释以及市场的透明性。

知识产权证券化在内蒙古的落地困境还体现在因知识产权自身特征伴随的风险性。这种风险性主要体现在三个层面：特殊性、不确定性、流动性。

就特殊性而言，学界将知识产权本身的特殊性也纳入知识产权证券化的风险中。笔者认为这种观点不可取。知识产权具有无形性、时间性、地域性。知识产权作为无形资产，是知识产权与其他无形资产相同的内在属性，无论是对知识产权进行评估作价，还是对其他无形资产进行评估作价，均是对客体本身的评估作价，而不是对客体属性的评估作价。知识产权的客体属性不仅是知识产权的内在属性，也是其他无形资产的内在属性，不应将其视为评估作价难的根本原因；知识产权具有时间上的限制性和地域上的限制性。时间上的限制性，以专利为例，专利权有效期限的递减与对专利权的评估作价形成正相关。专利权有效期限的递减也意味着专利权的估值逐渐递减。专利权有效期限的截止等于权利权的终止[1]，专利权有效期限截止之后专利权人不再享有收益分配权等相关权利；地域上的限制性，以专利为例，

---

[1] 这里需要甄别"专利权终止""专利权宣告无效"两种概念。专利权的宣告无效必然导致专利权的终止。但专利权的终止情形并不一定直接由于专利权的宣告无效导致的。三种具体情形会导致专利权终止：专利权的权利人通过书面申请，主动放弃专利权（放弃专利权的情形可以包括：难以实施，发现他人的技术方案更为新颖、更加先进等）；因为没有缴纳专利权的年费而专利权终止（新法修订之后，外观设计专利的保护期限已变为15年，因此，需要缴纳15年的年费；实用新型专利依然是10年的保护期，需要缴纳为期10年的年费；发明专利的保护期限为20年，需要缴纳20年的专利权年费）；超过了《专利法》规定的法定保护期限而导致专利权终止（《专利法》包括两个期限：法定期限和指定期限。指定期限除了个别特殊情形，一般情况下可以申请权利恢复；但法定期限是禁止申请权利延期或者申请权利恢复。发明专利的保护期限为20年、实用新型专利权的保护期限为10年、外观设计专利权的保护期限为15年，待上述专利权的保护期限截止之后，专利权人不可以，也不可能申请延长期限或者申请权利恢复）。

暂不考虑同族专利等域外专利布局的情形，专利的地域保护局限在我国的地域范围内[①]。除域外权利布局，既然是以中国作为地域范围，无论是对无形资产，还是对有形资产的评估作价，其评估要素中不可能以此为评估指标的。知识产权证券化引发的风险涉及的特殊性是基于客体维度—市场维度—法律维度的特殊性，例如，技术演进导致的技术的替代性市场效应、债务人的预期违约或者实际违约导致的违约风险、知识产权的价值在未来的不确定性等。

就不确定性而言，传统证券（如股票、债券等）是可以实现量化和标准化的证券商品，而知识产权证券是一项难以实现标准化、定量化的特殊的证券类商品。这种特殊的非标准化的证券类商品容易受外界环境因素影响。因此，知识产权证券的价格难以被预测，从而会产生较大的风险。这里的外部影响因素主要有四个，分别是：法律因素[②]、经济因素、技术因素以及政策环境因素。知识产权证券化必须基于法律法规实现其运营实施。这里所指的法律不仅是指授予（或自动获得）知识产权客体的不同的知识产权部门法，还指与证券发行、股份转让等相关的法律法规。这些法律规范在知识产权证券化的不同环节中均起到规范化、规制化的作用；知识产权证券化是市场化的一种权利运营行为，知识产权证券化的出发点和落脚点均是为了解决企业在金融市场上的融资困境。因此，知识产权证券化与经济在不同发展阶段的高低水平、资本市场的成熟度等紧密相关。这些因素对知识产权证券化在资本市场上的权利运营中发挥着关键作用[③]；技术因素在知识产权证券化的权利运营中也发挥着关键作用[④]。技术的不断改进[⑤]在知识产权客体评估作价的准确性、效率性上会发挥决定作用；政策环境因素也会影响知识产权证券化的权利运营结果。政策的引导和促进会推进知识产权证券化的顺利发展、有效改善营商环境、促进知识产权

[①] 就前期的调研发现，部分内蒙古自治区乳制品示范企业的企业主认为专利的保护地域范围只限制于内蒙古自治区。这种观点需要更正。

[②] 法律因素中也包括知识产权的时效性，具体内容可以参见：周衍平，徐华杰，陈会英. 知识产权证券化定价及最优风险概率评估：基于改进的三叉树模型[J]. 金融发展研究，2022（5）：71-79.

[③] 市场需求等内容可以参见：周衍平，徐华杰，陈会英. 知识产权证券化定价及最优风险概率评估：基于改进的三叉树模型[J]. 金融发展研究，2022（5）：71-79.

[④] 技术要素亦是知识产权证券化风险中的一个关键要素，就知识产权自身风险可以参见：宋瑞敏、董璐、周楚. 基于博弈论组合赋权法：后悔理论的知识产权质押融资估值风险评估[J]. 模糊系统与数学，2021（4）：162-174.

[⑤] 这里以专利为例说明，随着专利技术的发展，新的专利技术会逐渐替代旧的专利技术。因此，对专利技术的评估必须确定专利技术的发展阶段。评估专利技术的发展阶段（诞生期、发展期、成熟期、替代期）对于知识产权评估而言是至关重要的。如果错误评估专利技术的发展阶段，不仅影响知识产权评估作价的科学性、客观性，而且会直接损害知识产权证券化的顺利实施。

的权利运营。相反，政策的不足或者缺陷会阻碍知识产权证券化的顺利发展①。

就流动性而言，知识产权在资本市场上运营转化的占比较少，在资本市场上的流动性较差，可以说，知识产权证券化的交易量较少。这也导致投资者在选取知识产权证券化商品上存在一定的困难。知识产权不同于实物资产，属于无形资产，在一定程度上难以实现知识产权的权利运营交易。实物资产，如土地、房屋、机器设备等可以通过出售、出租、抵押担保等不同的交易手段直接制造现金流，而知识产权相较于有形资产在制造现金流上存在一定的困难。以版权为例，虽然我国版权登记量逐渐提升，2020年的我国版权登记量达到5 039 543件②，2021年我国版权登记量突破600万件，达到6 264 378件③，2022年我国版权登记量总量达到6 353 144件④。但真正实现版权权利运营的多是头部版权，数量极少。内蒙古自治区奶制品示范企业持有较多数量的知识产权，但这些企业很少能够将知识产权通过权利运营的不同途径实现知识产权的流动性。而好的资产的评价标准中流动性可以说是首要条件⑤。强流动性可以提高知识产权质押融资的效率、稀释投资人的投资风险，而且通过流动性也可以探测市场的透明性。只有确保较强的流动性才能足够吸引投资商的关注，从而实现较高的融资率。此外，投资人不仅需要投资变现，还要确保稀释投资风险。较强的流动性在一定程度上不仅可以稀释投资人的投资风险，还可以确保投资的迅速变现。再者，流动性在很大程度上意味着高频交易。市场上的高流通性也反映了市场的透明性，而透明性可以为投资人带来较为准确的市场信息。总体而言，相较于有形资产，证券化之后的知识产权资产在实现高流动性上存在一定的瓶颈。流动性对知识产权证券化而言是非常重要的。如何实现证券化之后的知识产权资产的流动性已成为关键的时代课题。只有具备高流通性的证券化之后的知识产权资产才能够更好地实现无形资产体现的价值、增加融资率、减少投资人的投资风险、增加市场的透明性，促进经济的发展和提升创新的动力。

① 李明肖.知识产权质押融资发展路径[J].中国金融，2023（1）：40-42.

② 国家版权局.国家版权局关于2020年全国著作权登记情况的通报[R/OL].（2021-03-18）[2023-05-11].https：//www.ncac.gov.cn/chinacopyright/contents/12228/353816.shtml.

③ 国家版权局.国家版权局关于2021年全国著作权登记情况的通报[R/OL].（2022-03-23）[2023-05-11].https：//www.ncac.gov.cn/chinacopyright/contents/12228/356060.shtml.

④ 国家版权局.国家版权局关于2022年全国著作权登记情况的通报[R/OL].（2023-03-21）[2023-05-11].https：//www.ncac.gov.cn/chinacopyright/contents/12228/357527.shtml.

⑤ 关于知识产权证券化的衍生风险——流动性风险可以参见：梁艳.知识产权直接证券化的逻辑与进路：以驱动科技创新为视角[J].中国科技论坛，2019（2）：109-117.

传统的知识产权证券化业务未能给内蒙古自治区乳制品示范中小企业带来便利化融资手段的第三个原因在于：运营难。在知识产权证券化商品品类的结构单一和服务范围受限、定价难、信息披露与审计难、运营期限短等方面集中体现了知识产权证券化运营难的困境。

从我国目前已经发行的证券化后的知识产权资产类商品上来看，证券化后的知识产权资产类商品存在交易结构单一和服务范围的受限、资产差异化及其定价难、增信成本较高、信息披露和审计难度较大、运营期限较短等困境。由于运营难的困境，妨碍了知识产权证券化商品在全国范围内的发行和推广。知识产权证券化的运营困境体现在交易结构单一和服务范围的受限。知识产权证券化的商品品类不多，只集中在专利权、商标权以及版权的业务范围。三类业务中专利权业务是较为核心的业务[1]。而服务范围的可选择性在衡量资产配置和打包运营中发挥着重要作用。这也是知识产权立体保护和打包运营的关键所在。知识产权证券化的资产配置及其运用中，定价是一个关键环节，而确定价格依赖于现金流和市场交易频次[2]（就目前而言，多以未来现金流折算进行评估定价）。信息披露和审计难度主要集中在信息的准确性和完整性、信息的复杂性、技术性难题、未能识别的金融风险以及竞争性信息等方面。由于知识产权客体的特殊性，相较于传统金融业务，知识产权证券化业务在信息披露和审计环节[3]存在一定的难度。由于运营较困难，知识产权证券化的融资期限较短，不能为内蒙古自治区奶制品示范企业提供长期的、稳定的资金支持。就融资期限而言[4]，考虑到证券化后的知识产权资产的特殊性和不确定性，投资方在运营成本和运营时间上会产生忧虑，因此我国知识产权证券化的运营时间一般在1到2年的期限内。这种短运营期限的融资资产实际上严重不利于融资企业对长

---

① 知识产权金融的服务范围主要集中在专利权业务，可以参见：胡冰洋. 大力发展知识产权金融推动经济高质量创新发展[J]. 宏观经济管理. 2021（1）：73-77，90.

② 现金流和交易频次为笔者观点。笔者在知识产权证券化中不支持"未来现金流"的概念。未来现金流和市场竞争不适用于知识产权证券化业务，也不适用于对高质量知识产权客体的评估。

③ 知识产权信息披露在下文中有较为清晰的描述，具体内容参见：郑军，林钟高，贺建刚. 企业创新的专有性信息传递困境与纾解：基于审计师选聘视角的分析[J]. 中南财经政法大学学报，2023（1）：37-51.

④ 我国现行法律中并没有明确规定知识产权证券化的融资期限，融资期限主要基于知识产权证券化融资实践和具体业务。

久的、稳定的资金支持的需求①。

三、知识产权保护中存在的问题

（一）知识产权立法中存在的问题

立法上虽然已经提供了通用名称商标抢注的解决方案，但能否通过地方立法或者确立标准的方式对内蒙古自治区几大核心产业的"少数民族文字音译的通用名称"进行确认性工作？

内蒙古奶制品试点示范企业的知识产权保护在司法保护层面最显著的问题是奶制品通用名称被抢注的问题。通用名称是指商品或者服务普遍被使用的名称等（除了具体名称，还可以包括缩写名称以及约定俗成的名称）。通用名称的认定标准一般包括：主体认定标准、地域认定标准、产品认定标准、时间认定标准和主观认定标准。通用名称的认定标准均基于公有领域。通用名称归属于公有领域，具有集体属性。如果具有集体属性，涉及公共利益的通用名称成为私有领域的保护内容，不仅是对公共利益的严重损害，甚至直接影响一个产业的后续发展。我们试想一下，一个制造、加工奶制品企业的商品商标为"奶制品"，即"奶制品"牌奶制品，那么，该"奶制品"是否指称了全部奶制品？如果该奶制品品牌因其质量等问题导致声誉下跌，是否也会直接影响整个奶制品行业及相关企业主体的声誉？对奶制品通用名称的恶意抢注，不仅不利于内蒙古奶制品试点示范企业的长久发展，还会导致消费者对该产品与通用名称之间的误认和混淆，会引起法律纠纷和无谓的时间和精力的浪费。因此，《商标法》第11条和第59条②中明确规定禁止使用该商品的通用名称进行商标注册，获得私权保护。其根本原因在于：普遍性意味着商标缺乏显著

---

① 在运营期限上的困境可以参见：联合资信评估股份有限公司．中证协优秀课题：我国知识产权证券化的模式、信用风险及防范研究 [R/OL]．（2021-04-08）[2023-05-12]．https：//finance.sina.com.cn/wm/2021-04-08/doc-ikmxzfmk5697145.shtml．联合资信评估股份有限公司．我国知识产权证券化的模式、信用风险及防范研究 [C]//中国证券业协会．中国证券业高质量发展论文集（2022）．北京：中国财经出版传媒集团、中国财政经济出版社，2022：456-462．

② 商标法第11条规定仅有本商品的通用名称不得作为商标注册。《商标法》第59条规定，"注册商标中含有的本商品的通用名称……注册商标专用权人无权禁止他人正当使用"。

性^①，缺乏显著性的商标会引起消费者的误认或混淆，所以无法起到来源识别的目的。在司法实践中，也可以看到，使用通用名称进行诉讼主张或者采取正当性使用的抗辩。抢注者之所以热衷抢注通用名称，其根本目的在于：通用名称容易被消费者识别和记住指称的商品或服务，从而获得巨大的商业利益。但这种利益的索取，绝对不可以伤害人民群众的公共利益为前提。

为了保护公共利益，内蒙古自治区制定了蒙古族传统奶制品的地方标准^②（见表3-5）和团体标准^③（见图3-1和表3-6）。在标准的制定实际上对应的便是内蒙古奶制品的通用名称。

表3-5　蒙古族传统奶制品地方标准

序号	标准号	标准名称	省市区	状态	批准日期	实施日期	备案号	备案日期
1	DB15/T 1990—2020	蒙古族传统奶制品 策格（酸马奶）生产工艺规范	内蒙古自治区	现行	2020-09-23	2020-10-23	74644-2020	2020-10-13
2	DB15/T 1989—2020	蒙古族传统奶制品 乌乳穆（奶皮子）生产工艺规范	内蒙古自治区	现行	2020-09-23	2020-10-23	74643-2020	2020-10-13
3	DB15/T 1988—2020	蒙古族传统奶制品 嚼克生产工艺规范	内蒙古自治区	现行	2020-09-23	2020-10-23	74642-2020	2020-10-13
4	DB15/T 1987—2020	蒙古族传统奶制品 阿尔沁浩乳德（酸酪蛋）生产工艺规范	内蒙古自治区	现行	2020-09-23	2020-10-23	74641-2020	2020-10-13
5	DB15/T 1986—2020	蒙古族传统奶制品 楚拉生产工艺规范	内蒙古自治区	现行	2020-09-23	2020-10-23	74640-2020	2020-10-13

---

① 提出申请的商标若想获得注册，必须同时满足：显著性、便于识别以及不得与他人在先取得的权利相互冲突。通用名称由于其通用性，丧失了显著性。以"察干伊德"为例，"察干伊德"就是蒙古语里的"奶制品"。当内蒙古各族人民提到"察干伊德"时会自然联想到"奶制品"，而不是私权主体垄断的指称物。因此，无论从立法角度、民族情感角度、消费者权益角度，均不可以将"察干伊德"等通用名称纳入私权垄断的范围内。

② 蒙古族传统奶制品的相关地方标准的数据结果出自"地方标准信息服务平台"。具体操作是：在"地方标准信息服务平台"中以"蒙古族传统奶制品"为关键词进行了搜索，获得了8条数据记录。数据结果参见：https：//dbba.sacinfo.org.cn/stdList?key=%E8%92%99%E5%8F%A4%E6%97%8F%E4%BC%A0%E7%BB%9F%E5%A5%B6%E5%88%B6%E5%93%81.

③ 蒙古族传统奶制品的相关团体标准的数据结果出自"全国团体标准信息平台"。具体操作是：在"全国团体标准信息平台"的"高级检索"中以"传统奶制品"为关键词进行搜索，获得了13条数据结果。需要注意的是：该平台中由普通检索获得的结果数据不准确。数据结果参见：https：//www.ttbz.org.cn/Home/Standard?stNo=&stName=&orgCode=&orgName=%E9%94%A1%E6%9E%97%E9%83%AD%E5%8B%92%E7%9B%9F%E4%BC%A0%E7%BB%9F%E4%B9%B3%E5%88%B6%E5%93%81%E5%8D%8F%E4%BC%9A&enTitle=&stStatus=&stSale=&stOpen=.

续　表

序号	标准号	标准名称	省市区	状态	批准日期	实施日期	备案号	备案日期
6	DB15/T 1985—2020	蒙古族传统奶制品 毕希拉格生产工艺规范	内蒙古自治区	现行	2020-09-23	2020-10-23	74639-2020	2020-10-13
7	DB15/T 1984—2020	蒙古族传统奶制品 浩乳德（奶豆腐）生产工艺规范	内蒙古自治区	现行	2020-09-23	2020-10-23	74638-2020	2020-10-13
8	DB15/T 1983—2020	蒙古族传统奶制品 术语	内蒙古自治区	现行	2020-09-23	2020-10-23	74637-2020	2020-10-13

锡林郭勒盟传统乳制品协会

锡林郭勒盟传统乳制品协会
关于《图德》、《风味奶酪》等7项团体标准修订版发布公告

各有关单位：

　　根据国家食品安全法（新修订）相关内容、地方特色传统奶制品产业发展成果和需求，总结原有标准实施应用一年多过程中的不妥之处，为了进一步提高锡林郭勒盟传统乳制品产业团体标准运用实效，根据国家团体标准管理规定，按照《锡林郭勒盟传统乳制品协会团体标准管理办法》《锡林郭勒盟传统乳制品协会团体标准制定程序》，经锡林郭勒盟传统乳制品协会团体标准部修改立项并经专家组审查通过，现将"蒙古黄油T/XLTDA 001—2023、图德T/XLTDA 002—2023、蛋白奶皮T/XLTDA 003—2023、风味奶皮T/XLTDA 004—2023、风味奶酪T/XLTDA 005—2023、乳清糖T/XLTDA 006—2023、风味乳清糖T/XLTDA 007—2023、奶酪图德T/XLTDA 013—2023"等团体标准修订版对外公布并于公布日起实施，该修订版代替"蒙古黄油T/XLTDA 001—2021、图德T/XLTDA 002—2021、蛋白奶皮T/XLTDA 003—2021、风味奶皮T/XLTDA 004—2021、风味奶酪T/XLTDA 005—2021、乳清糖T/XLTDA 006—2021、风味乳清糖T/XLTDA 007—2021"。

锡林郭勒盟传统乳制品协会
2023年03月22日

　　注：本公告在全国团体标准信息平台发布。

图3-1　锡林郭勒盟传统奶制品协会发布的关于团体标准的公告

表3-6　蒙古族传统奶制品团体标准

序号	团体名称	标准号	标准名称	批准日期	状态		
1	锡林郭勒盟传统乳制品协会	T/XLTDA 013-2023	地方特色传统乳制品 奶酪图德	2023-03-23	现行	详细	购买信息
2	锡林郭勒盟传统乳制品协会	T/XLTDA 007—2023	地方特色传统食品 风味乳清糖	2023-03-23	现行	详细	购买信息
3	锡林郭勒盟传统乳制品协会	T/XLTDA 006—2023	地方特色传统食品 乳清糖	2023-03-23	现行	详细	购买信息
4	锡林郭勒盟传统乳制品协会	T/XLTDA 005—2023	地方特色乳制品 风味奶酪	2023-03-23	现行	详细	购买信息
5	锡林郭勒盟传统乳制品协会	T/XLTDA 004—2023	地方特色乳制品 风味奶皮	2023-03-23	现行	详细	购买信息
6	锡林郭勒盟传统乳制品协会	T/XLTDA 003—2023	地方特色传统乳制品 蛋白奶皮	2023-03-23	现行	详细	购买信息
7	锡林郭勒盟传统乳制品协会	T/XLTDA 002—2023	地方特色传统食品 图德	2023-03-23	现行	详细	购买信息
8	锡林郭勒盟传统乳制品协会	T/XLTDA 001—2023	蒙古族传统奶制品 希日陶苏（蒙古黄油）	2023-03-23	现行	详细	购买信息
9	锡林郭勒盟传统乳制品协会	T/XLTDA 012—2023	地方特色传统食品 蒙古熟奶糖	2023-01-18	现行	详细	购买信息
10	锡林郭勒盟传统乳制品协会	T/XLTDA 011—2023	地方特色传统乳制品 乳清	2023-01-18	现行	详细	购买信息
11	锡林郭勒盟传统乳制品协会	T/XLTDA 010-2023	地方特色传统食品 发酵型风味乳清酒	2023-01-18	现行	详细	购买信息
12	锡林郭勒盟传统乳制品协会	T/XLTDA 009—2023	地方特色传统食品 蒙古奶酒	2023-01-18	现行	详细	购买信息
13	锡林郭勒盟传统乳制品协会	T/XLTDA 008—2023	地方特色传统乳制品 楚其盖	2023-01-18	现行	详细	购买信息

我们同时可以了解到由于通用名称容易使人们识别和记住，因此，也成为商标抢注的重点目标。民事主体在2907群组上申请了与奶制品通用名称紧密相关的商标，部分商标已被授权（见表3-7）。在通用名称商标抢注上，行政机关也给予了驳回的决定。"策哥"（申请号为45406784）的驳回理由是：属于2907群组的"肉；肉罐头；冷冻水果；腌小黄瓜；马奶酒（奶饮料）"类别的通用名称。"达希玛格"（申请号为25826478）的驳回理由是：属于2907群组的"肉干；鱼肉干；土豆泥；蛋"类别的通用名称（见附录：在2907群组与传统奶制品商品相关的类别申请和注册商标的数据）。之所以出现有的被驳回，有的被授予商标权，原因在于传统奶制品商标的命名是以蒙古文音译的方式呈现。审查员不可能对每个领域都熟悉，审查时也未必能想到申请商标是奶制品的通用名称。在发出初步审定公告之后，审查义务会通过公示的方式和以条件的限制延伸至在先权利人、利害关系人以及任何人，即进入异议环节。即使申请商标被授予专利权，也会通过无效宣告的方式采取权利救济。可以说，在立法上已经对此问题给予了解答。但为了确保内蒙古自治区几大核心产业健康发展，能否考虑通过地方立法或者确立标准等方式，对几大核心产业的蒙古语音译的通用名称进行确认工作？这里仅以探讨的方式提出此问题。第四章的解决方案不再就该问题提供建议对策，重点提供商标抢注的解决方案，旨在提升知识产权保护意识。

表3-7　民事主体在2907群组与传统奶制品商品相关的类别申请商标和注册商标的统计

序号	蒙古族传统奶制品通用术语	申请数量/件	注册数量/件
1	浩乳德（奶豆腐）	1	1
2	毕希拉格	2	1
3	楚拉	1	1（注册商标为楚拉子）
4	阿尔沁浩乳德（酸酪蛋）	—	—
5	乌乳穆（奶皮子）	—	—
6	嚼克	1	0
7	淖鲁儿	—	—
8	希日陶苏（黄油）	1	0
9	策格（酸马奶）	5	0
10	塔日格	1	1
11	艾日格	2	1
12	达希玛格	1	0

序号	蒙古族传统奶制品通用术语	申请数量/件	注册数量/件
13	额德森苏（传统酸奶）	—	—
14	查干伊德	2	0
15	图德	1	0
16	楚其盖	—	—

注："—"表示没有。

地方立法的普遍问题：地方立法的区域性与知识产权的国际性之间的冲突、地方信息的滞后与地方实际问题的解决之间的冲突，地方立法的时效性欠缺也是普遍存在的问题。

知识产权不是地方概念，更不是区域概念，知识产权是国际议题。因此，作为解决地方问题的地方立法难以覆盖全球范围内的知识产权议题。地方立法的标准与国际层面、国家层面的立法标准之间产生冲突[1]。进一步来说，尽管地方立法有权在特定区域制定和修订法律，但知识产权的立法需要在国家层面展开，从而确保知识产权保护的普遍性和一致性[2]。随着社会的快速发展，即使在国家层面的立法也滞后于时代发展（在这个层面上，经常将"法律"视为"事后补充"）。地方的立法机构无法及时作出调整，立法进程缓慢，导致在立法时效性上的严重滞后，难以适应新兴问题的发生。此外，地方立法的进程缓慢与法律制度的不完善和国际合作的调整密切相关[3]。

内蒙古的问题：地方立法的进程严重缓慢，缺乏基于地方经济和产业的深度调研，特色不鲜明，与上位法高度重合。

地方立法具有一定的自主权、变通权，是基于地方的经济需求和产业特点而制定或者修订的相关法律。但在实际的操作中，一方面，知识产权地方立法的前期进程（承担主体、委托事项、条文确定、专家论证等前序环节）严重缓慢，变数极大。另一方面，知识产权地方立法未能依据地方经济和产业的特点开展深度的调研，从而导致知识产权地方立法中缺乏与地方经济和产业发展紧密相关的、迫切的解决方

① 雷玉德.论知识产权促进法的性质：兼论知识产权促进法地方立法活动的完善[J].贵州社会科学，2016（2）：150-154.

② 丁宇峰.民族地区知识产权保护的地方立法探索[J].贵州民族研究，2016（10）：11-14.

③ 宋才发.地方立法的功能、权限及质量[J].社会科学家，2022（3）：15-23.

案，知识产权地方立法的特色不鲜明，个别立法条例陈旧[①]，与上位法高度重叠。

（二）知识产权行政执法中存在的问题

知识产权行政执法的普遍问题：知识产权网络侵权形势严峻、知识产权跨部门协同机制有待提升，资源分配和极强的专业性等诸多原因影响行政执法力度、知识产权行政执法的标准不统一。

知识产权行政执法的地区差异较大，专业程度不同，在办案效率上也存在差距，因此，在知识产权行政执法上存在诸多问题[②]。在网络侵权的问题上，由于知识产权网络侵权的隐蔽性、跨域性、扩散性，给知识产权行政执法带来了前所未有的时代挑战，尤其是网络跨境执法变得愈加困难[③]。在部门协作问题上，知识产权行政执法会涉及不同部门的协同。信息沟通、协作机制等问题会导致行政执法的工作效率较低。执法力量分布不均匀和执法资源相对匮乏也会导致知识产权保护不平衡的问题[④]。在专业培训问题上，知识产权涉及不同专业背景和研究领域，知识覆盖面较广，知识的变化程度也高（随着文化、科技的快速发展，新兴领域内的知识产权问题层出不穷），对行政执法人员的专业知识及其培训层面有较高的要求。在执法效率问题上，随着经济和社会发展，知识产权侵权数量和新型案件也在逐年增加。执法部门的资源有限，执法力度不够，这在一定程度上导致了行政执法的效率问题[⑤]。在行政处罚问题上，行政处罚力度、处罚标准不统一。目前执法人员的执法水平参差不齐，执法标准存在差异，导致一些侵权案件的处理结果不一致。这会给权利人带来不确定性，同时也加大了行政执法的难度[⑥]。

就知识产权行政执法（本部分选取的是"侵犯专利权的行政执法"议题）的内蒙古的问题：内蒙古自治区旗县一级的管理专利工作的部门没有处理专利侵权纠纷的案件的职能职权，行政部门没有针对专利侵权的罚款权利，《内蒙古自治区专利促进与保护条例》中未能将执法中心下移，专业人员结构呈"倒三角"，专家库设

---

① 徐宜可. 民族自治地方自然资源保护立法实证研究：以云南省为样本的分析[J]. 原生态民族文化学刊，2018（2）：72-78.

② 孙国瑞. 对知识产权行政执法标准和司法裁判标准统一的几点认识[J]. 中国应用法学，2021（2）：87-99.

③ 齐元军. 大数据时代数字出版版权保护的难点与策略研究[J]. 科技与出版，2014（11）：52-55.

④ 金国坤. 行政执法机关间协调配合机制研究[J]. 行政法学研究，2016（5）：14-23，62.

⑤ 易倩，卜伟. 知识产权保护执法力度、技术创新与产业升级[J]. 经济纵横，2019（3）：95-101.

⑥ 李春晖. 我国知识产权行政执法体制机制建设及其改革[J]. 西北大学学报（哲学社会科学版），2018（5）：64-74.

置问题严重，专利权人的评估意识严重欠缺，专利权人举证难。

在知识产权行政执法的内蒙古问题部分，本书选取的是关于专利权的行政执法的内蒙古问题。其原因在于，首先，相较于商标权侵权，旗县一级的行政执法人员对《专利法》以及假冒专利和专利权侵权行为极为陌生（这种情况与管辖也有直接关联）；其次，通过表3-8也可以得知查处假冒专利的数量逐渐下降，其根本原因是假冒专利的甄别较为简单，而专利权侵犯的涉猎范围非常广泛，需要不同的行业背景和专门知识的支撑。而旗县一级，无论是在执法人员的数量还是在专家团队的资源扩充上都存在欠缺。

表3-8　内蒙古自治区假冒专利查处与专利侵权纠纷处理数据统计[①]

单位：件

年份	查处假冒专利	处理专利侵权纠纷
2011	73	8
2012	87	9
2013	211	5
2014	366	8
2015	377	9
2016	340	11
2017	352	17
2018	380	21
2019	9	37
2020	40	54
2021	—	109
2022	20	242（含电商案件220件）

注："—"表示没有。

专利行政执法中主要涉猎两块内容，分别是查处假冒专利和处理专利侵权纠纷。由表3-8可以得知：假冒专利的案件的总体趋势属于下滑状态；专利侵权纠纷的案件量虽有增长趋势，但案件数量依然很少。在产品上标注专利的目的在于产品宣传。内蒙古自治区的假冒专利主要呈现三种类型，一是专利权被判定无效依旧称其为专利；二是标注了专利号，但因未缴纳年费而权利终止；三是没有按照《专

[①] 2011年至2020年的数据源自内蒙古自治区市场监督管理局。2021年的数据源自国家知识产权局专利执法统计数据，具体请参见国家知识产权局网站：https://www.cnipa.gov.cn/col/col89/index.html。2022年的数据源自："专"于创新"利"于发展：知识产权强区建设扎实推进[N]. 内蒙古日报，2023-05-12.

利标识标注办法》标注专利，这也是内蒙古自治区最为常见的类型。关于第二种类型，《专利法实施细则》征求意见稿中，把未缴纳年费导致权利终止的类型视为不属于假冒专利的情形。

在了解内蒙古自治区的数据面的基础上，本书进一步深入探讨内蒙古自治区专利行政执法中的具体问题：就职能职权的问题，2018年底开展的机构改革使知识产权业务从科技厅转到市场监督管理局（知识产权局），2018年12月21日公布了《市场监督管理行政处罚程序暂行规定》。机构改革之后，假冒专利的行政执法的管辖权发生了变化，县级以上管理专利工作的部门可以处理假冒他人专利案件。但是，专利侵权纠纷的行政执法的管辖权依然在盟市一级，内蒙古自治区旗县一级的管理专利工作的部门没有处理专利侵权纠纷的案件的职能职权。在专利侵权纠纷处理权限方面，就专利侵权纠纷，行政部门被赋予的权力主要是：停止侵权（停止制造、使用、销售、许诺销售、进口）和从展会撤出侵权产品，以及责令销毁（模具等）。针对侵权赔偿，没有赋予行政部门针对专利权的行政处罚权，行政部门没有针对专利侵权的罚款权力，只适用于调解。即使调解成功签订调解协议，也存在不执行的问题，不执行的结果是寻求司法途径，而法院对调解协议仅视为参考；调解不成的，还得通过诉讼渠道，惩罚性赔偿制度和法定赔偿制度只适用司法诉讼。就地方立法中未能将重心下移方面，《内蒙古自治区专利促进与保护条例》（2023年12月1日实施）的相关条款中未能提供上述解决方案。专利侵权纠纷案件的旗县一级的行政执法的权力也无从谈起。假设通过《内蒙古自治区专利促进与保护条例》将执法的重心下移到基层，让内蒙古自治区层面负责重大、疑难、复杂、跨盟市的管辖不清的专利侵权纠纷案件，让基层管理专利工作的部门办理普通类型的专利侵权纠纷案件，那么，不仅可以提高内蒙古自治区基层管理专利工作的部门的执法能力以及意识，还可以最大限度地避免行政干扰。就专业人员和专家库层面而言，专利涉猎不同行业领域，因此不仅需要知识产权从业的专门人才，也需要不同行业背景的专家提供的咨询意见，以便给行政部门提供重要的参考依据。但就现状而言，内蒙古自治区的知识产权从业专业人员少，基层没有专业的工作人员，整体呈现"倒三角"的情况；专家库设置的行业结构单一，核心产业的专家认定空白，以职称年限论英雄，并不能起到实际意义。就专利权人的意识层面，一方面，很多权利人不愿意出具专利权评价报告，也没有这方面的意识；另一方面，法律也规定出具专利权评价报告不是"必须"，而是"可以"。但实际上专利权评价报告对实用新型和外观设计的权利稳定的判定具有很重要的意义。就专利权人举证方面，举证难以从下几个角度体现：首先，动用整个自治区的行政资源获取侵权证据；其次，最长4个月（应在立案之日起3个月内结案，经批准延长期限的，最多延长1个月）的结案期内，侵权人已销售完侵权产品；最后，涉及跨自治区的专利侵权案件，权利人到区外投诉时会存在推诿现象。

四、知识产权管理中存在的问题

（一）知识产权管理体系重要性的认识不足

对于中小型乳制品企业知识产权管理体系而言，贯彻落实知识产权管理体系的重要性主要体现在如下几点：首先，可以及时获取国家和内蒙古自治区的关于特色产业发展的政策，并得到政策的支持。其次，在内蒙古自治区中小型乳制品示范企业中建立一套符合知识产权管理标准的执行标准有助于企业更好地了解知识产权、运用知识产权和保护知识产权。再次，可以实现创新的顺利转换，换句话说，可以实现"权利"的落地运营，实现其真正的社会价值和经济价值。最后，可以提升抵御知识产权风险的能力和获取知识产权信息的能力，从而进一步确保企业的长远健康发展，提升企业知识产权的影响力。

内蒙古传统奶制品示范企业普遍没有建立知识产权管理体系，中小型乳制品企业常常会有创新能力不足、无知识产权可管的错误认识，甚至很多企业还停留在只注重有形资产的管理。知识产权管理不是仅对企业拥有的专利权、商标权、著作权、商业秘密等知识产权客体进行日常管理，也不是只对企业研发活动中的不同知识产权客体开展管理工作，知识产权管理是一个系统性的管理工程，还包括企业生产经营活动中如原材料采购、产品生产、销售、员工的知识产权培训以及知识产权决策管理等。现阶段对于内蒙古传统奶制品示范企业而言，建立知识产权管理体系的一个显而易见的作用就是降低知识产权风险。"干吃奶粉"专利权人李晓林状告伊利集团等全国30多家企业侵犯专利权[①]，乳制品企业在产品生产、销售过程中如何避免侵犯他人知识产权，通过企业的知识产权管理体系的建设能够有效地提升抵

---

① 王越."小奶片"赢了大官司[N].中国质量报，2004-05-24.

御知识产权风险的能力，如通过知识产权信息检索应用来识别企业生产经营活动过程中的知识产权侵权风险，通过对合同管理明确合同中的知识产权条款，降低知识产权侵权风险。因此，知识产权管理体系就是将企业的知识产权管理与企业的发展结合，将知识产权管理活动有机地融入企业生产经营活动的管理过程中。

由于内蒙古传统奶制品示范企业普遍没有建立知识产权管理体系，知识产权的方针和目标也非常模糊。企业的知识产权方针一般是企业的最高管理者（企业负责人）确定的企业知识产权管理的指导方向，是企业知识产权的行动指南①。知识产权目标是企业在知识产权方针指导下，在一定时期内所要达到的知识产权成果，一般分为知识产权长期目标和中期目标。

中小型乳制品企业普遍没有设立知识产权管理机构，知识产权管理机构是知识产权管理的组织保障，决定了知识产权管理工作的质量与效率。内蒙古传统奶制品示范企业有酸奶加工作坊、旅游部落、生态家庭牧场、超市、专业合作社、奶制品加工厂、奶制品加工园区等，大多是中小型乳制品企业，有的企业连所谓的总经理办公室都没有设置，甚至有的企业只有一个行政机构综合管理企业的采购、财务在内的所有事务，从根本上就没有考虑过知识产权管理这一职能的设置。知识产权管理机构设置企业知识产权管理模式时首先应考虑的是：企业应根据自身的管理架构特点合理设置与知识产权管理需求相适应的知识产权管理机构。例如，可以在企业的总经理办公室设置知识产权管理职能，在企业唯一的行政综合管理机构设置知识产权管理职能，总经理办公室、行政综合管理机构即知识产权管理机构。

内蒙古传统奶制品示范企业普遍没有建立符合企业发展需求的知识产权管理制度，知识产权管理制度是实现企业知识产权管理工作顺利开展的重要制度保障。企业若缺少知识产权管理制度，会造成知识产权管理工作的无序混乱。除此之外，缺乏知识产权管理制度还有可能产生知识产权丧失等知识产权风险。不同的企业应根据企业的知识产权管理事项的不同，建设企业自己的知识产权管理制度，例如，酸奶加工作坊、奶制品加工厂、奶制品加工园区侧重于奶制品生产加工环节的知识产权事项控制，旅游部落、生态家庭牧场、超市侧重于采购与销售环节的知识产权事

---

① 这一点在知识产权（最新标准为GB/T 29490—2023）的贯标过程中极为显著。一方面，很多小企业的贯标难以开展在于企业负责人对知识产权管理的认识不足，重视程度不足。另一方面，即使有知识产权的管理意识，但不是基于知识产权的管理指南。因此，在这一点上，外部审核人员必须通过公开讲座或者其他形式，使企业负责人、相关层级的管理人员加强对知识产权管理体系重要性的认识。这种认识需要自上而下，而不是从员工开始。

项控制，在知识产权制度建设时结合企业实际管理需求有所侧重，确保企业的知识产权管理事项在该制度的控制下有序运行。

（二）知识产权资源管理中存在的问题

知识产权资源管理是为了保障企业知识产权管理体系的有效运行所需的人力资源、财务资源、信息资源和基础设施的管理[①]。对于内蒙古传统奶制品示范企业而言，资源是有限的，更加需要知识产权资源管理的严格有效。

内蒙古中小型乳制品企业普遍没有设立知识产权管理机构，更无从配备知识产权管理人员。知识产权目标的实施、知识产权管理制度的执行、知识产权管理工作的开展等都需要合格的知识产权管理人员去完成（需要注意的是：知识产权内审人员在企业知识产权合规过程中发挥着重要的作用）。科学配置知识产权管理人员能够有效地保障知识产权管理体系的运行。中小型传统乳制品企业可以根据企业自身情况选择配备专人负责知识产权管理工作，也可以采取兼任的形式，但需明确其知识产权管理工作职责。与知识产权管理工作职责相对应的是该岗位人员所具备的基本素质，应当熟悉知识产权的基本知识，能够指导与协调企业相关职能的工作人员有效开展企业知识产权管理工作，保证企业知识产权管理体系的顺利运行。

财务资源的配备是企业知识产权各项工作开展的重要保证，企业的知识产权工作需要知识产权经费的支持，在知识产权申请、注册、登记、评估、维权等方面都需要财务资源的支持。内蒙古中小型乳制品企业由于知识产权意识不足、规模小等因素普遍没有知识产权经费的考量，由于普遍没有建立知识产权管理体系，企业的最高管理者对知识产权工作的认识不足，难以对财务资源予以配备，这也导致企业无法开展知识产权工作，甚至企业在出现知识产权风险时都没有足够的经费预算来支持相应的知识产权风险应对工作。

当今社会是高速发展的信息化社会，信息资源是现代企业在生产经营活动中不可或缺的基础资源，知识产权管理工作离不开各类知识产权信息资源的收集和分析。通过对知识产权信息资源的有效利用，企业在防范知识产权风险、发展规划等方面做出科学的判断、决策。内蒙古传统奶制品示范企业普遍没有形成知识产权信息资源收集的制度机制，也无从形成对知识产权信息的有效利用。

[①] 具体可参见：国家市场监督管理局，国家标准化管理委员会.企业知识产权合规管理体系要求：GB/T 29490—2023[S/OL].（2023-09-05）. https://www.cnipa.gov.cn/art/2003/9/5/art_66_187235. html.

基础设施是知识产权管理工作的基础保障。知识产权管理工作的基础设施主要是计算机、网络设备、保密设备以及知识产权管理软件、知识产权数据库等。相较于技术密集型企业，传统的中小型乳制品企业虽然不强求必须配备专业的知识产权管理软件和知识产权数据库，但也普遍难以具备用于知识产权管理工作采取保密措施的计算机。

（三）企业生产经营活动过程中知识产权管理存在的问题

内蒙古传统奶制品示范企业主要有奶制品加工企业、奶制品销售超市、家庭牧场，生产经营活动主要涉及与乳制品相关的采购活动、生产活动、研发活动、销售活动等环节，其中又以采购、生产和销售活动的中小企业居多。中小型乳制品企业由于对知识产权管理体系重要性的认识不足，企业缺乏行之有效的知识产权管理组织架构和资源配备，在生产经营活动过程的各个环节中难以形成真正有效的知识产权管理。

企业的采购活动中供货方的知识产权情况、所采购产品的知识产权状况都有可能产生知识产权侵权风险。例如，奶制品加工企业所采购的奶制品加工设备是侵犯他人专利权的产品，奶制品加工企业使用侵权的奶制品加工设备进行生产则同样构成了侵犯他人专利权[1]；奶制品销售超市采购了侵犯注册商标专用权的奶制品进行销售，也是侵犯注册商标专用权的行为[2]。企业在采购活动中需要进行知识产权管理，以降低侵犯他人知识产权的风险。

企业在生产活动中对产品、方法的改进与创新、合理化建议需要知识产权管理的介入。例如，奶制品加工企业应明确员工在生产活动过程中产生的创新成果的权属和奖励机制，有利于避免企业与员工的知识产权权属纠纷，更有利于激发企业员工的创新积极性，从而推动知识产权管理工作的良性循环；奶制品加工企业在承接贴牌生产业务时，进行必要的知识产权调查，并在承揽加工合同知识产权条款中明确约定双方的权利义务，来规避知识产权侵权风险。

企业研发活动中的知识产权管理是企业生产经营过程中最为重要的环节。内蒙

---

[1] 参见《中华人民共和国专利法》第十一条规定："发明和实用新型专利权被授予后，除本法另有规定的以外，任何单位或者个人未经专利权人许可，都不得实施其专利，即不得为生产经营目的制造、使用、许诺销售、销售、进口其专利产品……"出于生产经营目的使用专利产品构成了侵犯专利权。

[2] 参见《中华人民共和国商标法》第五十七条规定："有下列行为之一的，均属侵犯注册商标专用权：……（三）销售侵犯注册商标专用权的商品的；……"

古传统奶制品示范企业多为采购、生产和销售活动的中小型企业，研发活动较少，但是对于有乳制品研发的奶制品加工企业来说，应当在企业研发活动中实施知识产权管理。通过对研发活动全过程的信息收集和分析，能够避免侵犯他人知识产权，提高企业的研发起点。

企业在销售活动中也应建立产品销售监控机制，对企业所销售产品的知识产权情况应当有所掌握。尤其是对于中小型乳制品企业来说，所销售的乳制品侵犯大型奶制品企业的知识产权可能性是存在的。对所销售的产品进行知识产权状况调查是十分必要的。在降低销售活动中知识产权侵权风险的同时，对知识产权信息的持续跟踪有利于降低企业被侵权的风险。

五、知识产权相关机构在服务提供中存在的问题

（一）知识产权行政管理机构在服务提供中存在的问题

1. 不同业务口之间的协同合作机制严重不足

著作权、商标、专利等知识产权的不同客体类型归属到不同的行政管理部门。由于业务上的分散性，导致缺乏统一管理和协同合作，政策制定时容易出现分散性、执行偏差、推诿等情况。各部门分管不同的知识产权业务，各自负责自身的业务，容易引发重复性工作甚至产生内部竞争。这不仅会影响业务办理效率，同时也会加大资源浪费。知识产权业务需要对横纵维度均有深入的了解。在横向维度上，需要对知识产权的不同客体类型及其对应的业务加以了解。在纵向维度上，需要对某一个知识产权客体及其对应的业务进行精进的理解和掌握。由于业务的分散管理以及协同合作的困难性导致单一业务口的业务人员对知识产权全貌缺乏清晰的认识。由于缺乏协同合作机制，各机构之间的沟通变少，从而影响公共数据的共享和发布。知识产权的相关数据对优化营商环境起到支撑作用，对内蒙古自治区知识产权事业发展起到重要作用，在研究人员研究以及提供决策方面也发挥着关键作用。公共数据的管理、共享、发布上存在的问题也会进一步影响数据的向上汇总和汇报。

2. 基于自治区产业发展及其战略上的知识产权业务指导不足

本部分围绕品牌建设和专利成果转移转化两个业务维度展开论述。品牌是实现

企业、产品与消费者三者关联的纽带，是企业获取无形资产收益的有效手段，也是优化营商环境实践举措的一项重要内容。在内蒙古自治区实施的品牌战略中，知识产权管理机构的指导发挥着承上启下的重要作用。就内蒙古自治区而言，知识产权行政管理机构对商标品牌打造、品牌培养、品牌运营等方面严重缺乏指导。在品牌管理和运营层面，品牌逐级建设的方向和定位不清晰。龙头企业缺乏品牌打造长效机制，带动效益不明显。入选中欧地理标志保护协定的内蒙古自治区地理标志产品"没有品牌，只有原料出口"，未能形成以品牌为牵引的品牌虹尾效应，品牌扎根人心的影响力远远不足。在区域公共品牌建设中，未能基于内蒙古自治区特色优势产业集群的发展和沉淀，如传统奶制品生产加工，打造区域特色品牌。在区域特色品牌的打造过程中，由于急功近利，未能将区域公共品牌文化深入人心，区域公共品牌商品多以降价促销实现销售获利。区域公共品牌建设实际上是可以造福一方百姓的有效的实践路径，但由于其盲目跟风和盲目打造，未能真正实现区域公共品牌建设和品牌文化扎根人心。另外，在区域公共品牌建设中，由于存在"主体—产品"的二维困境，出现混乱运营现象。从主体角度来看，区域公共品牌是"集体品牌"，具有"公权"属性，一方面，私权垄断严重；另一方面，集体商标注册主体不清晰。从产品角度来看，同质化产品严重，从而加大了市场竞争。这是导致上文所提到的"降价促销实现营销获利"的主要原因。在打造地理标志地方特色产品中，地理标志的运营动力严重不足。只有运营好地理标志及地理标志产品才能发挥其品牌影响力，全面助力产品化向产业化的发展。只有全面推动地理标志品牌建设和运营，才能提升内蒙古自治区的地理标志的知名度和影响力，进而发展成内蒙古自治区的特色产业，形成内蒙古自治区区域优势。

专利权的转移转化有助于专利权的运营实施、创新资源的优化配置以及促进企业的创新发展。内蒙古自治区的专利权的转移转化也反映了内蒙古自治区的科技创新的现状和能力。虽然内蒙古自治区专利权的转移转化率在逐步提升，但不同主体的表现截然不同。内蒙古自治区高校的专利权的转移转化很低，高校成果更多"进了柜子""上了架子"。首先，在于高校的绩效考核体系。其次，在于高校成果的"中间阶段"缺少知识产权行政管理机构的大力支持（这里所指的"中间阶段"是指"最后一公里"），知识产权管理机构也未能将区外高校、科研院所、企业主体的专利在自治区内转化，即专利转化专项计划奖励和补贴资金未能落地内蒙古自治区。最后，在于科技成果转移转化涉及的相关法律和自治区政策中未能处理好科技

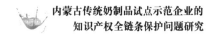
成果所有权的处置以及利益分享问题。

3. 开展具体业务的工作人员较少，业务开展的协同性、常态化不足，宣传工作严重不足

内蒙古自治区知识产权局设置了2个处室（规划处和保护处），编制内在岗人员仅为10人。内蒙古知识产权业务工作人员和执法工作人员严重缺乏。这种情况会导致以下问题：首先，无法实现开展业务上的深度性和综合性。其次，专项业务与日常业务容易被混为一谈。知识产权执法工作分布在知识产权局（主要是市级知识产权局，省一级的业务重点在于政策发布、项目下达等宏观层面）、海关、新闻出版局（版权局）等多个部门。知识产权执法工作未能形成全链条监管机制，知识产权侵权打击主要围绕督察考核、专项行动、举报热线等方式开展，即在打击知识产权侵权时未能形成协同性与常态化。此外，知识产权典型案例的发布较为滞后。加强知识产权侵权（假冒）的常态化、精确化、严厉化打击，加强市场监督管理力度，衔接行政执法与刑事司法，营造和优化良好的营商环境是迫切需要解决的问题，也是当下重要的实践性课题。

宣传工作也是知识产权执法工作中的一项重要内容。宣传工作欠缺不仅是管理机构中存在的问题，其他相关机构中也存在该问题。问题主要体现在如下两点：首先，正如上文所提到的编制内的在岗人员严重欠缺，在岗人员疲于应付现有业务，无法腾出更多的时间进行宣传工作。其次，未能形成稳定的宣传梯队。现有的从事宣传工作的相关工作人员的更换性、调动性较强，未能形成较为稳定的宣传梯队。

（二）知识产权保护机构在服务提供中存在的问题

知识产权保护机构主要开展的业务范围包括专利预审、快速维权、品牌建设以及综合服务。在综合服务中知识产权数据信息分析与专利导航的发布是一项重要业务。在专利预审方面，由于受制于"内蒙古自治区创新主体的创新成果的数量和质量"以及"创新主体在内蒙古自治区知识产权相关机构开展的知识产权业务上的认识偏差"，导致专利预审案件量少。此外，对"基于内蒙古自治区核心产业的专利布局"以及专利预审的认识的全面性不够深入，导致核心特色产业上的专利预审的范围较窄，未能将内蒙古自治区核心特色产业的专利布局纳入其预审范围内。这里便包括传统奶制品的专利布局以及专利申请。在综合服务方面，知识产权保护机构建立或者兼顾了诸多知识产权创新平台。但平台内部的重复性内容建设较多，未能真正发挥平台的优势以及对资源的充分利用。在平台的内容建设方面，也未能充分体现内蒙古自治区的核心特色产业。可以说，对内蒙古自治区的"8大产业集群"和"16条产业链"的关注严重不足[①]。为了平台的建设和内容的发布，与诸多内蒙古自治区的高校、科研院所以及企业开展了签约仪式和授牌活动。但签约仪式和授牌活动之后，对需求挖掘和协同合作上的明显不足。另外一项较为关键的综合业务是知识产权数据信息分析与专利导航的发布。截至2023年11月，内蒙古自治区知识产权保护机构已完成两项专利导航的发布，分别是"内蒙古草种业专利导航"（2023年2月27日发布）和"内蒙古苜蓿产业专利导航"（2023年8月30日发布）。但存在的问题是，一方面，与内蒙古自治区特色核心产业紧密相关的奶业的知识产权全域信息挖掘与知识产权导航却迟迟未能公布。内蒙古自治区作为我国奶业主产区，在"奶业生产区、奶牛存栏、奶牛产量、奶制品产值等诸多指标上位居全国第一"[②]。为了振兴奶业，内蒙古自治区自2018年起相继发布了《推进奶业振兴若干政策措施》（内政办发〔2019〕33号）、《奶业振兴三年行动方案（2020—2022年）》（内政办发〔2020〕39号）、《关于推进奶业振兴的实施意见》（内政办发〔2019〕20号）、《推进奶业振兴九条政策措施》（内政办发〔2022〕18号）等政策文件。可见，奶业的知识产权全域信息挖掘与导航发布在"内蒙古自治区奶业振兴中的知识产权全域信息掌握、风险防控、技术研发等方面"会起到重要作用。因此，在深度挖掘知识产权全域信息的基础上，需要尽早发布奶业知识产权导航。另一方面，从发布的上述两份导航中可以看出，发布的导航是基于委托合同，即该导航报告为授权委托方完成的导航报告。但导航报告未能以产业为切入点，仅从数据层面解读，未能深度挖掘数据背后的与产业经济学、商业模式紧密关联的核心内容，其结论严重缺乏呈现全貌和落地指导。产生上述问题的一个重要原因是对企业的深度调研严重不足，尤其是对内蒙古自治区的"8大产业集群"和"16条产业链"的现状了解、需求探寻、发展态势等方面的深度调研和实证研究严重不足。由于实证研究严重欠缺，在调研时运用的调研方法较为单一（采取的调研方法为座谈访谈、实地调研交

① 8大产业集群包括：新能源、新材料、绿色农畜产品加工、新型化工、现代装备制造、生物医药、数字经济、现代化服务。其中，与本主题研究紧密相关的是"绿色农畜产品加工"。16条产业链是指：现代煤化工、风电装备、光伏装备、氢能、储能、生物制药、马铃薯、肉牛、玉米、奶业、肉羊、草业、羊绒、新能源汽车、稀土、有色金属。其中，与研究主题直接相关的是"奶业"。
② 全链条发力打造中国"奶罐"硬实力：从奶业振兴看内蒙古高起点跨越[N].内蒙古日报，2023-08-03.

流），未能依据调研目标获取调研对象的立场和态度，未能提出调研决策方案，未能对企业主提供切实可行的落地建议。

（三）知识产权服务机构在服务提供中存在的问题

内蒙古自治区知识产权公共服务机构主要有：内蒙古知识产权服务中心、内蒙古自治区知识产权研究会（内蒙古自治区知识产权研究会也提供知识产权服务业务）、高校国家级知识产权信息服务中心、包头稀土高新区知识产权管理服务中心等。

内蒙古自治区的相关知识产权服务机构由于其地理因素、经济发展等客观原因存在以下问题：一是，内蒙古自治区的知识产权公共资源分布严重不均衡，知识产权公共资源主要集中在呼和浩特市、包头市、鄂尔多斯市。因此，其他地区的知识产权公共服务资源严重匮乏。二是，由于地方产业及经济因素，知识产权服务项目依然停留在传统服务项目上。内蒙古自治区的知识产权服务主要集中在商标代理、版权登记、专利检索及代理服务，严重缺乏面向新兴市场化主体的高端化、定制化、个性化服务项目。

在知识产权服务机构内部的服务人员—平台—服务主体—服务内容维度上存在以下问题：就服务人员而言，知识产权相关服务机构严重缺乏高端人才和复合人才。难以吸引高端人才和复合人才的一个很重要的原因是：内蒙古自治区的知识产权服务机构多以公益性机构为主（部分机构在逐渐开拓市场化业务）[①]，因此，很难在薪资待遇上吸引高端人才或复合人才。就平台而言，内蒙古知识产权相关服务机构中存在平台建设重复、服务内容较为单一，数据严重匮乏（知识产权相关数据与研究报告之间具有直接关联）等问题。就服务主体而言，投资人和企业主是内蒙古知识产权服务机构的重要服务主体。但知识产权相关服务机构无法向投资人提供高价值的知识产权客体，向企业主提供的咨询报告缺乏深度。就服务内容而言，严重缺乏细化的服务内容和国际化服务内容。内蒙古自治区的相关知识产权服务机构提供的服务内容呈现同质化，且未能针对不同服务主体的服务需求开展并提供对应的细化服务。随着知识产权业务的快速发展，在知识产权创造、运用、保护、管理和服务五大维度上已经出现了无数个细分领域。例如，仅在知识产权创造维度，就已

---

① 知识产权服务机构依据其公益性属性可以划分为公益性服务机构和市场营利性服务机构（知识产权服务机构也可以同时开展公益性服务业务和市场营利性服务业务）。按照业务类型可以划分为多种业务，如许可业务、转让业务、质押融资业务等。

经包含涉外专利翻译、专利代理、专利撰写、申请文件提交等具有不同侧重点的服务内容。此外，开展知识产权国际化服务业务的意识较为欠缺。国际化服务业务对高端人才或复合人才的需求较强，对国际业务的了解和掌握能力要求较高。因此，内蒙古自治区的相关知识产权服务机构还需要在多个维度提升新业务服务能力。

（四）知识产权研究机构在服务提供中存在的问题

知识产权研究机构是依托知识产权人才和智库，通过财政投入和市场拓展的引擎动力，构建知识产权多元业务平台，关联市场创新主体，为其提供知识产权五维落地方案，利用知识共享和知识流动机制实现研究成果的社会效益和经济效益，利用知识保护和管理机制实现知识的规范化和有效利用，在推动创新驱动发展战略上承担着关键角色的组织机构。这里既需要知识产权研究机构提供的平台支撑，也需要平台提供的知识产品向社会投放之后的积极反馈。由于内蒙古自治区的产业和经济发展现状、创新主体提供的创新成果质量、研究机构的资金支持、难以吸引高端人才等主客观原因，导致内蒙古自治区的知识产权研究机构建设的知识产权业务平台未能提供可以落地实施的高质量知识成果，也未能形成一个良性的社会反馈机制。

就平台建设内容而言，其存在的问题是：首先，知识产权相关数据不准确、部分数据严重滞后、来源不清晰。由于在数据上存在问题，市场创新主体无法通过平台数据全面了解内蒙古自治区知识产权保护的现状，部分错误数据或没有调研出处的数据甚至会错误引导市场创新主体，从而有可能产生错误决策。此外，随着社会的快速发展，新兴事物不断涌现，在知识产权领域，出现了针对不同知识产权客体的部门法和新修订的条款。但平台的"法律法规栏"中却依然是旧法的相关内容。其次，平台内容设置中缺乏"风险防控与警示"的相关内容，如缺乏数据收集中可能引发权利冲突的警示性内容，缺乏数据获取时的豁免情形与侵权情形等内容。再次，平台建设内容中缺乏服务范围的内容以及最终可以向公众公开的成果，而更多的是第三方链接。内蒙古自治区知识产权研究机构的平台建设内容中未能提供服务的明确范围，在成果展示页面中未能提供可以向公众展示的研究成果，这会导致，一方面，市场创新主体会误认为知识产权研究机构开展的是全域研究和服务提供，另一方面，缺乏研究成果的支撑容易使人难以信服其研究能力、专业性以及可信度。最后，在平台建设内容中，未能引入大众参与和反馈机制。大众的互动性参与会指出研究成果中的不足，会提升研究成果的质量，通过互动参与也会增强大众对知识产权的保护意识。在平台建设内容中出现的问题归根结底是人才的问题。知识产权的发展已经不再被限制在某个领域的局域认知，甚至不再是某个机构的独立运作。因此，知识产权的人才不仅需要法律、经济、技术等多领域的专门知识，还需要一体化服务和五维化系统思维。内蒙古自治区知识产权研究机构在专门人才和专业知识方面存在严重问题。高质量人才的短缺会导致难以向社会提供高质量的知识成果，也无法满足创新市场主体日益增加的咨询需求。专业知识方面的欠缺，会无法提升知识产权研究机构的服务质量和服务水平，最终导致难以向创新市场主体提供切实可行的落地方案和行动指引。人才吸引需要考虑具有竞争优势的薪酬、从业人员的职业发展空间等难题，这是知识产权研究机构未来需要考虑的重要事项。

（五）知识产权代理机构在服务提供中存在的问题

内蒙古自治区的大部分知识产权代理机构的规模小、功能单一，而且存在非正常专利申请。从代理业务员的维度上看，代理专业能力弱、服务意识较差、人工成本高、人员流动性大，严重缺乏高端代理人才。代理专业能力和代理服务意识是知识产权代理机构的核心要素。在代理专业能力上，不仅需要对知识产权文献的深度理解，还需要注重服务需求＋法律底线，即在符合与知识产权相关的法律法规的前提之下，以创新主体的服务诉求为实现目标，开展知识产权精细化代理服务业务。此外，代理机构开展面向自治区的培训服务的意识严重不足。通过培训服务可以加深与创新主体之间的深度了解和合作，可以避免无休止的电话联络引起的厌烦心理。知识产权代理机构可以通过宣传推广、展会论坛等多种形式开展内蒙古自治区创新主体关心的知识产权运营活动事项，从而向企业提供切实可行的落地方案。

除了上述较为普遍的问题，政策扶持的缺乏也是存在的另一项重要问题。目前，内蒙古自治区还未通过地方立法或政策发布的形式确立知识产权代理机构与知识产权市场主体之间的密切合作的推进事宜。从市场行为来看，知识产权代理机构是可以直接接触知识产权市场主体的组织机构。但知识产权相关业务的联络点多设置在行政部门、事业单位，未能在代理机构或者企业设置相应的联络点。在代理机构或者相关企业中设置联络点，可以有助于挖掘更好的知识产权资源，将知识产权资源与区域经济、核心特色产业深度融合，助力乡村振兴，带动农牧民增收致富。

第四章

知识产权全链条保护问题解决路径

一、知识产权创造中的问题解决路径

（一）创新条件中存在的问题的解决路径

1. 构建要素融通的创新生态系统

创新生态系统中的关键要素包括：人才资源、知识资源、设备资源、资金资源、社会资源（政策资源、政府资源、机构资源等相关资源）和其他资源。上述要素之间的协同运作构成创新生态系统。生成内蒙古奶制品试点示范企业的创新生态系统需要重点关注上述资源。

在不同资源的内部组成上，这里运用了 CiteSpace 呈现其内部组成内容。图 4-1 对应的生成的知识图谱的 Q 值为 0.5084，S 值为 0.907，该知识图谱的结构合理，具有很强的可信度，可以从图 4-1 和表 4-1 中探索出人才资源的组成内容。图 4-1 表明了人才资源的核心关注点在于：政策保障、技术创新、防范人才流失以及人力成本的控制。通过表 4-1 可以得知图 4-1 的核心要素之间形成关联，协同运转。图 4-2 和与之对应的表 4-2 中指出了人才资源中存在的问题及其初步解决方案。就对策而言，需要从政策层面引进、用好人才，建设好奶制品创新人才高地，防范人才流失，还需要加强人才的创新能力培养和提升，其中，加强技术创新能力培养和提升是关键性内容。部分内蒙古奶制品试点示范企业的企业主认为销售和营销是最核心的，技术创新不重要。这种意识需要被扭转过来。技术创新能力是创新人才能力培养环节中的关键指标，是创新生态系统和创新网络系统中的核心内容。因此，提升技术创新能力，加强技术成果的产权保护在创新生态系统中起到举足轻重的作用。

在知识资源的维度上，从图 4-3 和表 4-3 中可以得知[1]，知识基础、知识宽度、知识深度、实施保障、技术创新之间紧密关联，形成互动效应。通过图 4-4 和对应的表 4-4 可以得知，提升奶制品试点示范企业的知识基础，既要重视知识深度，也要关注知识宽度（就奶制品而言，知识宽度是质量、美感、体验等产品的横向维度要求），拓宽知识获取的不同维度，提供实施保障，从而强化知识创新和技术创新。

---

[1] 图 4-3 生成的知识图谱的 Q 值为 0.6594，S 值为 0.8416，该知识图谱的结构合理，具有很强的可信度。

图4-1　关键词聚类知识图谱

表4-1　与关键词聚类知识图谱对应的信息聚类

序号	频次	年份	对数贸然值最大的五个关键词
0	54	2008	技术创新（9.5，0.005）；对策（7.12，0.01）；中小企业（5.19，0.05）；科技型中小企业（4.85，0.05）；问题（3.99，0.05）
1	18	2008	技术创新（44.8，1.0E-4）；公共政策（8.94，0.005）；创新网络（8.94，0.005）；雾霾防治（4.45，0.05）；研发创新（4.45，0.05）
2	14	2006	对策（28.94，1.0E-4）；问题（14.09，0.001）；金融危机（9.34，0.005）；转型升级（9.34，0.005）；分析（4.65，0.05）
3	12	2006	创新（21.19，1.0E-4）；创新经济（6.34，0.05）；租赁（6.34，0.05）；人力资源（6.34，0.05）；困难（6.34，0.05）
4	5	2008	人才流失（16.12，1.0E-4）；创新能力（7.92，0.005）；人才资源（7.92，0.005）；人才流动（7.92，0.005）；西部地区（7.92，0.005）
5	4	2003	科技创新（9.88，0.005）；外部环境（6.74，0.01）；企业技术进步（6.74，0.01）；技术开发中心（6.74，0.01）；资源型城市（6.74，0.01）
6	4	2011	规划（8.94，0.005）；法律（8.94，0.005）；竞争情报服务（8.94，0.005）；政策（8.94，0.005）；技术创新（0.31，1.0）
7	4	2019	成本（8.94，0.005）；制度（8.94，0.005）；市场（8.94，0.005）；创新障碍（8.94，0.005）；技术创新（0.31，1.0）

图4-2 关键词共现知识图谱

表4-2 与关键词共现知识图谱对应的信息聚类

内容	频次	中心性	年份	关键词	内容	频次	中心性	年份	关键词
研究主题	185	1.4	1999	中小企业	—	29	0.04	2001	对策
	2	0	2002	竞争力		2	0	2002	发展战略
	2	0	2002	人才管理		2	0	2003	发展
	2	0.02	2009	人才培养		4	0	2004	策略
时代背景	2	0	1999	国民经济	政策支持	4	0.02	2001	政策
	3	0	2005	产业集群		2	0	2008	制度
	4	0	2010	金融危机		2	0	2008	制度创新
	2	0	2011	国际贸易		2	0	2009	公共政策
存在问题	3	0	2001	困难	能力培养	5	0	1999	科技创新
	3	0	2002	人才流失		44	0.03	1999	技术创新
	4	0	2003	问题		11	0.07	2003	创新
	3	0	2004	国际化		8	0.02	2006	自主创新
	3	0	2009	创新能力		2	0	2007	创新网络
	3	0.02	2010	转型升级		2	0	2014	协同创新

注:"—"表示没有。

设备资源是指制作奶制品时需要的相关设备。这些设备是企业资产的重要组成部分。本书所指的社会资源是指由政府或公益类机构提供的公益性资源。这里并未列入商业性资源供给服务，包括政府发布的关于促进奶制品行业发展的相关政策，内蒙古知识产权保护中心、内蒙古知识产权服务中心等机构提供的公益类服务等。

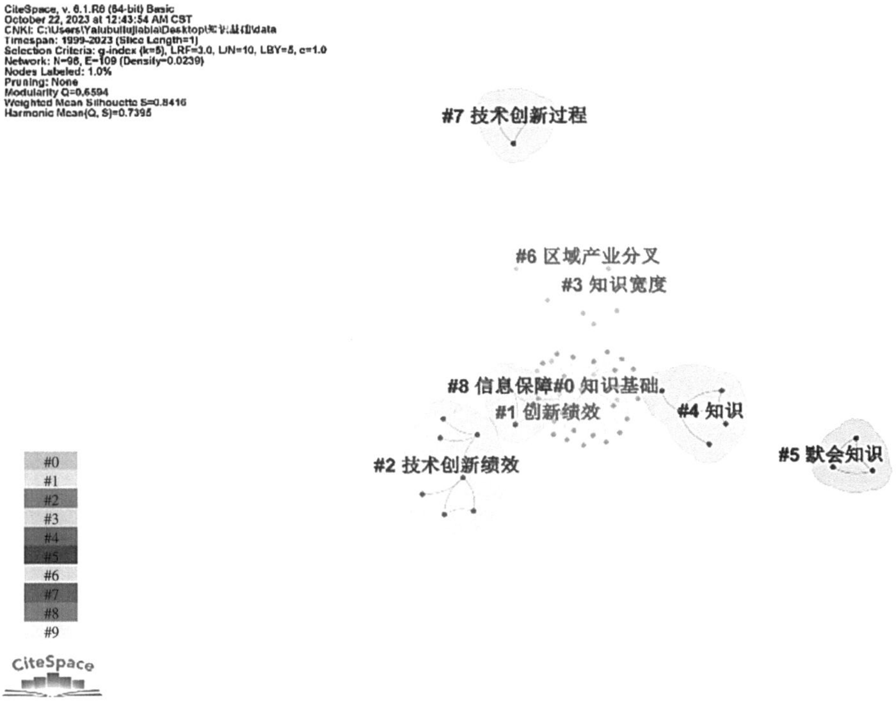

图4-3　关键词聚类知识图谱

表4-3　与关键词聚类知识图谱对应的信息聚类

序号	频数	年份	对数贸然值最大的五个关键词
0	25	2016	知识基础（17.12，1.0E-4）；三重螺旋（7.79，0.01）；研究热点（7.79，0.01）；聚类分析（5.17，0.05）；产学研合作（5.17，0.05）
1	8	2015	创新绩效（18.84，1.0E-4）；创新网络（14，0.001）；吸收能力（9.25，0.005）；合成型产业（4.58，0.05）；协调机制（4.58，0.05）
2	7	2009	技术创新绩效（6.53，0.05）；通信及技术设备制造业（6.53，0.05）；专利（6.53，0.05）；研发投入（6.53，0.05）；知识基础能力（6.53，0.05）
3	6	2017	知识宽度（12.02，0.001）；知识深度（12.02，0.001）；技术许可引进（5.92，0.05）；知识获取策略（5.92，0.05）；绩效（5.92，0.05）
4	5	2009	知识（8.31，0.005）；知识基础观（8.31，0.005）；创新（8.31，0.005）；知识创新（5.57，0.05）；知识基础（0.76，0.5）
5	3	2004	默会知识（8.31，0.005）；教学创新（8.31，0.005）；明确知识（8.31，0.005）；教学专业知识（8.31，0.005）；知识基础（0.76，0.5）

序号	频数	年份	对数贸然值最大的五个关键词
6	3	2020	区域产业分叉（7.8，0.01）；新兴产业（7.8，0.01）；创新集群（7.8，0.01）；燃料电池（7.8，0.01）；区位机会窗口（7.8，0.01）
7	3	2008	技术创新过程（8.31，0.005）；信息流（8.31，0.005）；知识空间（8.31，0.005）；网络（8.31，0.005）；知识基础（0.76，0.5）
8	3	2011	信息保障（8.31，0.005）；策略（8.31，0.005）；产业集群（8.31，0.005）；知识基础（0.91，0.5）；产业知识基础（0.18，1.0）

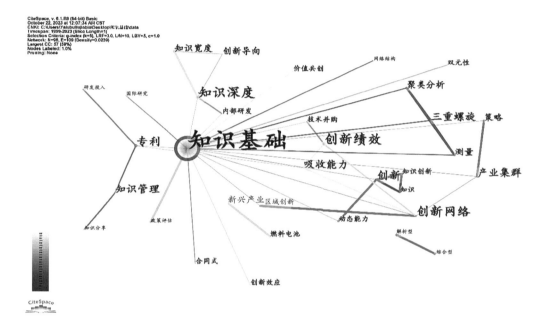

图4-4　关键词共现知识图谱

表4-4　与关键词共现知识图谱对应的信息聚类

内容	频次	中心性	年份	关键词	内容	频次	中心性	年份	关键词
时代背景	2	0	2001	中国		4	0.07	2005	创新
	2	0	2011	区域创新		54	0.64	2005	知识基础
	2	0.05	2020	新兴产业		3	0.07	2006	知识管理
	4	0	2009	产业集群	核心内容	5	0.14	2011	专利
	2	0	2011	综合型		7	0.07	2015	知识深度
价值	2	0	2022	价值共创		4	0	2015	吸收能力
理论基础	3	0	2009	三重螺旋		2	0	2015	内部研发
	6	0	2009	创新网络		11	0.01	2015	创新绩效
	2	0	2011	解析型		4	0	2019	知识宽度

在资金资源的维度上，通过图4-5和表4-5可以得知[①]，通过权利运营的方式可以实现如内蒙古奶制品企业等中小企业的资金融资问题。根据图4-6和表4-6可以确认：内蒙古奶制品试点示范企业通过知识产权实现的融资手段包括知识产权质押融资、知识产权证券化等。但在进行权利运营时需要重视权利固定（确权事项）以及采用科学方式开展知识产权价值评估工作。在确权事项上，内蒙古自治区相关公益机构可以提供非常便利的数字水印等确权公共服务。随着时代的发展，确权业务已经借助区块链技术，实现数据确权和存证。

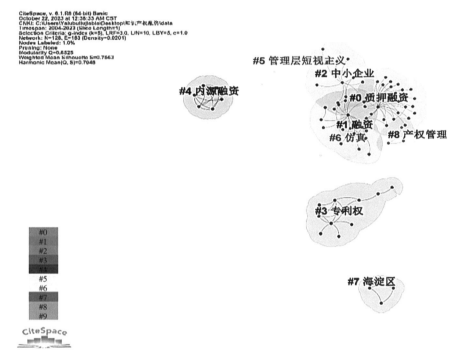

图4-5　关键词聚类知识图谱

表4-5　与关键词聚类知识图谱对应的信息聚类

序号	频数	年份	对数贸然值最大的五个关键词
0	28	2013	质押融资（70.85，1.0E-4）；知识产权（34.73，1.0E-4）；知识产权质押融资（12.67，0.001）；融资（9.44，0.005）；知识产权融资（7.04，0.01）
1	18	2011	融资（41.5，1.0E-4）；担保（12.67，0.001）；质押（8.41，0.005）；信用评级（8.41，0.005）；质押融资（8.01，0.005）
2	12	2014	中小企业（22.76，1.0E-4）；无形财产权（5.09，0.05）；保证资产收购价格机制（CAPP）（5.09，0.05）；评价指标（5.09，0.05）；创新型（5.09，0.05）

[①] 图4-5生成的知识图谱的Q值为0.6525，S值为0.7663，该知识图谱的结构合理，具有很强的可信度。

序号	频数	年份	对数贸然值最大的五个关键词
3	11	2010	专利权（12.2，0.001）；债权人（12.2，0.001）；债务人（12.2，0.001）；创新中心（6.05，0.05）；法律视角（6.05，0.05）
4	6	2004	内源融资（7.71，0.01）；长期资金（7.71，0.01）；担保品（7.71，0.01）；外部融资（7.71，0.01）；担保价值（7.71，0.01）
5	3	2022	管理层短视主义（8.98，0.005）；企业创新（8.98，0.005）；知识产权密集型（8.98，0.005）；内部控制（8.98，0.005）；投融资期限错配（8.98，0.005）
6	3	2022	仿真（8.98，0.005）；创新型企业（8.98，0.005）；第三方担保机构（8.98，0.005）；演化博弈（5.21，0.05）；知识产权质押融资（1.81，0.5）
7	3	2009	海淀区（8.98，0.005）；中关村科技园区（8.98，0.005）；刘向阳（8.98，0.005）；抵押贷款（8.98，0.005）；知识产权融资（2.87，0.1）
8	3	2015	产权管理（9.49，0.005）；产权融资（9.49，0.005）；创新创业（9.49，0.005）；质押融资（0.6，0.5）；知识产权（0.57，0.5）

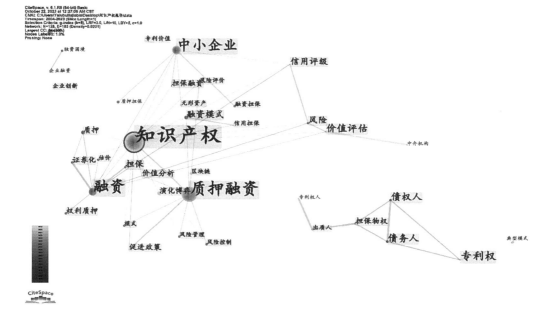

图4-6　关键词共现知识图谱

表4-6　与关键词共现知识图谱对应的信息聚类

内容	频次	中心性	年份	关键词	内容	频次	中心性	年份	关键词
主体	2	0	2009	专利权人	融资模式	2	0	2010	企业融资
	2	0	2006	出质人		6	0.02	2011	融资模式
	2	0	2007	债务人		2	0	2013	模式
	2	0	2007	债权人		2	0	2021	典型模式
	25	0.09	2010	中小企业	确权	2	0	2022	区块链
	3	0	2016	中介机构	知识产权评估	2	0	2010	信用评级
客体	121	0.37	2006	知识产权		4	0.02	2011	价值评估
	6	0.01	2007	专利权		2	0	2012	估价
	2	0	2022	无形资产		2	0	2013	价值分析
风险	2	0	2011	风险控制		2	0.02	2019	专利价值
	2	0	2012	融资困境	知识产权质押融资	2	0	2006	担保物权
	2	0	2012	风险		6	0.02	2010	担保
	2	0	2013	风险管理		2	0	2010	质押担保
	2	0	2015	融资风险		2	0	2011	信用担保
	3	0	2015	风险分散		2	0	2014	融资担保
	2	0	2016	风险评价	知识产权证券化	6	0	2006	证券化
目标	2	0	2010	促进政策		49	0.04	2009	质押融资
	2	0	2021	金融创新		3	0	2010	担保融资
	2	0	2022	企业创新		5	0	2011	质押
	3	0.02	2022	演化博弈		2	0	2011	权利质押

2. 积极营造良好的营商环境促进知识产权创造

营商环境是市场活力的推动力，是企业创新的外部环境保障。一个公平开放的营商环境，不仅可以为创新主体的创造创作提供环境保障，还可以带来市场活力。一个公平开放的营商环境在企业的创新能力和功效发挥，吸引创新人才以及区域创新能力的提升上发挥着重要作用[1]。公平开放的营商环境可以激发企业的创新活力，确保技术研发的推动和实现创新产品的诞生。营商环境是实现创新环境的外部保障。企业创新能力的发挥和创新成果的诞生能够提升创新环境，带动相关产业链的发展，从而形成集群式创新。集群式创新环境会加强对创新人才的吸引，行业投资者积极参与创新，从而形成良性的创新循环，助力建设更好的营商环境。优化营商环境是重要的制度建设，需要不同主体的积极参与和持续推进，从而促进制度

---

① 部小平，陈薇，李鹏程．打造一流营商环境　提升产业长远竞争力 [N]．南方日报，2023-01-16.

创新，将优化商业环境贯穿于具体的业务中，为高质量发展提供源源不断的动力保障[①]。本书基于前人研究，总结出四项推进营商环境的具体措施。通过推动营商环境和创新环境的良性建设，进而实现内蒙古奶制品试点示范企业及其他行业企业的创新性持续良性发展。

（1）政策环境：确保政策发布主体间的沟通协调和有机结合，加大政策的覆盖面。在政策落地实施中推动政策工具的均衡配置和信息技术的推广运用。通过试点先行，加大经验积累，实现经验扩散，全面打造良好的营商环境。

出台政策的不同主体之间需要进行有效沟通和事项调节，通过出台政策不同部门之间的横向合作，一方面确保政策的全域性覆盖，另一方面调节政策的冲突性，保障政策的全面实施和顺利实施，最终实现政府对营商环境的全面高效管理。在实现政策的落地实施上，一是要确保政策工具的正确选择和配置运用；二是以财政支持为保障，推动审批业务的高效和精准实施；三是以试点先行的实践方式，积累和推广经验。营造良好的营商环境应正确选择和配置运用政策工具，既要考虑政策工具的个案需求，也要确保政策工具的适用空间。在政策工具的运用上，需要从实际出发，满足供给性和需求性政策工具的配比要求，政策工具的选择上加强优化，确定其配置力，确保政策工具的选择和配置的高效性[②]，防范市场风险的同时，还要刺激市场，激发市场的创新和竞争活力。在确保财政支持之下，通过信息技术提升行政审批业务的高效性、准确性。优化营商环境还应加强信息技术在政策工具上的充分运用。通过信息技术，一方面需要确保行政审批业务的高效性、准确性，另一方面还需要打破信息壁垒，确保信息的整合性、分享性，确保信息在公域环境和私域环境中发挥基础性作用，助力市场的开发程度，大力激发企业的创新活力，营造公平透明的营商环境。通过试点先行，加强经验积累，为建设公正透明的营商环境提供行动方案、学习交流平台以及经验库搭建。此外，还应重视经验的跨时空扩散，构建营商环境的落地方案。

（2）法治环境：加强法治建设，构建公平透明的法治环境。

"法治是最好的营商环境。"法治建设是优化营商环境的重要推力。健全的法治体系可以帮助构建健康的市场运转机制。加强系统性法治建设需要健全知识产权立

① 龚兴军.我国营商环境对企业创新的影响研究[J].价格理论与实践，2019（2）：125-128.
② 姜楠，曹现强.营商环境优化的政策工具选择与配置：基于中央层面政策文本的内容分析[J].公共管理与政策评论，2023（1）：96-113.

法体系，完善知识产权的相关法律法规。推进地方知识产权立法，推动规划方案制定并确保其落地，助力建设法治营商环境。同时，还要加强政府、不同知识产权相关机构与企业的互动合作，建立知识产权保护协调机制，在网络环境和数智场景探索知识产权保护模式，完善知识产权司法保护机制，加强多元纠纷解决机制，加强知识产权的多维保护，助力创新环境的建立和发挥长尾效应[①]。在执法层面，让大众了解行政执法部门的责任。在监管层面，不仅要完善反垄断法、竞争法的相关法律规定，还要加强对不正当竞争行为的监督管理。只有确保了公平透明的创新环境和竞争环境，才能实现营商环境的良好运行。

（3）市场环境：构建全国一体化大市场环境，消除市场资源配置的非理性要素，确保经济的健康快速发展。

在打造全国一体化大市场制度规定中，筑牢市场的开放性、秩序性和竞争性。以良好的市场结构推进经济的发展，打破影响经济良性发展的制约因素，消除市场资源配置中的非理性要素，在开放的、有秩序的、充分公开竞争的市场环境中，强化企业的产权保护，确保企业的合法权益和健康发展，形成鼓励创新的时代氛围，实现传统生态系统要素的高效流动和有效协同融合，打造出一个透明的、规范的、高效的、有序的、法治的市场环境[②]。

（4）知识产权保护环境：在更大时空场域内构建信息资源的共享化和调查取证的便利化等措施，实现横纵部门之间的通力合作，强化联动保护机制，积极营造知识产权保护环境。

营商环境离不开创新环境，创新环境与知识产权保护环境不无关联。对知识产权权利人的正当权益保护和对知识产权成果采取有效的保护模式，需要知识产权不同机构之间的协同和力量共建，从而加强以信息共享为基础的、全方位功能发挥的知识产权保护联动机制，从而营造出高效的、公平透明的营商环境。在知识产权保护联动机制中既要确保不同地区之间的知识产权侵权（假冒，甚至犯罪）的调查机制和构建高效途径，还要加大知识产权相关服务机构的资源高效配置、业务整合和服务供给，加强知识产权信息供给的便利性和互动性，全面提升知识产权的

---

① 陈启梅，勾毓榕. 知识产权优化营商环境策略研究：基于"十四五"地方知识产权规划文本分析[J]. 智库理论与实践，2023（3）：81-90.

② 张伟，卢梦姝. 后疫情时代深圳塑造一流营商环境研究[J]. 产经评论，2022（6）：150-158.

保护环境[①]。

（二）创新基础中存在问题的解决路径

1. 加强创新资源整合能力实现推动创新和持续创新

加强资源整合能力与创新生态系统中涉及的必不可少的基础性关键要素紧密相关。创新生态系统中的基础性关键要素（参见第四章第一节关于"创新生态系统"的内容）是实现资源整合的关键所在。那么，在创新资源要素具备的前提下，如何提升要素整合能力，实现创新生态系统的构建，实现推动创新和维持创新？关于这一点，可以从学界给出的具体方案中获取与本研究主题相关的整合力解决方案。梁玲琳和朱麒宇（2011）从中国传统工艺的现状入手，提出了目前存在问题的原因，分析了传统工艺的特性与隐藏的问题。针对传统工艺的特性，以开放的体系整合各类要素进行设计创新，其中包括整合现代工业设计、整合现代技术与材料、整合现代市场理念、整合现代设计教育，而不仅是从艺术文化等有限的角度去研究问题。最后通过该创新的要素整合策略将传统工艺传承下去[②]。肖鹏等（2012）从分析企业技术创新的动力出发，构建了技术推动创新过程模型（科学技术应用在产品和生产工艺设计和试制）与需求拉动创新过程模型（消费者对企业产品需求量会促进企业创新，企业产品对消费者吸引力不足同样促进企业创新）。在此基础上，从技术、需求、市场竞争、企业家精神、市场行为等层面，构建了企业技术创新动力要素整合模型，该模型主要包括拥有资源、利益需求、外部影响因素等。肖鹏等认为企业进行创新的动力来源于对经济利益的追求，这是企业最大的动力。在追求经济利益的同时，同样注重精神利益。而企业创新的方向则是由其管理者的精神决定的。此外，企业所处的外部环境也会产生一定的影响。综合各个因素，建立整合模型，以此来提高企业技术创新动力[③]。王玉民等（2016）提出了创新驱动发展战略的三要素，即驱动对象、驱动方式和驱动力源泉。从三要素出发，以多因素耦合的创新链条为纵轴，以简化的驱动价值链条为横轴，构建了四相模型，即知财运营、知财管理、知识成果、驱动形式四相。在初步构建的模型上，以简化的框架结构深入挖掘

---

① 陈启梅，勾毓榕. 知识产权优化营商环境策略研究：基于"十四五"地方知识产权规划文本分析[J]. 智库理论与实践，2023（3）：81-90.

② 梁玲琳，朱麒宇. 再论中国传统工艺传承中的要素整合创新[J]. 包装工程，2011（12）：101-103，119.

③ 肖鹏，牟艳，杜鹏程. 企业技术创新的内在障碍与动力源泉[J]. 统计与决策，2012（2）：183-185.

三要素的关联，分析内容与形式的关系，最后形成推动创新驱动发展战略的策略[①]。张大鹏等（2017）以行为整合、知识吸收能力、组织开放度、组织创新绩效作为理论基础，对相关文献进行理论分析，提出包括五个维度的新整合性领导力。张大鹏等基于此，提出了整合性领导力理论，并设计了调查问卷，对企业经理进行问卷调查，进而研究整合性领导力的影响因素[②]。张彦红和钟君（2021）基于国家创新系统的视角，将学术界关于企业技术创新研究的三种研究方向进行改进提出了企业技术创新模型，构建了"要素整合能力—知识再造力—价值实现力"的框架与指标。选取了某一年的各项评价指标，对全国水平进行了横纵向对照研究[③]。郑琼洁和张鸿雁（2021）构建了"五力模型"来研究城市创新力，该模型包括准则层与要素层两个层面，下设30个具体指标。通过分析不同城市的指标数据，评价城市的创新能力。如在人才指标方面，作者通过评判不同城市获得国家杰青基金的人数与高校在校生在人群中的比例，将收集到的数据转换为各项指标，以此来进行横向对比[④]。总而言之，学界主要基于创新资源整合模型，解决创新资源的整合和推动问题。

　　本书基于前期收集的经典案例，通过案例挖掘，呈现与本研究主题相关的创新资源整合模式：以人为本，基于技术节点，以产品为导向的"衔接+整合"创新资源整合模式。这里以创新资源整合的典型案例"药明康德"为例说明[⑤]。药明康德是我国在医药研究与技术服务上领先的创新型企业。药明康德始终重视知识创新（这里的知识创新并不是指知识生成，而是广义上的知识创新，即与研发关联的创新实践）。药明康德自2003年成立以来，在知识创新上的投入占据营业收入的20%以上。也正是基于前期的创新投入，在实践环节中才会不断涌现创新思路和方案，如创新的运营方案和技术服务方案。药明康德的创新要素整合模式是：以人为本，基于技术节点，以产品为导向的衔接+整合创新资源整合模式。药明康德以产品为导向，整合资源实现创新产品的诞生。其旗下的企业主体，如药明生物、药明康德制药以及药明康德新药等负责不同的产品研发，成为在全球生物药物开发赛道上的领

---

　　① 王玉民，刘海波，靳宗振，等.创新驱动发展战略的实施策略研究[J].中国软科学，2016（4）：1-12.

　　② 张大鹏，孙新波，刘鹏程，等.整合型领导力对组织创新绩效的影响研究[J].管理学报，2017（3）：389-399.

　　③ 张彦红，钟君.基于EKV评价框架的企业技术创新主体地位研究：以贵州省为例[J].科技管理研究，2021（1）：37-42.

　　④ 郑琼洁，张鸿雁.基于"五力模型"的城市创新力指标体系研究[J].现代城市研究，2021（1）：2-8.

　　⑤ 黄翰漾，孙媛媛，徐佳熹.药明康德深度研究报告：观往昔，展未来，奋楫扬帆立潮头[R/OL].（2021-04-20）[2023-10-22]. https://www.hangyan.co/reports/2555983665402217741.

先平台。在整合方面，药明康德重视生物产业链不同环节中的生物药物开发，即通过生物产业链上的技术发展趋势及其技术节点，确定生物药物研发品类，从而在生物药物产业链上布局不同药物[①]，实现品类多元化以及占据市场份额。例如，生物药物的不同技术节点上较热的一个技术节点为新的基因编辑技术。药明康德充分运用基因编辑技术，解决生物药物领域的相关问题。大数据分析是生物制药领域内的又一热点。随着大数据等生物前沿科技的快速发展，药明康德的研发与数据深度结合，通过数据的收集、整理、分析、检验等方式，为健康医疗赛道提供解决方案。同时，通过大数据分析提高了新药研发的效率[②]（挖掘技术节点对于产品研发起到重要作用。内蒙古自治区的知识产权公益类服务机构应开展关于奶制品全产业链及其专利技术布局的专利导航工作。通过专利导航的全域分析，分析技术发展的趋势以及挖掘不同技术节点上的专利产品，为新品研发提供切实可行的建议，为内蒙古自治区的奶制品企业提供全域的知识产权信息）。基于技术节点的，以产品为导向的衔接+整合创新融合模式中深度融合人才资源。人才资源是创新融合能力的基础，通过人才资源推动创新和持续创新。药明康德非常重视人才资源。通过广泛培训、快速升职、福利保障等人才培养体系，吸引了全球人才，实现推动创新和持续创新。为了形成人才资源矩阵，药明康德凝聚了生物医药行业内的领袖、高端技术人才等精英人才，探索创新、推动创新，形成以精英人才为人才矩阵的创新生态，为生物制药领域开创了优越的创新平台[③]。大华药业是另一个论证以人为本，基于技术节点，以产品为导向的衔接+整合的创新资源整合模式的案例。大华药业成立于1993年，是从制药代加工企业转向创新型制药企业的中国生物科技公司。在发展起步阶段，大华药业的业务集中在为国内和国外的药厂代生产和加工药品。随着业务的拓展，大华药业发现创新对企业的长久发展极为重要。人才资源是创新生态系统的基础资源，也是创新融合能力的基础。于是，大华药业开展了一系列的"挖人"活动，引进了国内外的科技创新人才。在人才资源的大力支持下，大华药业深度探索生物制造不同产业链上的技术节点。经过探索后发现，未来的研发重点一个

---

① 关于在不同技术节点上的专利布局，不仅需要对药明康德的专利进行分析，还需要开展生物药物专利导航的相关研究工作，从而确认上述观点的准确性。由于生物药物专利导航的工作量庞大，而且本书中将药明康德以案例方式呈现，因此，不再开展对上述观点的强度较大的论证工作。

② 许金叶. 大健康生态圈的赋能者：药明康德的平台化战略[J]. 经济研究导刊，2022（16）：1-3.

③ 黄翰漾，孙媛媛，徐佳焘. 药明康德深度研究报告：观往昔，展未来，奋楫扬帆立潮头[R/OL].（2021-04-20）[2023-10-22]. https：//www.hangyan.co/reports/25559836665402217741.

是纳米技术，另一个是基因疗法。在不同的两个技术节点上，进一步探索了生物制药产业链上可能形成的不同产品。在纳米技术节点，大华药业研发出生物活性纳米载体。为了深度研发该生物活性纳米载体，大华药业不断加强高端人才引进，并组建知识产权创新平台，实现融合了人才资源、知识资源、资金资源等的创新生态系统。在基因疗法技术节点，大华药业生产出基因治疗药品和相关设备，通过基因诊疗帮助医生提供更加个性化的治疗方案。为了拓展该业务，大华药业不断引进高端人才，建立高端人才团队，完善了生产加工体系和市场推广体系，构建了良性的创新生态系统[①]。创新生态系统的构建极大地推动了大华药业的长远发展。把握时机、建立核心竞争力、保持开放性思维等对进一步完善创新生态系统也发挥了重要作用。

2. 搭建联动上中下游产业链的创新平台

基于内蒙古奶制品试点示范企业的资源整合能力提升的前提下，构建融合上中下游产业链协同运作的创新平台，有助于内蒙古中小型奶制品企业在产业链上的分工协作、密切联系和信息共享等。同时也有助于提升奶制品的质量要求、美感要求以及在产业链条上的高效要求，从而推进内蒙古奶制品试点示范企业的产品结构优化、品类细化和品牌建设，以及加大企业的市场竞争力。构建内蒙古奶制品试点示范企业的创新平台系统，实现三产联动，融合上中下游的业务需求，搭建一体化的生态系统无疑对内蒙古奶制品试点示范企业的长久发展起到有益的作用。但创新平台的搭建还需要进一步的详细论证。本书以区域创新系统为理论支撑，以"已搭建且具有一定影响力的位于不同赛道的创新平台"为案例支撑，为内蒙古自治区奶制品试点示范企业的创新平台搭建提供实践参考和经验启示。

创新平台的概念，早在1998年被美国竞争力委员会提起。探讨创新平台首先要理解区域创新系统。区域创新系统是创新平台的理论基础。区域创新系统是指：在地理位置上相互关联的知识生成主体之间构成的区域组织体系，通过这种区域组织体系产生创造创作。这里所指的"相互关联的知识生成主体"是企业、高等院校以及研究机构。正是这些与知识生成和创新生成紧密关联的主体构建了在区域上实现关联的组织体系。可见，产学研联合体对搭建创新平台而言是至关重要的。创新平台是依托于在一定区域内的创新生成主体，通过平台搭建和系统优化，解决区域产

---

① 大华：创新成为核心竞争力 为客户创造最大价值[Z/OL].（2023-01-16）[2023-10-22]. https://haokan. baidu.com/v?Pd=wisenatural&vid=5713982345389533723.

业发展中关键问题的一种区域性创新系统和组织形态。创新平台发挥的最大功能是将创新过程中的五项必不可少的创新要素（资金资源、人才资源、知识资源、地域资源和社会资源）进行整合，通过人才要素获得以"to-B端"为导向的研究成果，一方面，可以让研究成果应用于奶制品及其相关服务[①]，另一方面，实现基于知识产权成果的市场准入机制以及权利运营，获取成果收益。上述观点在论证支撑上可以参见下列案例。

　　融合了上中下游产业链的创新平台的构建可以参见我国一些成功案例，如"电e金服"平台[②]。"电e金服"是国家电网创建的，融合了上中下游产业链，疏通渠道场景和业务场景，确保供需对接的数字化金融服务平台。该创新平台的构建有助于上中下产业链中的不同主体的关联，实现渠道和业务的横纵向疏通，确保数据的融通以及最大限度减少信息的不对称性，从而有效提升了金融服务实体经济的效率。"电e金服"创新平台的建立让上中下游的不同渠道和业务主体形成一个联合体，不仅加大了渠道引流，还开拓了潜在客户群。"电e金服"创新平台的建立实现了集成平台门户，打通上中下游的不同业务场景和业务办理流程，实现了高效的"一站式"服务，最大限度方便了客户的服务需求。"电e金服"创新平台接入了与业务对接紧密相关的数据，为渠道疏通和业务办理提供了方便，减少了信息的不对称。此外，"电e金服"创新平台还引入了信息存证和业务监管等保障措施，确保了业务的安全性[③]。无独有偶，汀市小龙虾产业链创新平台[④]的成功离不开以"to-B"端为导向的政府+养殖户+企业+技术专家行动网络的构建以及育苗—加工—销售产业链条的深度融合。这两点是该经典案例需要借鉴的关键点。在构建汀市小龙虾产业链创新平台时地方政府借助人力资源优势发挥了牵线搭桥的关键作用。通过牵线搭桥，将养殖户+企业+技术专家进行捆绑，诞生创新网络，促进相互配合和合作，突破了小龙虾种苗繁育技术、小龙虾深度加工技术中存在的瓶颈，进而将创新技术

---

　　① 本书的研究对象为内蒙古奶制品试点示范企业。由于内蒙古奶制品试点示范企业的总体规模不大，助力研究成果转移转化的技术经纪人不在本专注的探讨范围内。这并不是说中小型创新企业不需要技术经纪人对知识产权成果转移转化的相关服务，而是现阶段由于企业规模、技术经纪人在内蒙古的发展现状以及其他因素，暂时不将技术经纪人纳入本书的探讨范围。

　　② 本案例参考了邹迪等学者的研究成果。具体参见：邹迪，王学亮，陈一鸣，等.国家电网数字化产业链金融服务平台："电e金服"创新实践[J].财务与会计，2021（23）：27-30.

　　③ 邹迪，王学亮，陈一鸣，等.国家电网数字化产业链金融服务平台："电e金服"创新实践[J].财务与会计，2021（23）：27-30.

　　④ 符平，高博.创新网络、创新平台与特色农业发展：汀市小龙虾产业个案分析[J].求索，2017（10）：99-107.

的适用范围拓展至更大的时空场域，促进创新产品的生产和进入大众市场，进而最大限度地推动了当地小龙虾产业的快速发展。关联育苗—加工—销售产业链条的汀市小龙虾产业链平台，促使了产业链的大范围拓展，确保了小龙虾深加工技术的应用和发挥功效，实现了小龙虾种苗繁育的提质和规模化，加强了小龙虾产品的制造和深加工。小龙虾产品包括工业用小龙虾产品和以日常消费为主的食用性小龙虾产品。在食用性小龙虾产品上，强化了产品的多元品类化，如虾仁、虾球和整虾。在工业用小龙虾产品上，充分利用了小龙虾的虾头和虾皮等不能食用的部分，通过工业化提取甲壳素实现变废为宝，产生高附加值的产品，实现新赛道的开设，同时减少了食用垃圾造成的环境污染。内蒙古奶制品试点示范企业可以充分运用上述经验。奶制品制作过程中产生的酸水（制作中产生的被认为不能利用的渣水）后经发现具有高营养价值，相关产品也孕育而生。这种重要的业务转型是通过汀市小龙虾产业链创新平台实现的。汀市小龙虾产业链创新平台实现了关键技术突破、实践应用和市场推广，进一步推进了上中下游产业链的深度融合，发挥了三产联动的效应，实现了产业链的扩展[①]。杭州市动漫文化创意平台[②]也是一个值得借鉴的案例。杭州市动漫文化创意平台是融入了作品供给—打造产品—产品运营—支持保障和串联了上中下游的制度化支撑的数字化虚拟创新平台。杭州市动漫文化创意平台在杭州市动漫展、数字图景呈现等方面发挥了关键作用。作品供给方面涉及原发创意供给、创意的创新度和运营度测试等系统内容。产品打造方面充分运用平台同步制作确保了生成《著作权法》意义上的"作品"，即包含独创性且在法律上可以称为"作品"的作品。产品运营方面涉及项目合作、衍生产品的开发、版权融资和投资以及海外发行。支持保障体系包括设备保障、技术保障、宣传保障、人才保障、财政保障以及知识产权保护保障等。作品供给—打造产品—产品运营—支持保障确保了创意源头、创意加工、创意衍生、创意运营之间的互动性以及连贯性，不仅连接了创意在上中下游的各个环节，还在每个环节中提供了创新生态系统要素，例如，人才要素、技术和信息要素、资金要素等[③]。杭州市动漫文化创意平台是以创新

---

① 符平，高博. 创新网络、创新平台与特色农业发展：汀市小龙虾产业个案分析[J]. 求索，2017（10）：99-107.

② 黄学，刘洋，彭雪蓉. 基于产业链视角的文化创意产业创新平台研究：以杭州市动漫产业为例[J]. 科学学与科学技术管理，2013（4）：52-59.

③ 黄学，刘洋，彭雪蓉. 基于产业链视角的文化创意产业创新平台研究：以杭州市动漫产业为例[J]. 科学学与科学技术管理，2013（4）：52-59.

为牵引，以创新的所有构建要素为支撑，保证了文化产业的上中下游的每个环节的顺利实施，从而发挥了版权创意的社会效益和经济效益，最终助力中华优秀传统文化的弘扬发展以及提升了文化自觉和文化自信。

3. 构建面向"to-B端"的以市场为导向的产学研联合体

本书中出现的"to-B端"代表的是以市场为导向和以企业为导向。产学研的协同需要以市场为导向，才能积极且及时反馈市场，才能满足市场的真正需求，从而转化为生产效率和产品供给。在产学研三主体中，企业是最接近市场、最能了解市场需求、最能及时获取市场的第一手信息和最能及时向市场进行反馈和作出应对的主体。而高校和科研院所基于其绩效考虑等指标因素，开展科研工作时多以计划和成果为导向。这种计划和成果未能基于市场真实需求，缺乏市场信息基础。因此，其科技工作未能形成能够服务于市场的成果（这一观点可以参见第三章的内容），科研成果与市场的脱节极为严重。企业是主导产学研合作的关键主体。主导产学研合作的企业不仅能够有效地防止科研成果转化的无序和资源的浪费，还可以为大学和研究机构提供符合市场需求的科研课题[1]。那么，如何构建以市场的真正需求为导向的产学研联合体呢？

（1）以"to-B端"为导向，充分借助政策、资金、信息等关键推力要素，发挥政府在企业、高校和科研院所协同合作过程中的关键作用，提供便利的市场服务平台，促进经济的发展和文化的传承发展。

企业、高校以及科研院所是完全不同的三种机构。这种完全不同包括评价体系上的差异、管理体制上的差异、社会职能上的差异、价值追求上的差异以及绩效考核上的差异等。正是这种差异性导致了三种不同机构之间的协同变得十分困难。如何实现三者之间的协同合作？政府在推动企业、高校和科研院所三者的协同合作上发挥着关键作用，政府的推进力量至关重要。政府应以"to-B"端为导向，以关注市场和企业的需求为根本，借助政策、资金、信息等关键推动要素，为企业、高校和科研院所的协同合作提供便利的市场服务平台，积极优化三方合作环节、调整三方关注的利益，促进经济的发展和文化的传承。

（2）企业、高校和科研院所三者的协同合作，需要以加强开放性和互动性为基础，企业研发以需求为着手点，以实现保障为支撑点，构建互利互助的协同模式，

---

① 张玉强，宁凌. 对企业主导型产学研合作的反思与解构[J]. 中国科技论坛，2008（3）：67-70, 99.

助力三者的互惠互利和健康发展。

在前提条件维度，企业首先需要加强的是开放性和互动性。企业的良性发展离不开外部资源的大力支持以及自身的开放性和互动性，即既要保持向外开放，也要开展积极互动。开放创新是实现企业持续长久发展的根基。企业的健康长久发展离不开企业自身的向外开放以及与外部相关主体的积极互动、共建合作，尤其是与本行业和生产产品紧密关联的高校和科研院所的积极交流和多维合作，形成长久稳定的合作关系，促进企业的技术研发、技术运用和新产品诞生等。在科技创新发展战略的时代背景下，企业应发挥其开放性和互动性，充分运用内外资源，寻找与自身核心技术紧密关联的相关外部主体。积极掌握产学研相关政策，提高知识整合和转化的效率[1]。在公关目标维度，企业的研发以需求为着手点，开展基础研究和先进技术研究，逐步构建以企业为主导，各主体分工合作、优势互补的产学研创新研究新机制，优化成果转化奖励机制，激发科研人员的创新活力[2]。与企业和市场相关的技术公关和研发创新，以企业为主导，基于市场和企业的实际需求，推动人才、资金等关键要素向企业聚集，将企业、高校和科研院所等主体有机结合，构建协同高效的产学研联合体[3]。在合作模式维度，突破企业之间的合作局限，加强企业之间的合作，发挥企业的带头作用，利用发展优势，建立健全产学研合作模式和信息对接平台，构建协同创新的强大支撑，加快技术成果转化[4]。面对复杂且跨学科的科研项目时，一方面需要发挥企业、科研院所以及高等院校的不同优势，另一方面还需要关注相关政策、资金来源等对合作机制和创新环境可能产生影响的不同要素。因此，在构建三者的合作模式时，关注相关影响因素的同时还需要确保项目内容的多元化、实施主体的多元化、项目形式的多元化等相关内容。在建立协同合作的基础上，建立长期稳定的研发平台和公共技术服务平台，互惠互利，最大限度地集中各方面的优势资源，促进效率的提升[5]。

---

① 汤少梁，刘美娟，钱雨昕，等.基于专利数据的我国华东地区医产学研合作网络特征分析[J].科技管理研究，2022，42（16）：85-92.

② 李永明，俞晓峰.加强企业主导的产学研深度融合，引领提升江苏产业自主创新水平[J].现代管理科学，2023（1）：3-7.

③ 同②.

④ 同①.

⑤ 巩轲，奥神.企业主导型产学研合作创新[J].企业管理，2017（4）：77-78.

（三）创新内容中存在问题的解决路径

1. 商业模式：创建新型商业模式助力多维营销途径

商业模式是以客户价值最大化和满足客户需求为根本，以解决企业持续盈利为目标，将企业内部和外部的相关要素进行整合，形成具有竞争优势的，要素运作顺利且充分发挥运转效率的，完整的一套运行系统。通过商业模式，企业可以突破原有的成长瓶颈、实现快速成长、获得利润、降低试错成本和要素运行最优化。随着数字互联时代的快速发展，商业模式已越发突显出其重要性。数字互联时代的商业模式，可以使企业在短期内获得一定数量的政府补贴和及时的市场反应[①]。因此，内蒙古奶制品试点示范企业也应随着时代的变革和发展，探寻适合自身发展的商业模式，助力内蒙古奶制品试点示范企业的快速发展。本书基于奶制品的食、饮、用三维考量，总结了如下成功的商业模式，为内蒙古奶制品试点示范企业的快速发展提供参考和启发。

在萨莉亚（Saizeriya）的商业模式中内蒙古奶制品试点示范企业可以学习到如何在激烈的市场竞争中实现长久和盈利。萨莉亚是日本的一家以低价胜出的餐饮店。但低价并不意味着菜品的质量很差，相反，萨莉亚的菜品价格不仅非常低廉，而且食物选材也好。萨莉亚很好地融合了两个相互矛盾的要素。萨莉亚运用的商业模式是控制经费成本—执着食材选择—抢抓品控体系—重视商品开发。在控制成本上，萨莉亚基于不断总结以往的经验，减少人气较低的菜品，重点推出人气高的菜品。例如，米兰多利亚焗饭的售价极低，但人气极高。这种成本控制措施，不仅可以控制食材的浪费，也能大大提升业务效率，还能给萨莉亚带来收益和利润。萨莉亚执着于追求食物选材。之所以非常执着食材的选择和关注食材的质量是因为食材本身直接决定了菜品的味道。在食材选择上，萨莉亚不仅看重食材的价格，还要关心食材的质量。例如，生火腿、萨拉米香肠等重要食材，萨莉亚会直接与意大利食品公司进行合同签订。品控体系的构建对餐饮业是非常重要的。有了良好的品控体系，不仅可以确保食材的健康安全，也能带来很好的商业声誉。为了抢抓菜品质量，萨莉亚建立了品质评估体系。该品质评估体系的涉猎范围甚至延伸至菜品味道的量化分析。为了餐饮店的运营效率，萨莉亚还专门研发了厨房用具，并推广

---

① 张新民，郭瞳瞳，杨道广，等. 互联网商业模式的同群效应：战略驱动还是概念迎合[J]. 吉林大学社会科学学报，2023（5）：106-127，238.

上市。萨莉亚的这个控制经费成本—执着食材选择—抢抓品控体系—重视商品开发商业模式不仅将两个对立要素进行整合，还强化了其竞争优势[①]。

价格亲民＋极致精美且实用的包装盒（瓶）也是一项重要的商业模式。在确保食物品质的前提下，极致精美且实用的包装盒（瓶）也会成为非常重要的营销手段。当买家走进商店寻找需要购买的某个物品时，极致精美且实用的包装盒（瓶）也会深深地吸引买家的注意，在权衡价格之后，会优先考虑购买这种价格亲民、包装盒（瓶）极致精美且实用的商品。随着时间的推移和购买数量的不断累加，家庭的某个角落可能都会布满该商品的包装盒（瓶）。而这种"布满感"会进一步加大顾客对商品的黏着度和对品牌的忠诚度，用时间换取了空间，用精美和实用换取了信赖和依赖。内蒙古奶制品试点示范企业可以充分运用这种价格亲民＋极致精美且实用的包装盒（瓶）的商业模式，实现顾客通过购买包装盒（瓶）换取对商品的信任和黏着度。

丹麦的美啤乐（Mikkeller）是拥有丰富的产品线的酿制啤酒的企业。美啤乐生产的啤酒，其最大特点是：啤酒的原料以及制作方式迥然不同，且款式出众。喝啤酒不仅是一种社交活动，也是一种心情选择。这种心情选择体现在：在不同心情状态之下，可以饮用不同口味的啤酒，从而实现心情满足。这种与心情选择关联的啤酒酿造不是只有大型啤酒酿造商才能提供，创新型中小企业也是可以提供的，美啤乐便是它们其中的一员。美啤乐的惊人之处在于：每年可以研发创造出约100种的不同口味的啤酒，现已经向市场输出了1 000多种不同口感的啤酒。分析美啤乐的商业模式对于内蒙古自治区奶制品试点示范企业而言，具有现实的参考意义。美啤乐如何能做到这点，与它的商业模式紧密相关。它所采用的商业模式是以委托者的品牌生产产品。以委托者的品牌生产产品是指将研发出来的啤酒配方委托给最适合该配方的酿啤酒厂商，而不是自行投资和生产制造。这种商业模式可以最大范围地发挥原产地优势，并且可以最大限度地确保产品质量。可以说，美啤乐的所有重心均在配方研发上，从而最大限度地减少了酿造成本，且提升了酿造效率。随着业务的不断变大，美啤乐的委托机构不仅被限制在啤酒酿造厂商，进一步拓展至酒品直营店、拉面店等，实现强强结合。这种空间多元＋委托拓展本身已成为新的商业模

---

① 近腾哲郎. 商业模式2.0图鉴：全球100家新创企业的成功之道[M]. 李优雅，译. 北京：中国青年出版社，2020：102.

式①。

彩（Irodori）是一家为日本高级餐厅或旅店等服务机构供应装饰性叶子的企业。在本书中之所以选取"彩"的商业模式是因为"彩"是日本乡村振兴非常有名的经典案例。"彩"的商业模式极其简单，即高龄老人+叶子+订货网络的商业模式。随着日本的高龄化和老龄化日趋严重，在日本也出现了越来越多的边远乡村。日本的边远乡村，劳动力大量缺失、产业发展严重衰退，年轻人不得不前往大城市择业和就业。这种情形导致振兴无望。面对这种情形，"彩"将高龄者与当地好看的叶子组合在一起，既可以让高龄女性无须耗费大量的体力，轻松胜任工作，也可以让高龄女性参与到工作中，获得较高的报酬，提升身心健康。通过订货网络，实现好看的叶子的向外销售②。经前期调研发现，绝大多数的内蒙古奶制品试点示范企业的企业主和业务人员均为年长者，年轻人更愿意前往大城市寻找就业机会。在这种情形下，以自然美为关注点，以自然美+奶为切入点，以产品输出为落脚点，充分发挥当地年长者的工作参与性，构建新的商业模式，在内蒙古奶制品试点示范企业的后续长久经营中发挥着关键作用。这也是一个值得深思且提供启发的课题。

适合自身发展的商业模式有助于内蒙古奶制品试点示范企业突破现有的发展瓶颈和促进其快速成长。商业模式同时也可以降低商业运行的试错成本、提升运行效率，确保内部和外部要素的深度融合和顺利运行。商业模式的正确选择和使用会助力内蒙古奶制品试点示范企业的持续盈利和长久发展。因此，内蒙古奶制品试点示范企业是否继续沿用传统的线下销售+打折赠送的商业模式，还是基于时代发展探寻新的商业模式，已成为刻不容缓的重要抉择。

2. 内容创新：在原有商品品类基础上增加"小精美"乳制品创新品类

相较于传统奶制品的生产方式，内蒙古奶制品试点示范企业在原有的商品模式上还需要考虑"小精美"的奶制品。"小精美"奶制品可以在多个维度上实现奶制品品类的升级改造和新品诞生。"小精美"奶制品可以在新品配方、制作工艺、产品外形、包装设计等方面呈现在内容上的创造性转化和在形式上的创新性表达。这种多元化的商品品类供给可以满足时代需求和不断变化的奶制品市场需求，可以为奶制品试点示范企业提供有力的品类支撑和市场支撑。

---

① 近腾哲郎.商业模式2.0图鉴：全球100家新创企业的成功之道[M].李优雅，译.北京：中国青年出版社，2020：233.

② 同①：247.

经对内蒙古奶制品试点示范企业的前期调研，我们发现安牧态、上都苏恩塔拉等奶制品试点示范企业尝试制作"小精美"奶制品（见图4-7、图4-8[①]），在当地市场，获得了较大的反响和消费者的喜爱。较受欢迎的"小精美"奶制品包括："小精美"的奶豆腐、奶皮卷、燕麦酸奶棒、果蔬奶糕点、奶酪花等。

图4-7　安牧态的"小精美"奶制品

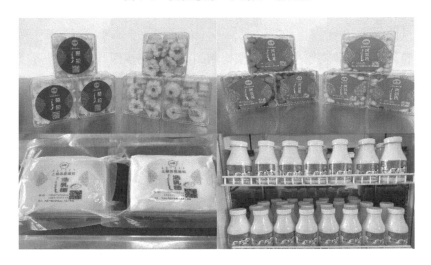

图4-8　上都苏恩塔拉的"小精美"奶制品

传统奶豆腐在内蒙古自治区有较大的市场份额。但传统奶豆腐口感单一、体积偏大，缺乏多样化品类。为了改进口感，呈现"小精美"的奶豆腐，安牧态尝试对传统奶豆腐进行升级改良，制成桂花、玫瑰口味的尺寸较小且图案精美的奶豆腐，

---

① 图4-7和图4-8分别由安牧态和上都苏恩塔拉提供。

满足消费者对不同口味的需求，呈现奶制品单品在口味上的丰富性。加入桂花的奶豆腐口感清香怡人，也能满足消费者对健康的高要求①。可以说，融合桂花口味的"小精美"奶豆腐也发挥了一定的保健作用。除了桂花味的奶豆腐，在当地市场上调研时也发现了玫瑰口味的奶豆腐，也有着较好的销量。奶豆腐上的玫瑰花具有较强的吸引力，增加了"小精美"奶豆腐单品的品类。经询问后发现，玫瑰花味的奶豆腐的消费者以女性为主。这一点可能与美容效果有关，同时玫瑰花口味的奶豆腐也发挥了一定的保健作用②。奶豆腐中融入玫瑰花口味不仅可以让无法接受传统奶豆腐口味的消费者接受，甚至让其喜欢上了玫瑰花口味的奶豆腐。这使得一方面可以让消费者了解奶豆腐口味的变化；另一方面也可以让消费者接受奶豆腐这一少数民族传统美食，从而扩大奶豆腐的市场，使奶豆腐逐渐成为大众化食品。

奶酪花不仅在内容上实现了创造性转化，在形式上也实现了创新性表达。在形式上，奶酪花突破了传统奶酪的形状要求，采用螺旋形状、花朵形状等。食用花朵形状奶酪、螺旋形状奶酪等不同形状的奶酪，增加了食用时的美感。夺人眼球的形状设计可以凸显视觉效果，吸引消费者的眼球，还会增加食用体验；在内容上，牛奶与各类果酱、水果的相互融合实现了奶酪单品的不同味道，从而使消费者有了更多的选择可能。

奶皮卷是一种普及度较高的创新型奶制品。传统奶皮因其口味和营养③（奶皮富含蛋白质、粗脂肪、氨基酸、脂肪酸等营养元素）具有很高的人气，颇受消费者的喜爱。但市场上销售的奶皮口味相对单一，未能满足多口味的市场需求。针对这一问题，部分内蒙古奶制品试点示范企业开展奶皮在内容上的创造性转化，实现结构

---

① 根据学者的研究，桂花在祛痰止咳、促进血液循环、抑菌、抗氧化、抗肿瘤、抗炎症、抗衰老、护肝、降低血脂、控制血糖、缓解情绪等方面均有显著的功效。用桂花可以制成种美味的食品，例如，桂花酒、桂花糕点、桂花香水、桂花茶等。具体参见：于蕾蕾，高旭政，苏子龙，等.桂花的应用和药用价值概述[J]. 湖北科技学院学报（医学版），2022（5）：444-448. 武忠康. 桂花的功效及综合开发利用[J]. 中国果菜. 2022（8）：56-58，80.

② 根据学者的研究，玫瑰花具有保湿、抗衰老等功效。玫瑰花中也有丰富的活性成分，例如，多酚与黄酮类化合物、多糖类化合物、花青素和花色苷、蛋白质等。具体参见：代明雪，高飞，朱月星. 大马士革玫瑰花苞水的综合功效评价[J]. 生物化工，2023（2）：109-113. 鲁雷霞，贾紫伟，封成玲，等. 玫瑰植物中活性物质及其功效研究进展[J]. 食品研究与开发，2021（20）：206-213.

③ 奶皮是消费者较喜欢的奶制品，其普及度较高，接受度较强。根据前人研究，奶皮具有丰富的粗脂肪、氨基酸（包括成人必需的氨基酸、婴儿必需的氨基酸等）、脂肪酸（包括亚油酸、α-亚麻酸、花生四烯酸等）等。具体参见：双全，高文婷，桼如嘎. 蒙古族传统发酵奶皮子的生产工艺及其营养特性[J]. 食品研究与开发，2018（13）：154-159.

的改造①，这种改造包括奶皮层—夹层—奶皮层的叠加。中间的夹层可以是果丹皮，也可以是蓝莓层等。中间夹层实际上发挥了关键作用。第一，中间夹层可以使传统奶皮的口味发生变化，而且使传统奶皮变成新的奶制品。传统奶制品口味为酥脆香醇，饱含浓郁的奶香味，加上不同夹层的口味，可以使奶皮卷的口味变得更加甜美，从而吸引更多的消费者品尝。第二，加入夹层之后奶皮卷呈现层层叠加和颜色变换的视觉体验，加强了商品的视觉吸引力。奶皮卷在内容上的创造性转化可以扩大奶皮卷单品的市场，让更多的消费者认识到奶皮卷，喜欢上奶皮卷的独特味道，满足消费者的多元消费需求。

　　燕麦酸奶棒是一种深受消费者喜爱的新型奶制品，也是一种休闲小零食。燕麦酸奶棒不仅实现了酸奶棒在内容上的创造性转化，也实现了其形式上的创新性表达。燕麦酸奶棒是有机融合了燕麦和酸奶的营养小零食。燕麦②和酸奶③中富含营养，既可以满足消费者追求健康的心理需求，又可以增加酸奶棒的细腻口感。增强的细腻口感可以解决传统酸奶棒的口感甜腻的问题（多食传统酸奶棒会产生较强的腻感）。在形式上，燕麦酸奶棒采用独立包装的方式，确保了每个酸奶棒的安全卫生。

　　随着现代人对绿色越来越重视，人们选择多食用绿色蔬菜，尽量减少食用高糖分和高热量的食品。针对这种社会饮食需求，内蒙古奶制品试点示范企业研发成功了"小精美"的蔬菜奶制糕点。"小精美"的果蔬奶糕点与传统奶糕点的最大区别是：传统奶糕点中没有果蔬等其他成分，口味较单一，多食用容易产生油腻感。"小精美"的果蔬奶糕点不仅夺人眼球，也拥有香甜的口感，得到了当地消费者的青睐。此外，"小精美"的蔬菜奶制糕点不仅可以满足人们对维生素和蛋白质的健康需求，还避免了身体摄入大量的糖和热量。内蒙古奶制品试点示范企业的果蔬奶

---

　　① 本研究之所以强调"结构改造"的重要性在于，在实用新型专利中包括形状、结构的升级改造，即结构上或形状上的改造，具备三性时可以获得实用新型专利权。也就是说，并非所有的结构改造均可以成为实用新型专利的保护客体，除了满足改造，还需要满足"三性"要求。

　　② 仅以呼伦贝尔地区的燕麦为例，其富含蛋白质、可溶性碳水化合物、钙、粗脂肪等。可以参见：唐佳新，徐丽君，涂哈迪，等.呼伦贝尔地区不同燕麦品种农艺性状和营养品质的比较[J].草学，2023（4）：27-32.此外，还可以用乳酸菌对燕麦进行发酵，形成菌种组合，获得口味更佳、易发酵、抗氧化性、营养丰富的燕麦浆。具体参见：刘瑞山，罗悦，李雅楠，等.不同乳酸菌发酵燕麦浆的营养特性和风味品质分析[J].食品与发酵工业，2023（18）.

　　③ 学界对牛、山羊、骆驼奶制成的酸奶的营养物进行了科学检测研究。酸牛奶的结构稳定性强，口感较好。山羊酸奶的脂肪最丰富，而且挥发性风味较强。骆驼酸奶包含乳糖、蛋白质、半胱氨酸等营养物质。具体可以参见：张亦，王亮，吕自力，等.牛、山羊和骆驼酸奶营养与理化特性的比较研究[J].中国乳品工业，2022（10）：14-22.

糕点外观也采用了不同的形状,如花朵状、雪花状等,夺人眼球、惹人喜爱。

内蒙古自治区部分奶制品试点示范企业在原有商品品类上增加了"小精美"奶制品创新品类,不断加深对商品的形式和内容上的创新。"小精美"的奶制品对内蒙古试点示范企业的商品生产和推广来说有着重要的意义。"小精美"奶制品可以提升产品的品质和口感,代表了细致和细腻,还可以增加创新产品的附加值和市场竞争能力,提升消费者的消费欲望,从而提升内蒙古奶制品试点示范企业的品牌形象和企业声誉。在现有商品品类上增加了"小精美"创新品类,可以增强商品的安全性和卫生性。"小精美"奶制品不是仅指在外形或者外包装上的精美,而是以品控为根本,确保奶源品质优良、加工过程安全以及商品包装卫生,即在每个关键环节中精益求精,确保制作环节中的精细化和精致性,从而确保产品品质优良。"小精美"的奶制品由于其精美的包装、独特的奶制品口感以及以绿色为根本的创新概念,从众多奶制品或者相关商品中脱颖而出,从而提升了商品的高级感,吸引了消费者的关注,提升了产品的附加值和市场竞争能力。随着现代人生活品质的提高和审美的追求,消费者对奶制品的外观、品质以及口感均有了较高的要求。如果产品不仅质量优良,口感出众,在产品外观设计的细节(外观设计中的局部设计)上还能给消费者带来惊喜,会更加促使消费者购买该商品,甚至可以加强消费者对该商品的忠诚度。"小精美"的奶制品也表征了一种专业性、创新性、关爱性的深度表达。这种专业性、创新性、关爱性映射了企业精神、品牌价值和企业声誉。通过"小精美"的奶制品让消费者感受到内蒙古奶制品试点示范企业的专业能力和对消费者的关爱。这不仅对内蒙古奶制品试点示范企业的长久发展起到关键作用,同时可以帮助试点示范企业提升竞争力,从而获得更大的市场份额和可观的市场利润。"小精美"奶制品美观的商品形状、精致的外包装也表达了内蒙古奶制品试点示范企业对知识产权的重视和对创新产品的高度关注。商品形状的改进、商品结构的改造、商品外观包装新颖性设计等不仅可以成为知识产权的客体,更重要的是可以加强内蒙古奶制品试点示范企业对确权的重视,强化了对商品的多维知识产权保护。总而言之,内蒙古奶制品试点示范企业加强"小精美"奶制品的向市场输出,表征的是商品质量、美好口感、商品附加值、市场竞争能力、企业形象等,最终形成消费者对商品的黏着度和忠诚度,推进内蒙古奶制品试点示范企业的长久健康发展和获得更大的市场份额。

3. 形式创新：强化基于"数字流量"的创新性发展意识

《中国互联网络发展状况统计报告》（第52次报告）的数据显示：截至2023年6月，我国网络用户规模已突破10.79亿人，普及率已达76.4%[①]。其中，网络视频（可在线直播或点播的感觉声源）的用户规模为10.44亿人，短视频的用户规模为10.26亿人，占总网络用户规模的96.8%和95.2%[②]。通过这些数据可以看出，直播和短视频是人们了解外部生活的重要途径，是实现创意和传播创意的重要平台，也是数字流量时代中华优秀传统文化在形式上实现创新性发展的重要载体，直播和短视频为中华优秀传统文化的宣传普及和弘扬发展提供了更多的契机。直播和短视频通过全民参与，可以实现创意生成和创意传播。通过文化内核的镶嵌，实现中华优秀传统文化在内容上的创造性转化和在形式上的创新性表达。通过与文化符号的联动，实现中华优秀传统文化在更大的时空场域的宣传推广和弘扬发展。因此，在数字流量时代，内蒙古奶制品试点示范企业应以市场需求为根本，充分运用直播和短视频等视听手段，加强对消费者（视听观众）的吸引力和影响力[③]，在数字流量时代为传统奶制品等传统行业开辟出数字化赛道和传播市场[④]。

充分运用互联网社交平台，实现其极高的关注度以及被"种草"的案例是新疆奶。新疆奶的案例可以为内蒙古奶制品试点示范企业在数字流量时代实现形式上的创新性发展提供启示。在互联网社交平台上，对新疆奶的测评、"种草"等相关内容越来越多。随着与"新疆奶"相关宣传内容的集中性和传播性越来越强，"新疆奶"甚至被网友誉为"奶界的天花板""国产牛奶之光"等。网友对其称赞之词接踵而至，例如，"醇厚""丝滑""甘甜""健康"等（见图4-9，本书运用Python获取了相关网站的留言帖信息，再使用Python自然语言工具包"jieba"对采集的信息分词，去停用词，并统计词频，制成该词云图）。正是在这种网络风潮的带动之下，不少人被"种草"，主动开始通过互联网平台购买新疆奶制品，新疆奶制品被销往全国各地。2021年，新疆奶制品在新疆以外地区的销售量达到22.44万吨，新疆奶

---

① 中国互联网络信息中心. 我国互联网普及率达76.4%[EB/OL].（2023-08-28）[2023-10-18]. https://www.gov.cn/yaowen/liebiao/202308/content_6900600.htm.

② 中国互联网络信息中心. 第52次《中国互联网络发展状况统计报告》[R/OL].（2023-08-28）[2023-10-18]. https://www.cnnic.net.cn/n4/2023/0828/c88-10829.html.

③ 唐俊，黄雅萍. 整合传播视角下地域视听文旅产品的多元体系构建：以敦煌的实践为例[J]. 中国电视，2022（10）：68-74.

④ 张琳，徐佳琦. 数字经济下南京雨花茶产业直播营销策略[J]. 食品研究与开发，2023（7）：225-226.

制品实现销往全国市场，截至2023年6月，新疆奶制品同比销量增长190%[1]，仅在2023年9月10日举行的"东方甄选新疆行"专场活动中，新疆奶制品的当日销售额达1亿元，售出的新疆奶制品超210万件[2]。新疆奶的"出圈"与短视频＋直播不无关联。短视频＋直播促进了新疆奶受全国网友的关注。"天润""西域春"等多个新疆奶制品品牌，合理运用了短视频和直播平台，借助多种电商平台，逐渐被全国网友所熟知。

图4-9　新疆奶话题词云图

通过短视频＋直播，可以实现内蒙古奶制品试点示范企业在形式上的创新性发展，还可以实现借助网络场景提升企业和产品的认知度和影响力，从而加大认购率和销量。那么，内蒙古奶制品试点示范企业在运用直播＋短视频视听手段时，需要注意哪些事项呢？一方面，充分利用短视频＋直播的视听手段，以宣传与奶制品紧密关联的中华优秀传统文化为出发点和落脚点，充分发挥店铺空间＋现实空间的场域功能，加强现场感和沉浸式体验，加强消费者对品牌的信任度与黏着力，提升企业的发展。在数字流量时代，文化宣传和品牌推广并不是只能通过网络红人或者流量明星，内蒙古奶制品试点示范企业从业人员也可以对奶制品文化、品牌内容进

① 前5月新疆奶销量增长190%[N/OL]. 新疆日报，2023-06-02 [2023-10-19]. https://xjrb.ts.cn/xjrb/20230602/210023.html.

② 东方甄选新疆专场首日带货超亿元[N/OL]. 2023-09-12 [2023-10-19]. https://xjrb.ts.cn/xjrb/20230912/214769.html.

行推广宣传。之所以强调这一点是因为：在前期调研中，当提到流量宣传时，奶制品试点示范企业的企业主提到当地流量网红的费用太高，需要寻找其他节约成本的短视频或直播宣传方式。在运用直播＋短视频视听手段时，需要融合店铺空间＋现实空间。内蒙古奶制品试点示范企业的销售场域以店铺为主，企业主和从业人员绝大部分时间均在店铺。因此，店铺空间是实现短视频＋直播的重要场域。在店铺内，内蒙古奶制品试点示范企业的相关人员可以以奶制品的营养及功能宣传作为特征化营销，在短视频推广和直播宣传营销时，将重点放在传统奶制品的营养功能发挥、品尝口味以及非物质文化遗产等方面。除了在店铺进行宣传推广，还需要重视现实空间。现实空间是指与奶制品紧密相关的原场景，如天然奶源场地、奶牛生长环境[①]、奶原料采集场地、奶制品制作加工场地、奶制品物流运输场地等。利用短视频和直播在现实场域进行奶制品的宣传推广可以拉近与买家（观赏者）的距离，让观赏者产生沉浸式体验，让买家可以近距离了解奶制品的制作过程以及与奶制品紧密相关的中华优秀传统文化。基于短视频＋直播，充分发挥店铺空间＋现实空间的场域功能，加深、加强中华优秀传统文化的宣传，提升奶制品试点示范企业的营销能力，从而加深、凝固消费者（观者）对奶制品相关品牌的记忆和黏着，推进内蒙古奶制品试点示范企业的持续提高。另一方面，以诚实守信、杜绝虚假宣传和产品品质把控为根本原则，通过短视频＋直播的手段，强化中华优秀传统文化的宣传，借助专业人才，提高营销业绩，确保网络营销售后保障，实现消费者对品牌的黏着性以及加大对商品的复购率。诚实守信、杜绝虚假宣传以及夯实品质保障[②]是通过短视频＋直播进行品牌宣传时需要遵循的根本原则。在短视频＋直播进行品牌和产品宣传时，杜绝一味输出产品的营养、口感等内容，需要特别重视与奶制品紧密关联的非物质文化遗产的精髓内容，与奶制品深度关联的中华优秀传统文化。直播＋短视频也需要高素质直播人才的大力支撑[③]，因此培养直播和短视频制作人才、与相关院校专门人才的合作等事宜也是一项重要内容。短视频＋直播不是仅指短视频＋直播过程，短视频＋直播的售后也是关键环节。强化短视频＋直播的售后多元服务质量，避免一次性贩卖，积极与消费者接洽，倾听消费者的建议和及时进行问题反

---

① 白宁.文化旅游背景下太原阳曲小米直播营销策略[J].食品研究与开发，2023（18）：225-226.

② 戴昕，潘青.新电商背景下农产品"直播+"营销模式构建[J].农业经济，2023（8）：126-128.

③ 胡宇晗，王黎.乡村振兴背景下发展农产品直播带货的思考与对策[J].价格理论与实践，2022（4）：185-188，208.

馈，重视不同形式的对消费者的温暖反馈，从而加大品牌的认知度和黏着力，助力和提升企业的进步和发展。

二、知识产权运用中的问题解决路径

（一）提升知识产权立体保护意识

提升内蒙古奶制品试点示范企业的知识产权意识并不是指申请专利、商标申请注册、版权登记等，而是以知识产权为牵引，以企业生命线为根本，将不同的知识产权客体或单一客体的不同维度的内容进行综合运用，形成强有力的知识产权立体保护方案，从而促进企业的良性、长久发展。提升内蒙古奶制品试点示范企业的知识产权立体保护意识，还应从经典成功案例中汲取养分，学习他人的成功经验，促进内蒙古奶制品试点示范企业的知识产权立体保护意识的提升和企业的健康、长久发展。

这里以知识产权立体保护的经典案例——迪士尼的"米奇"（米老鼠）为例来说明。"米奇"诞生于1928年11月28日。"米奇"不仅是迪士尼的一项重要知识产权，也是一种形象记忆。根据美国的版权法，"米奇"享有95年的权利保护期限[①]，即2023年权利保护期限截止，私有领域的"米奇"落入公共领域。2023年这一年是"米奇"进入公共领域的命运转折期。无论在2023年美国对版权保护期限是否进一步进行延长，或是"米奇"彻底进入公共领域，均不会撼动对"米奇"的权利保护。因此，"米奇"不仅是版权保护的客体，同时也是商标保护的客体。"商标＋版权"的权利布局，不仅可以使人们容易认识"米奇"商标，还可以轻易让人们联想起"米奇"的版权衍生品等立体产品。更重要的是，可以使"米奇"的生命线持续延长，实现所谓的永久保护。截至2023年10月16日，以"Mickey""Mickey Mouse"和"米奇"进行混合搭配，在中国商标网进行检索后发现：第一，"迪士尼公司"在中国申请的"米奇"中文商标共计50项，与"Mickey"相关的英文文字商标共计92项（此次检索未排除驳回申请的原因是：此次粗查目的在于强调知识产权保护意识，而非强调细化结果）；第二，不仅涵盖了45类的商标分类，还涉及文字商标、

[①] 美国的版权保护期限在此之前经历了两次变化：第一次的权利保护期限从56年延长至75年，第二次的权利保护期限从75年延长至95年。

图形商标等同一客体的不同内容。

该案例之所以经典且重要的原因在于以下四点：第一点，与多家衍生品制作企业进行合作，实现了版权从平面保护到立体保护，例如，作为图形作品的平面版权，经过录音录像制品、网络游戏、服饰或配饰、各类软体或硬体玩具、纪念文创、邮票发行、海报宣传等"活体呈现"方式，实现了版权的立体化和生活化。第二点，持续升级平面版权。知识产权具有保护期限，保护期限终止便落入公众领域，不再成为私有领域保护的客体。如何实现版权的长久不衰，那便是不断升级改造和迭代发展。以"米奇"为例，随着时间的推移，迪士尼在原有"米奇"的基础上进行了多方面的改造和升级，实现了"米奇"的多种版权的诞生，延长了"米奇"的生命线。第三点，构建"版权＋商标"的立体保护模式，实现版权与商标之间的权利关联，保护了权利主体迪士尼的合法权益①。通过商标进行版权的权利期限的拓展，不仅难以使知识产权权利客体落入公共领域，还可以帮助权利主体或者利害关系人在很长的一段时间内进行权利盈利和财富积累。第四点，强商标会引发虹尾效应和马太效应。"米奇"的垄断性的加强，会促使权利运营费用的提升，还可以影响与"米奇"关联的其他品牌的认知度和影响力。

从"米奇"的经典案例中汲取养分，提升内蒙古奶制品试点示范企业的知识产权立体保护意识，可以围绕以下几个方面构建其行动方案：第一，必须明确版权不是平面维度的作品表现形式，版权关联源头—制作—销售上下游环节。因此，不管是作品创作，还是版权确权，或是权利运营，要优先考虑上下游的纵向市场维度。这种纵向市场意识关乎版权的二次创作作品或衍生作品（产品）的授权许可、权利转让等诸多法律行为。第二，加强版权登记的意识。我国公民自创作完成作品之日起享有著作权，即著作权属于原始取得。版权登记并非强制登记，依据自愿原则。2020年《中华人民共和国著作权法》新修订的内容中之所以加入"版权登记"（第12条第2款）②的内容，一方面，在于强化版权登记的重要性；另一方面，指出了知识产权运营与确权之间的高度关联性。可以说，确权是版权运营的基础，版权

---

① 窦新颖. 值得借鉴的迪士尼版权保护模式[EB/OL]. (2016-07-04) [2023-10-16]. https://www.ncac.gov.cn/chinacopyright/contents/12222/341511.shtml.

②《中华人民共和国著作权法》第12条第2款中指出："作者等著作权人可以向国家著作权主管部门认定的登记机构办理作品登记。"需要注意的是：这里用的词是"可以"，而不是使用了具有价值引导的"应该"或具有强行意义的"必须"等措辞。

运营的顺利实施离不开确权的重要前提①。第三，需要对原稿、设计底稿等进行保存、保密等相关工作。在与员工签订合同时，在合同条款中需要加入知识产权的相关条款②。第四，加强"商标＋版权"的立体保护模式。可以说，"商标＋版权"的联动保护模式是文化创意类产品的核心的知识产权保护模式。两者的结合构成相辅相成的组合，可以最大限度地取长补短，形成强有力的权利保护模式。首先，从商标的构成要素上来看，商标可以包括文字商标（包括汉字、中国少数民族文字以及外国文字等）、字母商标（拼音文字、外文字母等）、图形商标（几何图形等）、数字商标（中文大写数字、阿拉伯数字等）、三维标志商标（也被称为外形商标）、颜色组合（不同颜色的组合，区别于单一颜色，加强显著性）商标、声音商标等。商标的构成要素与作品的构成要素之间紧密关联，可以说，在满足商标注册的必备条件时，作品本身可以被注册为商标。其次，我国公民创作的具有独创性的作品享有《中华人民共和国著作权法》的保护。但这种权利保护并不意味着永无期限的保护，具有时间上的限定性③。因此，权利主体可以考虑将核心的著作权④，如重点的奶制品卡通形象，进行商标注册。只要确保了商标的权利续展，可以确保商标生命周期的延续。第五，商标注册和版权登记并非一劳永逸，随着时代的发展，核心版权需要不断被演绎发展，注册商标亦是如此。

无独有偶，可口可乐的知识产权立体保护方案也是经典案例。可口可乐是全球知名的饮料品牌，其知识产权的立体保护模式对内蒙古奶制品试点示范企业奶制品的知识产权多维保护起到启发作用。可口可乐的知识产权保护模式是内在美＋外在美、商业秘密＋专利保护策略。可口可乐核心的两点便是，实现外形的美观和饮品的美味。为了外形美，可口可乐公司设计出了经典的"专利瓶"。该著名的专利瓶有个关键特点：外形个性、易于握持。可口可乐专利瓶的个性体现在：即使瓶子破碎，可口可乐专利瓶也很容易被辨认出来，从而使竞争对手难以对其进行模仿。可口可乐专利瓶在形状上以弧度为设计感，方便手握瓶子，防止瓶身的滑落。可口可乐的秘密配方便是其内在美。由于专利需要通过公开换取保护，因此，可口可乐

---

① "确权"并不意味着证据的绝对性。"确权"是一种很重要的证据固定的形式，但并不意味只要进行了确权，就能确保权利主体与客体之间的必然的关联。

② 窦新颖．迪士尼维权给国产动画电影敲响警钟[EB/OL].（2016-07-06）[2023-10-16]. https://www.ncac.gov.cn/chinacopyright/contents/12222/341513.shtml.

③ 根据《中华人民共和国著作权法》，我国公民创作的具有独创性的作品的权利保护期限是生前以及死后的第50年的12月31日。

④ 之所以强调"核心的著作权"，是因为能够实现版权运营的均为头部版权，即核心的版权。

对保密配方未申请专利，并且采取了相关措施：第一，制度维度：制定了严格的保护商业秘密的内部规章制度。让制度先行，通过内部规章制度，规范了管理人员和员工的行为，建立了保护商业秘密的制度层面的保障。第二，人的维度（核心高管）：可口可乐的三位高管每人掌握一项配方秘密，并且严格保密三位高管的身份。第三，人的维度（员工）：与员工签署保密协议。通过合同的方式，与员工签署保密协议，负起保护商业秘密的义务，对泄露商业秘密的行为进行了严格规制。第四，运营维度：可口可乐公司向其制造商只提供半成品。可口可乐公司的合作商只能获取可口可乐公司的授权许可的半成品，原料、配方、技术等核心秘密会被严格保护。

稻香村是融合了公权保护+私权保护的经典案例。在公权的维度上，稻香村充分发挥了"老字号"和"非物质文化遗产"的信用背书功能。"老字号"是经历史见证的标识，也是信誉的商业背书。2006年，苏州稻香村经认定之后，被冠名为"中华老字号"，随后还被认定为"驰名商标"。稻香村品牌月饼中，苏式月饼被列为省级非物质文化遗产。在私权的维度上，稻香村与相关部门积极组建并成立了"苏州工业园区稻香村博士后孵化站""中国糕点食品技术研发中心"①等产学研合作研发平台，将可以申请专利的技术方案积极申请专利，对糕点制作秘方及其手工艺采取了商业秘密保护。从稻香村的经典案例中可以得知：第一，内蒙古奶制品试点示范企业需要认识"非物质文化遗产"的重要性。经前期调研发现，多家内蒙古奶制品试点示范企业的奶制品制作工艺被列为"非物质文化遗产"名录，但对其重视程度不足或无法发挥非物质文化遗产的信用背书功能、市场开拓功能以及宣传影响力功能。第二，内蒙古奶制品试点示范企业可以充分运用公权+私权的知识产权保护模式。通过百年老字号或者非物质文化遗产的方式构建信用背书，发挥其品质值得信赖的宣传效应。在私权保护中，也可以采取稻香村的做法，可以采取专利保护的积极申请专利，涉及奶制品的制作秘方及其工艺方面的可以采用商业秘密的形式保护，从而强化公权+私权的保护力度，以公权为背书，打通销售途径和市场，助力企业商标和商号的市场拓展和发挥其影响力，以私权为手段，确保合法权益的法律保护。

在同一客体的不同内容之间进行知识产权立体保护的典型案例可以参见同仁堂

---

① 苏州稻香村：中华老字号传承与创新发展的标杆[EB/OL].（2019-08-19）[2023-10-16]. https://chuangxin.chinadaily.com.cn/a/201908/19/WS5d5a5e47a31099ab995da526.html.

的知识产权立体布局案例。同仁堂对核心技术及其对应的产品进行了多维度的专利保护策略。在中药组合物、活性成分提取物、保健食品及化妆品等方面采取了产品发明专利的保护。在制作工艺、药材炮制工艺以及检测方法等方面采用了方法发明专利的保护。在装备设备的形状和结构上采用了实用新型专利的保护。在药品包装上运用了外观设计专利的保护。从同仁堂的经典案例中，可以得知：内蒙古奶制品试点示范企业的知识产权布局也可以在单一知识产权客体的不同维度的内容之间采用知识产权立体保护策略。

总体而言，内蒙古奶制品试点示范企业的知识产权保护意识不能仅停留在平面维度或者某个单一维度的知识产权保护，而应加强知识产权的立体保护意识，将不同的知识产权客体以及同一个知识产权客体中的不同内容视为一个整体，通过立体保护模式，发挥不同知识产权客体之间的混同效应，将保护功能扩大化，构建强强保护，拉长知识产权客体的生命线，助力企业的健康、长久的发展，以知识产权为牵引，最终实现以区域为空间分布的乡村振兴和共同富裕。

（二）构建内蒙古自治区的知识产权质押融资新路径

1. 知识产权质押融资倒推模式——平台运营模式

知识产权质押融资倒推模式是通过政府介入、政府担保的形式建立知识产权质押融资平台，将资质好的企业，如公信企业，纳入平台，平台对企业的资质、被质押的权利的稳定性、法律风险等综合评估并完成登记手续等程序性环节，之后通过汇聚了企业的平台对接银行，从而实现以知识产权质押为桥梁、以信用为保底，满足银行放款和企业用款的双向需求。这种模式的优势在于信用性、专业性、节约时间。就信用性而言，银行不需与企业对接，而是与以政府信用为背书的平台对接，免除银行对企业信用的评估等环节；就专业性而言，将银行和企业不擅长的知识产权运用、管理，尤其是对权利评估质疑的方面交给平台，为企业寻找业务适合的银行，为银行筛选资质合格的企业，实现知识产权运用、管理、服务一体化；就节约时间而言，平台处理知识产权质押融资的所有程序环节，节省企业和银行在法律文书的准备、质押登记等方面的时间。

2. 风险储备金+贴息后补方式

该方式可以补偿银行的损失，缓解贷款人的经济负担。风险储备金构成资金池之后拆分成若干个账户投放到各个银行，形成担保金，倘若知识产权质押融资的企业面临破产、倒闭清算、诉讼且依法裁定执行终结等情形时，对代偿的损失予以核销；通过贴息后补，在一定程度上可以缓解融资企业的经济负担。

3. 对口行政部门为平台拓展专利权评估业务口

以新材料、新能源、节能环保、生物科技、蒙中医药、装备制造、农林牧草等内蒙古自治区传统产业升级等对口行政部门为平台，拓展专业化专利权评估业务口，使专利权在技术层面依据技术逻辑实现有效评估。由于其专业化业务以及专业化智力资源的汇聚，对技术本身以及技术发展有较深的认识和把控。

4. 加强"一揽子打包"质押模式

加强"一揽子打包"质押模式是指鼓励银行接受多种知识产权混押模式——专利—标准—植物新品种—版权—集成电路布图设计—软件著作权—商标等知识产权"一揽子打包"。一方面，商业银行可以很清楚地了解轻资产企业的科技发展方向，从而把控知识产权风险；另一方面，轻资产企业也可以通过权利的一揽子打包提高评估价值的同时防范风险。

5. 担保机构构建投资资金池并融入企业发展

内蒙古生产力促进中心有限公司已有协同基金池，投资科技类轻资产公司。但投资不应仅停留在支持层面，还应借鉴投融资公司的融入措施，即从项目投资确认到企业发展每个阶段的经验和资金支持。

6. 专利权评估应是对技术本身的评价，而不应是整体评估

专利评估现如今普遍采取的是整体评估，是将专利技术与产品捆绑在一起，对产品、产品销售、企业管理等综合考量，并将依据市场法、收益法等测算的未来可以产生的价值囊括进评估依据中，换句话说，是一种企业的整体评估。知识产权评估，尤其是专利评估，应是对技术本身的评价，即技术被投放到市场上所产生的等值价格。所以，专利评估应是保证企业经营状况良好的条件下，依靠专利数据库，在专利的技术维度、法律状态维度、权利稳定维度和技术本身的经济效益维度上进行情报性利用分析，最终得出技术被投放到市场上的等值价格。有些学者进一步认为，专利评价应以投放到市场上获得的直接经济效益作为评价依据，如通过专利许可、专利转让、专利投资、专利融资获得的可见的经济收益作为其评价依据。出现知识产权的整体评估的根本原因在于没有遵循技术被赋予权利的逻辑。专利与产

品紧密关联，专利权的侵权判定亦与产品紧密关联，但对专利本身的评价应摒除产品，回到专利之初，即技术本身。专利本身并不产生价值，专利是随着技术的发展并伴随社会需求而产生的价值，也就是说，专利的价值是通过技术的价值体现的，不会因为专利而使技术增值。专利代理人的使命在于还原技术被投放到市场上的等值价格。因此，一份高质量的专利申请文件就会等值反映技术的价格，而一份低质量的专利申请文件则会降低技术的价格。所以，选择有经验的代理人撰写专利申请文件至关重要。

7. 丰富质权实现方式

目前，质权实现的主要方式是拍卖，为了方便债权人通过多种途径实现债权，应拓宽债权实现的方式，如以技术入股、技术独家许可等方式实现债权。

8. 推进专利权质押融资地方立法

当前，针对专利权质押融资及其评估的法律法规主要包括以下法律文件：《民法典》第二编"物权"（2020）、《专利法》（2020）、《专利法实施细则》（2010）、《专利权质押登记办法》（2021）以及财政部授权中国资产评估协会颁布的《资产评估准则——无形资产》（2017）、《专利资产评估指导意见》（2017）。但上述法律法规在专利权质押的实务操作层面不具有可操作性，也未考虑专利权的私权特殊属性。针对这些问题，可以依据地方情境采取地方立法，但内蒙古自治区至今既无结合地方情境的"内蒙古自治区专利条例"，更无"专利权质押贷款工作的实施意见"等地方性法规。因此，设计专利权质押融资的地方立法不仅是内蒙古自治区实施专利权质押融资的底线保障，还是国家立法的有力依据。笔者认为，内蒙古自治区地方立法可参考以下六个层面：

（1）权利主体维度

专利权质押权利主体的权利、义务的主要内容其实在《专利权质押登记办法》有较为明确的内容，包括出质人在申请质押前后的一致性、权属明晰、全体共有人的同意质押且无特别约定。

（2）权利期限维度

权利期限不应包括：尚未被授予专利权的、专利权终止的情形（未缴纳年费、宣告无效、权利期限终止）、在质押期的专利，以及债务人的履行期限超过专利有效期限的四种情形及其他情形。权利期限还应指出生效日期、时间期限、结束期限、不可抗力等特殊期限、延长期限等权利期限。

（3）权利范畴维度

专利权作为一种财产权，专利权人对自己享有的权利有权自由处理。《专利法》《专利法实施细则》中规定专利权人的权利包括：放弃权（第9条第1款）、申请权（第10条）、向外转让权（第10条）、排他权（第11条）、许可权（第12条）、临时保护权（第13条）、标注权（第16条第2款）、放弃权（第44条）、转移权（《专利法实施细则》第14条第1款）、质押权（《专利法实施细则》第14条第3款）。除《专利法》第9条禁止重复授权（放弃权）在《专利权质押登记办法》有明确规定等情形外，在《专利法》《专利法实施细则》规定的这些权利赋予与质押权之间的关联性和标的范围方面还应细化具体内容。

（4）价格评估维度

之所以采取专利权整体评估，笔者认为根源在于：技术逻辑与时点价估算之间的冲突。资产评估在本质上属于时点价格的估算，无形资产评估以市场、成本、收益等角度出发，选取影响因素，以价值整体估算为落脚点；而专利的出发点是技术，切入点是行政赋权要求，落脚点是技术市场份额。因此，我们不应以整体价值评估构建技术的逻辑出发点和发展，而是回归技术自身的逻辑，结合《专利法》赋权的要求，以及基于法律的盈利方式。这或许可以说明价值整体评估不被专利相关从业者完全认可的重要原因之一，也说明了部分研究资产评估的学者列出的技术和法律维度的多元指标不是基于《专利法》、专利授权实务以及权利保护文本角度的考量。这是本书的认知基础。笔者认为，专利权的质押融资应是价格评估，而不应是整体价值评估，价格评估应该严格围绕技术—法律—经济三个维度。

从技术角度来看，对技术赋权主要围绕以下五点：通过技术方案（不是原理，也不是功能介绍）实现的发明创造、充分公开并以本领域技术人员不需要创造性劳动即可实现、最接近本发明创造的现有技术、技术方案带来的技术效果、技术关键点和欲保护点。结合技术赋权的五个维度和权利保护文本，技术维度应围绕：对比最接近的现有技术所呈现的技术进步、技术产生的效果、权利要求条数、说明书页数、同族专利、标准专利；法律维度围绕：权利瑕疵或归属纠纷、有效情况、剩余保护期限、保护范围、权利要求宣告无效情形、口审情况、司法诉讼；经济维度：专利四段生命周期所处的阶段、许可数额、转让数额、专利投资、专利融资、技术入股、市场份额。

（5）防范措施维度

因权属纠纷导致的国家知识产权局中止专利权质押程序以及人民法院采取的保全措施，使办理专利权质押手续被暂停的；违反《专利法》第9条内容或告知此情形后仍然要办理质押手续的；除告知后仍然办理质押手续外，启动无效宣告程序的；强制许可、开放许可情形以及其他情形，应在地方立法中充分体现。

（6）质押终止维度

已经履行债务、质权已实现、主合同或单独的质押合同无效或被撤销、质权人放弃质权、产生权利终止情形以及其他情形需要在地方立法中体现。

（三）推动安全化＋便利化融资的知识产权证券化业务

（1）在制定知识产权证券化的相关政策时确保政策的全局性—连贯性—适应性。在立法层面，兼顾上位法和下位法，为知识产权证券化业务的顺利实施提供遵循依据和行动指南。

知识产权证券化的政策制定时需确保政策的全局性—连贯性—适应性。在政策制定时，需要考虑全局性，确保区域之间的协同发展，从而确保政策在全域内的实施。此外，知识产权证券化的政策制定需要明确证券化业务的发展方向以及政策红利的释放。在为奶制品等试点示范中小企业制定政策时，还要充分考虑政策实施不同环节中的机构协调问题。这些机构大致可分为制定机构、执行机构、监督机构等。上述机构对政策实施的协调配合需要机构之间的协调性和有效性。政策制定还需要调整性。政府可以充分利用大数据分析，了解奶制品等试点示范中小型企业的需求，从而对政策进行适当的调整，确保这些企业理解政策和享受政策红利[①]。

建立完善的法律体系也是必不可少的关键环节。通过立法的方式，一方面要对知识产权证券化中不合理的行为予以规制，另一方面为知识产权证券化业务的顺利实施提供遵循依据和行动指南。在知识产权证券化的立法内容中，需要解释知识产权证券化的定义、大致类型、申请条件、登记事项、审批流程、权利义务、责任承担等具体规定，以确保立法内容的系统性和规范性。在实施细则、审查指南、规章制度等方面，提供详细的规定和说明，为知识产权证券化业务的顺利开展提供遵循依据和行动指南。知识产权质押登记是知识产权证券化业务中的重要程序。在知识

---

① 唐恒，高清，孙莹琳，等．基于文本挖掘的中小企业知识产权政策研究：来自中央层面的数据[J]．科技管理研究，2022（1）：92-100．

产权质押登记制度上，构建多功能的知识产权质押登记平台，需要对其协调管理[①]。

（2）政府—行业协会—企业的通力合作，确保知识产权证券化业务的安全实施。政府需要制定与知识产权证券化业务相关的政策以及建设风险预警和监督管理机制。行业协会需要细化管理和形成落地方案。企业不仅需要加强自身知识产权的立体性综合权利的能力，还需要提升知识产权的管理能力和水平。

信息披露和风险规制是知识产权证券化业务中的重要事项。之所以重要是因为：信息披露和风险规制对投资者的投资决策起到重要作用，即及时地、准确地披露知识产权证券化业务中的相关信息，并给予充分的风险提示，直接关系到投资者的投资决策和合法权益的保护。如何实现风险的规避或规制是知识产权证券化业务中的首要问题。这需要政府—行业协会—企业的协同合作，确保信息的及时性（确保信息通过公开的渠道传播到知识产权证券化业务中的每个环节）和透明性，避免信息不对称或者产生严重的信息差，规避融资风险。在协同合作中，政府一方面需要制定知识产权证券化业务中相关政策，另一方面还需要建设风险预警与监管机制，通过技术手段确保前—中—末三端的监督管理，实现知识产权证券化业务的顺利开展和风险防控。建立健全的知识产权证券化风险管理和监管机制，可以加强在前—中—末三端的知识产权证券化业务的监督和管理，确保信息的及时发布，发现和化解市场风险，保护权利人的合法权益，提升知识产权证券化交易双方的积极性和互动性，促进知识产权证券化的良性发展。行业协会需加强知识产权证券化业务风险防控机制的细化管理和落地建设。企业一方面需要提高知识产权的质量、数量（质量是核心因素，但绝对不可以忽略数量的重要性，至于质量与数量的平衡取舍，需要个案探讨，该部分内容不在本书的探讨范围），及其立体布局，另一方面需要提高知识产权管理的能力和水平。"质"是知识产权成果在"质""数""立体"三维度中的核心内容。因此，提升知识产权成果的质量要求，可以加大企业的知识产权创新程度，为多元产品的诞生赋能，从而通过质押融资渠道获取企业急需的运营相关费用[②]。内蒙古奶制品试点示范企业尤其需要强化知识产权立体布局意识，通过立体性综合权利扩大知识产权客体的融资体量。现阶段，内蒙古奶制品试点示范企业的知识产权布局意识多为单一化、扁平化、平面化，未能认识到权利的

① 初海英. 科技型中小企业知识产权质押融资问题探究 [J]. 财会通讯，2018（8）：9-12，129.

② 王永萍，王琦，杨迎，等. 科技型中小企业创新能力与知识产权质押融资意愿 [J]. 中国软科学，2021（S1）：399-405.

综合叠加产生的强大的裂变效应。企业在进行知识产权管理时，需要考虑创新性研发人员的培养，从而优化员工结构。内蒙古奶制品试点示范企业基于本土需求和传统商业模式开展的奶制品运营可能需要迎合时代，适度调整。这种调整包括优化员工结构，增加创新研发人员（研发人员不是仅指技术研发人员）。优化员工结构、增加研发人员可以在一定程度上确保企业的知识产权成果的转移转化。企业若想通过知识产权证券化途径实现融资、通过质量提升将变现的波动性降低到最低点和保持资金的平稳运转、通过供应链的加持增加企业的信用评级、通过知识产权证券化途径实现多维合作，就需要完善自身的经营管理体制（机制+机构+制度），加强经营管理和风险防控。这便是另一个需要调整的事项。知识产权经营管理体制中可以融入"互联网+"的运营模式，促进企业与社会的协同互动，提升企业的创造、运营等能力[1]。总而言之，只有政府、行业协会和企业的通力协同合作，才能确保知识产权证券化业务的安全运行[2]。

（3）通过建立透明的、客观的知识产权价值评估体系和知识产权交易平台，确保知识产权证券化业务的顺利实施。知识产权价值评估体系应基于知识产权客体的价格维度，而不是企业综合价值维度。知识产权证券化的平台建设能够实现知识产权证券化业务的透明化和便利化，确保企业的有效融资。

在推动知识产权证券化业务时，需要加强知识产权价值评估工作（定价与价值评估是完全不同的概念。现阶段，在内蒙古的无形资产评估市场，将企业的综合价值评估等同于知识产权客体的价格评估）。为了能够确保投资者对投资标的价值的充分了解以及风险防范，知识产权评估机构需要建立以知识产权客体的价格为导向的评估标准和评估办法。这种评估标准和评估办法必须基于知识产权客体的价格本身，而不是企业综合价值评估。以专利为例，其客体价格主要体现在三个层面，分别是：技术维度、法律维度、经济维度，而不是企业综合价值评判。通过透明的和客观的评估体系（知识产权客体的价值评估）对知识产权客体进行价格评估，可以为投资人提供更加准确的标的信息，进而促进知识产权证券化业务的良性发展。此外，推动知识产权证券化及知识产权客体评估体系的专业化建设，需要培养专业人才和加强与知识产权相关机构的多维合作，最终实现知识产权证券化业务的高

质量发展①。

便利化知识产权证券化业务可以通过知识产权证券化交易平台实现。通过知识产权证券化交易平台可以为交易双方提供高效的交易机制、便利的交易环境，以资本市场为桥梁，进而吸引投资人和交易人参与到知识产权证券化业务中，实现资金的流动和加大金融机构对开发不同的知识产权证券化产品的积极性，实现企业的有效融资②。

三、知识产权保护中的问题解决路径

（一）知识产权立法中存在的问题的解决路径

该部分内容中重点围绕地方立法的灵活性、时效性、一致性、协调性以及执法力度，提供解决方案。第一，地方领导对知识产权保护工作的高度认识是推动立法的关键环节。推进知识产权立法工作，可以设立知识产权专门机构或者委员会负责知识产权相关事务。第二，完善知识产权法律法规以及司法救济的可行性和效率是地方立法的基础条件。第三，地方立法需要参与性和协调性。在制定和修订知识产权法律法规时，应多听取和吸纳不同业务部门的意见，包括知识产权相关的行政事业单位、企业、行业协会、知识产权公益类机构等。各部门之间的协同合作可以确保地方立法工作的顺利推进。第四，培养一支高素质的从业人员是推动知识产权地方立法的人才保障和关键环节③。第五，需要加强执法力度和监督管理。加强知识产权执法力度和监管力度，有助于打造良好的创新环境，可以有效地保护知识产权权利人的合法权益④。

在地方立法中需要注意的是地方立法可能与新法之间产生明显的冲突。解决知识产权地方立法与新法之间的冲突需要考虑不同利益群体的权益诉求和实际情况，确保政府、企业、专业人士等多主体之间的沟通合作，推动建立和完善良好的知识

---

① 赵廷辰. 知识产权质押融资研究：理论回顾、国际经验与政策建议[J]. 西南金融，2022（9）：3-17.
② 涂永红，习璐. 以金融创新推动知识产权融资[J]. 投资研究，2021（5）：148-158.
③ 李店标，冯向辉. 地方立法评估指标体系研究[J]. 求是学刊，2020（4）：112-119.
④ 徐宜可. 民族自治地方自然资源保护立法实证研究：以云南省为样本的分析[J]. 原生态民族文化学刊，2018（2）：72-78.

产权保护体系[①]。在具体解决方案中，首先，可以通过新法修订解决这一问题。在新法修订时，需要听取企业、知识产权公益机构、专业人士等的意见，并保障新法修订过程的透明公开性，从而使修订后的相关条款符合新法的规定内容。其次，通过临时性规定解决新法与地方立法中冲突性条款的调整问题。临时性规定是在一定时间内产生适用性的条款规定，其功能在于应对紧急情况。在适用临时性规定时，特别需要注意的是，明确适用范围、规定期限以及新法修订的计划。再次，还可以通过渡性措施解决这一问题。过渡性措施是指，在避免对相关产业和企业产生不确定性影响的前提下，在新法和冲突性条款之间形成缓冲期的措施方案。最后，还可以通过执法部门进行执法和监管，确保相关规定的有效执行[②]。

（二）知识产权行政执法中存在的问题的解决路径

在行政执法中存在问题的解决路径上，本书围绕网络侵权的行政执法、建立协调和合作机制、提升执法效率、统一执法标准等维度展开陈述。

在网络侵权的行政执法维度，借用技术威慑力，加强监管措施和加大执法力度，严厉打击知识产权侵权行为[③]。在网络侵权中，技术发挥着极其重要的作用。利用技术监测手段，加强对网络侵权行为的技术监测和行为分析，提升在网络环境下知识产权保护的能力和执法效率[④]。网络侵权的行为规制需要建立跨部门、跨地区的信息共享和行政执法协调合作机制。通过协调合作机制的建立，加强知识产权行政执法部门与其他相关部门之间的信息共享、资源调整、经验借鉴，形成合力，严厉打击知识产权假冒行为和侵权行为[⑤]。在建立跨部门、跨地区的协同合作机制时，可以通过召开联席会议、平台搭建和确立专门的工作组，加强信息共享、资源调研和经验借鉴。定期召开联席会议或座谈会，解决合作中的障碍和矛盾点，加强执法部门的有效沟通和调节事项，从而确立有效的工作机制，提升知识产权执法的一致性和公正性[⑥]。建立统一的信息共享平台，可以促进知识产权执法部门的信息共享、经验借鉴以及精准提供对策方案。在提升执法效率上，首先，要确保优化执法程序、

---

① 阳娇娆，黎群."一带一路"背景下民族自治地区立法变通权改革路径探析[J].广西民族研究，2019（4）：38-43.

② 同①.

③ 张珊.互联网时代网络知识产权的保护路径[J].出版广角，2019（21）：43-45.

④ 王颖，唐霞.从"百度文库侵权案"反思网络知识产权的保护[J].新闻战线，2015（16）：25-26.

⑤ 刘杨.法治政府视野下执法协作的实践困境与破解路径[J].法商研究，2023（2）：117-131.

⑥ 易志斌.执法办案"双向制约"机制探究[J].人民检察，2010（20）：56-58.

简化办事流程、缩短办事时间，维护知识产权权利人的合法权益[①]。在简化程序和加强办事效率上可以充分发挥电子化信息管理平台的优势，通过电子化平台实现在线申请、在线确认、在线查询等服务，方便知识产权权利人或利害关系人的维权事项。其次，还要确保执法机构的建设。行政执法离不开执法人员，培养高素质、高水平的执法人员是强化执法机构建设、充实执法力量和提升执法效率的基础保障。再次，不同机构的信息汇总形成全面的执法数据，对现有数据的科学分析可以实现提前预警、确定侵权行为模式以及提升行政执法的效率[②]。在统一执法标准上，制定统一的执法标准是首要议题。制定执法标准和操作规范，以及明确执法程序和取证事项，确保行政执法的规范性和统一性。加强执法操作规范和执法标准的学员培训和学习交流，可以确保行政执法人员对操作规范和执法标准的理解和操作规范的统一性。最后，还需要重视在行政执法中引入第三方机制。知识产权涉猎领域广，对专业性的要求极高，在行政执法中引入行业专家、技术专家、律师等第三方机制的深度参与，确保行政执法的公正、专业和高效[③]。

四、知识产权管理中的问题解决路径

（一）建立企业知识产权管理组织架构

知识产权管理是一项系统的工作，需要建立能够有效运行的基本知识产权管理的组织架构。内蒙古传统奶制品示范企业应当根据自身的实际需求，合理设置知识产权方针目标、知识产权管理部门、知识产权管理制度。

企业知识产权方针通常是企业的最高管理者制定并发布的，明确知识产权方针既能够为企业的知识产权工作指明方向、激励企业员工知识产权工作热情，又能够对外展示企业的知识产权的特色和文化。内蒙古传统奶制品示范企业应当根据企业自身经营的产品、客户、环境、质量、安全等因素，制定与企业发展相适应的知识产权方针，知识产权方针应当符合法律法规的要求，能够体现企业的特色和文化。因此，内蒙古传统奶制品示范企业在制定知识产权方针时，应当注意通俗明了、易

---

① 韩业斌.论我国地方立法监督的困境与出路：基于备案审查制度为中心的考察[J].法学，2022（8）：28-40.
② 金国坤.政执法机关间协调配合机制研究[J].行政法学研究，2016（5）：14-23，62.
③ 万里鹏.长三角区域知识产权执法协作的困境及对策研究[J].科学管理研究，2020（5）：100-108.

读易懂，最好可以朗朗上口。例如，以生产活动为主的传统奶制品加工企业的知识产权方针可以为增强意识、促进创新、有效保护、塑造优势；传统奶制品销售超市是以销售为主的，知识产权方针可以制定为尊重知识产权、诚信守法经营；以经营特色旅游为主的家庭牧场的知识产权方针可以为守正创新、发扬传统。

根据知识产权方针制定符合当前企业发展的知识产权目标，知识产权目标是企业知识产权管理工作要达到的目的。一般企业知识产权目标包括长期目标和中期目标，具体来说，可分为知识产权战略目标、3～5年知识产权规划、知识产权年度目标等。企业知识产权目标应当围绕企业的发展目标设置；企业知识产权目标应当充分考虑企业的实际情况，而且通过努力是可以实现的，从而促进企业的知识产权工作的提升；企业知识产权目标应当定性与定量相结合以便于检查与考核。企业的知识产权年度目标可分解到知识产权管理机构和其他相关部门。内蒙古传统奶制品示范企业都是中小型乳制品生产销售企业，可以依据其知识产权方针并结合企业的发展总体目标制定相应的知识产权目标。例如，生产部门的技术革新数量，研发部门的科研项目数，以经营特色旅游为主的家庭牧场的文创产品利润占企业新增利润比率等。企业知识产权目标应当形成具体的执行方案，制定相应的知识产权工作计划，明确实现知识产权目标的措施和时间，并且应当向企业的全体员工宣传，定期对目标的完成情况进行检查和考核。

企业的知识产权管理机构是企业知识产权管理组织架构的基础。建立知识产权管理机构需要满足职责＋权限＋资源的条件，即明确的职位、职责和权限，并配备能够实现知识产权管理的支撑性资源。根据GB/T 29490—2023标准的要求，企业知识产权管理机构的主要工作职责有：编制企业的知识产权战略、规划、目标、制度等；企业的知识产权日常管理工作；企业合同管理中的知识产权事项管理工作；企业的知识产权风险防范以及知识产权纠纷应对预处理工作；企业的知识产权信息资源管理和知识产权教育培训工作；知识产权工作的检查和评价工作；等等[①]。企业可根据行业性质、经营规模、管理模式等因素合理设置知识产权管理机构，内蒙古中小型乳制品企业可根据其知识产权管理工作合理设置适合自身特点的知识产权管

---

① 参见2023版的《企业知识产权合规管理体系 要求》（GB/T 29490—2023）。本书作者认为，在内蒙古自治区范围内，开展知识产权管理的公益性讲座是件紧迫的事情。需要及时让中小型传统奶制品企业主明白知识产权管理的重要性。经前期调研发现，内蒙古奶制品试点示范企业的企业主对知识产权管理的意识严重薄弱，甚至全无。

理机构。对于以生产活动为主的奶制品加工企业可以在研发部门或者生产部门设置知识产权管理机构，以销售为主的奶制品销售超市可以在采购部门设置知识产权管理机构，以经营特色旅游为主的家庭牧场可以在行政管理部门（如总经办）设置知识产权管理机构。一些知识产权管理工作量较大的企业可以独立设置知识产权管理部门。企业知识产权管理机构应当与企业的采购、研发、生产、销售、人力、财务等部门相互协调、紧密配合，使知识产权工作渗透到企业运行的各个层面，提升其核心竞争力。企业的采购部门可以向知识产权管理机构提供采购的原材料、零部件信息，知识产权管理机构根据采购部门的信息能够及时对采购的商品进行知识产权调查，防范潜在的知识产权侵权风险。知识产权管理机构可以根据企业研发部门提供的技术发展方向信息整合其他信息，分析制定适合市场需求和企业发展的知识产权目标，从而能够指导研发部门研发方向。企业的销售部门可以向知识产权管理机构反映市场中的侵权产品线索、市场的产品技术需求信息等，知识产权管理机构通过侵权线索及时地调查研判、适时采取维权措施避免企业的损失，知识产权管理机构通过研判市场的产品技术需求信息适时调整企业知识产权目标和研发方向，进一步为销售部门提供企业的技术、品牌优势信息，为其销售业务的开展提供支持。

知识产权管理制度是企业开展知识产权管理工作的制度保障，使企业的知识产权管理活动都能够有章可循，从而确保知识产权管理体系协调运行。企业的知识产权管理制度应根据企业的知识产权特点制定，确保企业内部相关的知识产权管理事项处于相应的管理制度的控制之下。内蒙古传统奶制品示范企业主要有奶制品加工企业、奶制品销售超市、家庭牧场等三类，奶制品销售超市大多没有生产和研发环节，而奶制品加工企业则会涉及生产经营活动的各个环节，其知识产权管理制度也需与之相适应。在通常情况下，企业应当建立知识产权管理专项制度，主要内容应包括：知识产权工作的总体要求，知识产权管理机构及人员的设置和岗位职责、知识产权的资源配备管理，申请、注册各类知识产权（专利申请、商标注册、著作权登记等）的管理，知识产权运用与处置管理（专利的许可、转让、质押等），企业生产经营活动过程中的知识产权管理，知识产权教育培训、激励机制等。企业应当建立知识产权奖励制度，激励员工参与到知识产权工作中，发挥其积极性，对提供发明创造、技术革新、合理化建议的员工予以奖励，奖酬的金额不应低于专利法等有关法律法规的最低标准①。对员工的知识产权奖励既可以是物质奖励也可以是精神奖励，或者是物质奖励与精神奖励相结合；物质奖励既可以是奖金，也可以是股权、期权等。企业应当建立合同管理制度，对于人事合同应明确知识产权条款，对于涉及企业商业秘密的岗位应当签订保密条款明确其保密责任和义务，对于离职后可能带走相关企业信息而造成不正当竞争的员工应当签订竞业禁止条款，并明确其竞业限制的补贴。企业在采购和销售合同中都应当明确知识产权条款，降低知识产权风险。

（二）配备知识产权管理资源

企业知识产权管理工作所需的保障资源主要有人力资源、财务资源、信息资源和基础设施。

企业知识产权管理工作所需的人力资源不仅是知识产权管理机构所配备的知识产权专、兼职管理人员，而且包括了企业与生产经营活动有关的所有人员。企业的知识产权管理工作需要各部门人员的配合，需要全体员工知识产权意识的提高，尤其是需要采购部门、研发部门（就研发部门而言，不仅自身需要了解和掌握知识产权的相关知识，还需要专业的、具有项目经验的外部机构的通力协作）、生产部门、销售部门、人力部门、财务部门的人员对知识产权相关知识的掌握。因此合理配置企业的知识产权人力资源是企业知识产权管理的重要支撑性保障。企业的知识产权管理机构应当配置专、兼职的知识产权管理人员，应当具备乳制品相关专业技术知识，同时熟悉知识产权知识，并具有管理能力。内蒙古传统奶制品示范企业也可以将部分知识产权管理业务外包给知识产权专业机构，以提高管理效率、节约管理成本。为了各个部门的人员知识产权能力达到相应的岗位要求，企业应当建立员工的知识产权教育与培训机制。企业对于知识产权管理人员以及采购部门、研发部门、生产部门、销售部门、人力部门、财务部门的与知识产权密切的相关人员，应当组织知识产权培训教育，企业可以积极参加内蒙古知识产权行政管理机关组织的知识产权培训，也可以自行组织知识产权培训活动。对于知识产权管理人员和各个相关

---

① 参见《中华人民共和国专利法实施细则》（2023年修订）第九十三条规定："被授予专利权的单位未与发明人、设计人约定也未在其依法制定的规章制度中规定专利法第十五条规定的奖励的方式和数额的，应当自专利权公告之日起3个月内发给发明人或者设计人奖金。一项发明专利的奖金最低不少于4000元；一项实用新型专利或者外观设计专利的奖金最低不少于1500元。由于发明人或者设计人的建议被其所属单位采纳而完成的发明创造，被授予专利权的单位应当从优发给奖金。"

部门的业务骨干应当重点加强知识产权制度的基本运用、知识产权的申请与审批流程、知识产权的国内外发展趋势、知识产权风险防范等内容的培训教育。对于企业其他与生产经营活动相关的人员应当开展知识产权基本常识的宣传教育活动，既可以邀请专家以专题讲座的形式开展知识产权教育活动，也可以集中组织短期培训，还可以采取发放宣传资料、播放宣传片、制作黑板报等形式进行知识产权基础知识的宣传教育。

　　内蒙古传统奶制品示范企业应当有用于保障知识产权工作的财务资源，确保知识产权工作的有序运行。无论企业规模大小，要保证知识产权管理工作的顺利开展，都应当设立知识产权专项经费。财务资源管理主要内容有：知识产权管理体系构建费用管理，企业采购、研发、生产、销售等环节的知识产权费用管理，知识产权专项经费管理（如知识产权教育培训、知识产权申请注册、知识产权奖励等）。企业财务部门与知识产权管理部门应当编制知识产权工作经费预算，并建立知识产权工作经费监督管理机制，还应当对知识产权专项经费的使用情况进行绩效评估，不断改进提高经费使用效率。

　　知识产权信息资源是企业有效实施知识产权管理的基础，企业应当对其生产经营活动相关的知识产权信息进行收集和研判，及时掌握企业内外部的知识产权信息，才能准确有效地做出知识产权决策。一般情况下，知识产权管理机构负责知识产权信息的收集、维护、分析、更新等日常信息管理工作。企业应当设置知识产权内部信息，包括：国家、地方有关知识产权法律法规，国内外专利和注册商标信息，图书杂志、科技文献等与企业生产经营相关的、竞争对手相关的产品、技术信息[1]。内蒙古传统奶制品示范企业可以到国家知识产权局、世界知识产权组织、欧洲专利局以及各国知识产权局、专利商标局的网站收集企业所需的知识产权信息，有条件的企业也可以与外部知识产权专业信息服务机构合作或委托其收集、分析。企业应当根据自身实际情况对收集到的知识产权信息进行科学的分类整理，便于企业采购、研发、生产、销售等部门的查阅。企业应当加强知识产权信息利用，为企业生产经营管理的科学决策提供信息护航。例如，企业采购部门可以与知识产权管理部门检索分析要采购的原材料、零部件是否侵犯他人知识产权，从而降低企业自身的侵权风险；企业的研发部门在研发项目立项与研发过程中适时地进行查新检索，

---

[1] 关于具体设置内容可参见GB/T 29490—2023标准。

不仅可以避免侵权风险，还能为企业导航产品提供发展技术趋势的信息；企业销售部门与知识产权管理部门需要检索分析要销售的产品是否会侵犯他人知识产权，规避企业的侵权风险；企业销售部门可以向知识产权管理部门提供市场上相关的产品信息，知识产权管理部门检索分析他人的产品，尤其是竞争对手的产品是否侵犯企业的知识产权，从而及时维权降低损失。企业应当建立知识产权信息维护管理机制，对收集的知识产权信息进行维护、更新，及时剔除失效的信息、收集新增的信息。有条件的企业可以购买知识产权管理软件，在软件工具的支持下建立企业自身的知识产权信息数据库。

基础设施是保障企业开展知识产权管理所需要的办公场所和软硬件设施，主要包括计算机、网络设备、保密设备以及知识产权管理软件、知识产权数据库等。开展知识产权管理工作需要一定的工作场所，尤其是知识产权管理机构应当配置办公场地和办公家具、计算机等基础设施资源。随着信息化时代的到来，加之知识产权工作也高度依赖知识产权信息资源，企业通过知识产权管理软件将知识产权信息乃至知识产权数据库通过企业内部网络实现信息共享可以极大地提高工作效率。与此同时，企业还应当做好保密工作，对涉密的场所、计算机应当配备门禁、监控系统、保密设备、加密软件等。内蒙古传统奶制品示范企业可以根据企业自身的知识产权管理组织架构和知识产权工作重点，配备与之相适应的办公场地、办公家具和计算机等基础设施。

（三）规范企业生产经营活动过程中的知识产权管理

知识产权管理贯穿于企业生产经营活动的各个环节，内蒙古传统奶制品示范企业主要是以生产活动为主的奶制品加工企业、以销售为主的奶制品销售超市、以经营特色旅游为主的家庭牧场。奶制品加工企业会覆盖采购、生产、研发、销售各个环节，奶制品销售超市通常只涉及采购、销售环节，家庭牧场会涉及奶制品生产、研发、销售等多环节。因此，内蒙古传统奶制品示范企业的生产经营活动主要包括企业采购活动、生产活动、研发活动、销售活动。

企业的采购活动中的知识产权管理主要是对在采购原材料、设备、软件、技术过程中的知识产权事项的管理。企业在采购过程中对供货方的知识产权状况加以了解，主要包括供货方的知识产权管理机构设置、管理制度、过程管理等知识产权管理状况，分析评价供货方的知识产权保护水平，是否尊重他人知识产权。对于采购明确标记知识产权的产品，应当检索其知识产权的具体法律状况，或者要求供货方提供该知识产权的证明文件，调查清楚该知识产权的有效性、权属是否清晰等信息，如果供货方不是该知识产权的权利人，应当要求其提供有效的许可或授权文件，确保所采购的产品不侵犯他人的知识产权。对于所采购的产品供货方没有明确知识产权状况的情形，企业应当针对所采购的产品进行知识产权检索分析，明确不会侵犯他人知识产权。企业在采购活动中的知识产权管理的风险防范及其合规是一项关键的业务内容。在采购活动知识产权管理事项中，核心的事宜是知识产权合同管理。知识产权合同管理中必须做到合同内容＋供货方表示事项。合同内容是指企业方与采购方签订合同时，就合同条款中涉及的关于知识产权的权利义务（责任承担实际上也是一种义务履行，即采购方未能履行合同义务导致的责任承担）的内容需要明确约定。从供货方表示事项角度存在两种情形。第一种情形是供货方明确表示采购物品中涉及知识产权产品。在这种情形下，采购合同中需要明确约定涉及供货方的关于知识产权的义务履行以及责任承担。第二种情形是供货方没有明确表示采购物品中是否存在知识产权产品。在这种情形下，应当在采购合同中明确约定：采购合同中的采购标的产品不得侵犯他人的知识产权，如果该知识产权产品发生侵权事宜，侵权责任以及由侵权行为导致的赔偿事项均由供货方承担。在采购合同中明确关于知识产权的权利义务的条款内容，不仅可以防范知识产权侵权的风险，还能加强自身的知识产权合规意识。另外，在采购合同中还应当明确采购标的产品之后的成果改进的权利归属。这与后续产品的升级改造中涉及的知识产权紧密相关。购买产品并非只注重"买"这一环节，通过"买"，还能实现技术改进。从公平原则的角度来看，采购标的产品之后的改进成果的知识产权归属应当是"谁完成即属于谁"，企业可以根据实际需求与供货方约定具体的改进成果的知识产权权属。如果供货方希望改进成果由双方共享，企业可以以此换取采购价格的优惠或者对供货方后续改进升级的产品享有优惠，从而在企业的采购活动中获得最大化的利益。

企业在生产活动中对产品、方法的改进与创新、合理化建议等的知识产权管理是企业知识产权管理中的重要一环。企业应当建立知识产权管理制度，明确规定企业在生产活动中产生的知识产权权利归属和奖励机制。虽然职务成果归属于企业，但应当明确给予完成成果的员工的奖励标准以调动员工的创新热情。对于企业在生产活动中对产品、方法的改进与创新、合理化建议等成果，知识产权管理部门应当进行适当的评估确定知识产权保护方式，选择申请专利、商标，或是商业秘密的合适途径予以保护。对于委托外部企业加工的协同合作生产情形，企业应当对协同合作企业进行知识产权状况调查，了解其知识产权管理状况，分析其知识产权保护水平和知识产权风险。企业方与委托加工方签订合同时应当明确知识产权的相关条款，在合同中明确约定企业方与委托加工方的权利义务以及责任承担。在涉及"义务"的条款中，需要特别强调商业秘密的守护。对于企业承接委托加工、来料加工、贴牌生产等加工业务时，应当对承揽加工的产品进行知识产权分析，内蒙古传统奶制品示范企业承揽加工的产品以乳制品为主，可能会涉及专利、技术秘密、商标等知识产权类型，需要调查清楚承揽加工产品的知识产权状况。如果承揽加工的产品涉及相关知识产权，则应当了解委托方是否是该知识产权的权利人；如果不是权利人，则应当要求其提供有效的该知识产权许可或授权文件，避免因生产该产品而侵犯他人知识产权的情况发生，减少企业的知识产权风险。在承揽加工合同中同样应明确知识产权条款，约定合同双方的知识产权相关的权利义务、侵权责任和保密事项。同时，还应当明确对承揽加工产品之后的改进成果的知识产权权属条款。

企业研发活动中的知识产权管理是企业研发活动管理工作中不可缺少的内容，企业研发活动中的知识产权管理主要应当围绕企业研发活动过程中的研发策划、研发实施、研发评估三个环节开展工作。企业在研发策划环节中的知识产权管理主要围绕：为研发目标而确定开展的一系列知识产权信息分析利用。首先是对拟研发目标进行知识产权信息检索。通过知识产权全域的信息检索，获取与研发相关的所有信息。这里的"所有"包括竞争对手的知识产权信息、拟研发内容的知识产权信息、在公共领域已公开的现有技术（现有设计）。获得上述全域信息之后，对上述信息进行深度加工分析，了解并掌握涉及研发内容的全面的知识产权现状。充分了解并掌握与研发内容紧密相关的知识产权信息，不仅可以防止重复研发、耗费精力和资源浪费，还可以充分了解竞争对手的知识产权信息，又可以利用已经掌握的全域信息开展技术的升级改造，提高企业的研发起点。企业应当保存研发活动实施过程中的各种文件、记录、资料形成研发活动档案，该档案应能够反映企业研发活动的全过程，应当是研发活动的真实记录，企业对研发活动档案进行有效的管理，一旦发生研发的成果权属纠纷，如离职的研发人员利用带走的资料申请知识产权，研发活动档案能够作为该成果的所有权属于企业的有效证明。在研发活动实施过程中，企业应当利用知识产权检索信息、来自采购和销售部门的市场调研信息，对研发活动实施过程进行实时跟踪监控，通过分析研判，对研发项目的策略、内容、设计方案和思路进行及时调整，从而避免知识产权侵权风险和重复研发，即信息检索会伴随研发的全部环节。在研发项目完成后，企业知识产权管理部门应当对研发成果进行评估，针对研发成果进行知识产权、科技文献检索，分析其新颖性、创造性等内容，明确研发成果所要采取的知识产权保护方式，并形成知识产权评估报告。采取专利保护方式的，应及时按照企业专利申请管理程序组织申请专利；采取著作权保护方式的，应按照企业著作权登记管理程序组织著作权登记；采取商业秘密保护方式的，按照企业保密管理程序采取相应的保密措施。信息发布与审批关联着企业的秘密。企业应当建立研发信息发布审批制度，企业的研发信息在市场竞争中有可能成为重要的商业秘密，影响着企业生产经营，对外发布企业的研发信息应当经过审核、批准后才能发布，没有经过审批程序批准的，任何部门和员工都不能擅自对外发布研发信息。尤其是研发项目组、研发人员需要组织研发成果鉴定、参加学术活动、发表学术论文时，都应当事先审批。原则上对外发布的信息应当申请专利后再公开，以免造成所申请的专利因不具备新颖性而被驳回。

企业销售活动中的知识产权管理同样不能忽视，企业在产品宣传、上市、销售、展览等销售活动前，知识产权管理部门应当对该产品进行知识产权状况调查，检索分析市场上相关产品的知识产权情况，制定必要的知识产权风险规避方案。若所要销售的产品为专利产品，即企业本身拥有专利权，则可以标注专利标识以提高市场竞争力，但当专利到期或失效时应当及时去除相关标识，避免造成假冒专利[①]。企业应当建立产品销售监控机制，跟踪调查产品相关的知识产权情况，及时掌握涉嫌侵犯企业知识产权的信息和证据，建立和保持相关记录，适时采取应对措施，积极维权降低企业因被侵权而遭受的损失。通过在销售过程中的知识产权信息收集和分析，还可以促进企业对产品的改进，一方面能够使产品不断地创新升级提高市场竞争力，另一方面能够绕开竞争对手的知识产权壁垒。

---

① 参见《中华人民共和国专利法实施细则》（2023年修订）第一百零一条规定，"下列行为属于专利法第六十八条规定的假冒专利的行为：（一）未被授予专利权的产品或者包装上标注专利标识，专利权被宣告无效后或者终止后继续在产品或者其包装上标注专利标识，或者未经许可在产品或者包装上标注他人的专利号"。

五、知识产权相关机构在服务提供中的问题解决路径

内蒙古自治区的知识产权管理机构、保护机构、服务机构、研究机构、代理机构在开展知识产权业务时存在诸多问题。在第三章第五部分提到的多个问题中，绝大部分具有共通性。部分问题虽然是不同机构的具体问题，不存在共通性；但由于受到内蒙古自治区的核心特色产业和经济发展的限制，如引进高端人才和复合人才等问题并不能在短时间内得到解决方案。因此，在本部分进行章节设计时，未严格按照第三章第五部分的每个机构中存在的问题提出一一对应的对策，而是结合"内蒙古奶制品试点示范企业的知识产权全链条保护中存在的问题"以及"共通性和关键问题"，提供本部分的对策建议。该部分的对策建议，不仅是针对内蒙古奶制品试点示范企业的知识产权全链条保护问题，还指向了内蒙古自治区层面的知识产权全链条保护问题。

（一）以核心产业为重点，着力解决五维—平台—成果问题

以内蒙古自治区的"8大产业集群"和"16条产业链"为核心，通过深度调研①，了解并掌握内蒙古自治区"8大产业集群"和"16条产业链"的现实状况和与知识产权紧密相关的问题（内蒙古自治区奶制品创新企业的知识产权研究问题便是"16条产业链"研究的内容）。因此，内蒙古自治区的知识产权相关机构在开展信息服务业务时，以"8大产业集群"和"16条产业链"中的知识产权问题为导向，提供对应的知识产权业务和服务。这里需要注意以下三个事项。

第一，内蒙古自治区的知识产权管理机构、保护机构、服务机构、研究机构以及代理机构开展信息服务业务时，应重点关注市场创新主体。只有围绕知识产权的五维链条（创造、运用、保护、管理、服务），为市场创新主体提供良好的知识产权激励政策、提供切实可行的知识产权运营落地方案、指导市场创新主体的知识产权全域布局，搭建在企业内部切实执行的知识产权管理制度，分享知识成果和提升知识流动，才能更好地助力内蒙古奶制品试点示范企业等市场创新主体在激烈的市

---

① 深度调研和实证研究并不是单指通过开展座谈会、实地观察等方式便可以了解"8大产业集群"和"16条产业链"的现实状况和发现与知识产权相关联的问题。一方面，需要在调研中加强科学化和系统化研究，依托调研目标获取调研对象的立场和态度，提供调研决策方案和切实可行的落地方案。另一方面，知识产权相关机构的调研需要及时反馈和后续跟进，而不是开展初步调研之后便认为调研工作已结束。

场竞争环境下的稳定长远的发展。

第二，知识产权全域信息检索以及专利导航发布是知识产权信息服务业务中的一项关键业务（内蒙古自治区的知识产权保护机构、服务机构、研究机构和代理机构均在开展知识产权全域信息检索和专利导航发布）。发布专利导航必须注意以下几个事项：首先，如果专利导航是基于委托合同完成的，委托方必须委托给研究能力强、资质高、成果能够落地的受托方[1]。其次，知识产权导航报告不能"从数据到数据[2]"，必须深度挖掘数据背后的与产业经济学、商业模式紧密相关的内容。最后，知识产权导航报告的建议结论既要反馈研究对象的全貌，也要确保落地实施。

第三，内蒙古自治区知识产权保护机构、服务机构、研究机构均建设开发了业务服务平台。但平台存在重复建设、服务内容单一且同质化、数据严重匮乏等问题。因此，在平台业务开展时，基于知识产权五维链条，深度挖掘创造、运用、保护、管理和服务五个维度上的细化内容，及时更新数据且确保数据的真实性，方便内蒙古奶制品试点示范企业等市场创新主体实时了解内蒙古自治区的知识产权调研数据。此外，平台建设中还需要加强优质成果的展示（必须确保无侵权风险）以及大众参与和反馈机制。

（二）构建以专业和服务为基础的贯穿多节点服务的转移转化平台

在内蒙古奶制品的创新实践中，产学研之间严重脱节。内蒙古奶制品试点示范企业的创新实践成果未能充分借鉴高校和研究机构已经公开发表的研究成果，而研究机构和高校因机构内部的绩效考核等核心因素未能深度连接"to-B"端的创新实践和切实需求。在构建深度协同的产学研联合体，搭建开放创新平台、新型研发机构的过程中，知识产权管理部门发挥着关键的作用。在构建深度协同的产学研联合体，实现创新成果的转移转化过程中，知识产权管理机构以技术供给侧为着力点，通过政策支持的方式积极培育产业导向型的开放创新平台等技术供给平台，提升并强化全链条技术转移转化服务机构的转化能力，构建横纵联动的技术转移转化行动

---

[1] 之所以强调这一点是因为：专利导航的完成和发布机构的资质参差不齐，甚至会出现受托方的转委托情况。这种二次委托，甚至三次委托会严重影响知识产权导航报告的质量。由于导航发布的受众人群面向全自治区，因此，必须严抓导航报告的质量和委托情形。

[2] 专利导航报告并不是通过信息标引和检索之后反馈的图谱结果。这种"从数据到数据"的专利导航报告为"初步导航报告"，仅用于"面"上研究，而非深度研究，也不具有落地性质。专利导航报告必须让市场创新主体了解到与产业经济学、商业模式等紧密相关的内容，而且满足企业创新需求的内容。

网络，促进研究机构、代理机构与创新市场主体之间的深度协同互动，全面助力奶制品试点示范企业等市场创新主体的创新成果的转移转化。

接下来重点指出其实现路径：首先，提升知识产权保护、研究和服务机构的专业化程度和服务水平。现阶段，内蒙古自治区知识产权相关机构在推进知识产权成果的转移转化时，普遍缺乏专业化、规范化、标准化、系统化。因此，内蒙古自治区知识产权相关机构需要提升专业化程度和服务水平。其次，以知识产权管理机构为重要推力，构建知识产权相关机构深度参与机制，推动建设围绕内蒙古自治区核心特色产业的、满足内蒙古奶制品试点示范企业等创新型中小企业需求的科技成果转移转化服务平台。科技成果转移转化服务平台是融合了技术集成和共性技术研究开发、中间试验、系统化和工程化开发、技术示范推广的知识产权创新平台。在实践中，高校、研究机构、企业三方机构的创新实践平台不仅严重缺乏技术开发能力和技术服务能力，也未能重视对技术开发能力和技术服务能力的培育建设。科技成果转移转化服务平台在推动科技成果产业化、工业化中发挥着重要作用，是实现技术开发能力和技术服务能力的支撑性创新平台。最后，搭建与科技成果转移转化服务平台紧密关联的支撑性服务。依据知识产权服务中提供的不同业务，可以将知识产权服务划分为科技搜索与咨询服务、与试验和中试熟化相关的服务、标准制定与评价认证服务、知识产权运营服务等。科技成果转移转化平台中的不同服务，可以支撑科技成果转移转化平台中的不同节点，可以确保结合实际的"一站式"服务。

总体而言，知识产权相关机构应该结合时代发展，深度结合"to-B"端的现实需求，探索新的服务类型的同时提升知识产权服务能力和服务水平。在实现路径上，充分发挥知识产权管理机构的指导性作用，构建知识产权保护、服务、研究、代理机构的协同合作机制，关注"to-B"端的切实需求，全面提升知识产权服务供给的专业能力和服务水平。通过搭建转移转化创新服务平台，提升技术开发能力和技术服务水平。在转移转化创新服务平台的每个节点中深度融入不同维度的知识产权服务供给，确保知识产权服务的系统性、整合性，兼顾知识产权服务提供的便捷性和经济性。

（三）以业务—培训—宣传为牵引，全面提升知识产权业务能力

内蒙古自治区的知识产权相关机构不仅需要加强不同业务口之间的协同合作机制，还需要提升业务水平和业务能力。首先，在职能职责划分上需要予以明确。职能职责的划分不清和界定不明会严重导致知识产权管理工作的混乱。随着知识产权业务种类的不断扩大、知识产权管理事项和内容的不断增多，需要协调的知识产权业务会日渐增多。因此，明确管理导向，明确职能职责的划分，构建知识产权职权管理制度就会变得越发重要。其次，不同业务口之间的协同合作难题并非在短期内可以得到解决，需要长期的探索和实践。知识产权的不同业务口构建协同合作机制和开展协同合作时，需要业务人员对知识产权业务的横纵维度均有深度的了解。在横向维度上需要对不同的知识产权客体类型及其对应的业务种类加以了解，在纵向维度上需要对知识产权不同层级的业务类型加以了解。再次，需要大力提升业务水平和业务能力。在业务水平和业务能力的提升上，需要业务人员不断学习与知识产权五维链条对应的相关内容[1]，不能将知识产权业务视为一维概念，更不可以只将与自身业务有关的事项视为业务，精进自身业务，需要不断反思业务中存在的问题。最后，需要与不同机构加强合作，提升知识产权业务能力。知识产权相关机构还需要与企业、高校、研究机构、行业协会、专业律师等开展深度合作，提升知识产权相关机构的业务能力和业务水平。

就培训而言，一方面，需要加强向内业务培训；另一方面，提供结合内蒙古现实需求的向外指导性培训。目前向外业务培训中存在严重的不足。在向外加强培训时，应强化"to-B"端的重要性，以内蒙古奶制品试点示范企业等市场创新主体的现实需求为根本，着力促进高价值专利的培育、品牌布局意识的培养、新型商业模式的构建等。

知识产权宣传工作也是一种提升业务能力和加强学习的有效手段。内蒙古自治区知识产权相关机构应加强知识产权的宣传工作。首先，要认识到宣传工作的重要性。由于业务本位的思想，知识产权业务人员对宣传工作的重视程度不强，甚至对宣传工作敷衍了事。提交相关宣传材料时，还需要重视宣传材料的质量要求和亮点

---

[1] 知识产权业务种类在"一阶"上可以划分为创作、运用、保护、管理、服务。可以说，随着知识产权不同客体类型以及知识产权不同业务种类的快速发展，知识产权不再是"一维"的概念，而是在"五维"之下的精细化的综合业务。因此，从事知识产权业务的相关人员不仅需要在"五维"上对知识产权有"横向"的认识，还需要在某一维度上对知识产权有"纵向"的认识。

突出。其次，需要加强自身写作能力。知识产权相关机构的宣传工作主要集中在少数几个人身上，而且未接受过专业训练和培训，遇到大型活动事项时往往无法提交高质量稿件。宣传稿件如果委托给第三方机构还需要加强流程性审核事项。再次，强化知识产权宣传工作不是仅指在"4·26"世界知识产权宣传日和国家知识产权宣传周开展集中性知识产权宣传工作，而是将知识产权的宣传工作贯穿到日常事务中，形成常态化的知识产权宣传工作机制。最后，不能仅关注传统宣传手段①，还需要加强开展多元的宣传方式，数字流量时代需要重视新媒体宣传。

① 宣传中运用的方式是：以文字宣传为主，电子和网络宣传为辅。目前在开展宣传工作时，主要运用了传统的宣传手段，对数字流量时代的关注不强。

附 录

一、内蒙古自治区160家传统奶制品试点示范企业名单

附表1　内蒙古自治区160家传统奶制品试点示范企业名单

区域	企业数量/个	企业名称
呼和浩特市	3	呼和浩特市土默特左旗沙尔沁镇萨日朗乳制品厂 内蒙古维多利摩尔超市有限责任公司 内蒙古维乐惠超市有限公司环河街分店
包头市	6	包头市达茂旗食品检验检测中心 达茂旗民族传统奶制品加工园区 达茂旗圣达农牧产业发展有限公司 达茂旗阿都琴农牧业专业合作社 达茂旗百灵庙镇蒙达超市 达茂旗毕力格泰民族食品有限责任公司（昭和草原景区）
呼伦贝尔市	26	海拉尔区金鑫美吉纯酸奶加工坊 呼伦贝尔泰业商贸有限公司 呼伦贝尔市河东胜利市场经营有限责任公司 陈巴尔虎旗东乌珠尔苏木民族传统奶制品产业园区 陈巴尔虎旗百合利奶食品有限公司 陈巴尔虎旗金鼎经贸有限责任公司 陈巴尔虎旗金帐汗旅游部落 陈巴尔虎旗天下草原级旅游部落 新巴尔虎右旗民族传统奶制品检验检测中心 新巴尔虎右旗民族传统奶制品产业园区 新巴尔虎右旗巴尔虎塔拉畜牧业专业合作社 新巴尔虎右旗贝尔苏木巴达图畜产加工部 新巴尔虎右旗斯琴高娃传统奶食品作坊 新巴尔虎右旗腾格里塔拉畜牧业专业合作社 新巴尔虎右旗阿拉坦额莫勒镇友谊超市 新巴尔虎右旗克尔伦苏木米吉格道尔吉生态家庭牧场 新巴尔虎左旗昂格乐玛奶业有限公司 新巴尔虎左旗嵯岗牧场德吉奶制品加工厂 新巴尔虎左旗爱润呼日德奶食品加工店 新巴尔虎左旗蒙毅源传统奶食品加工部 新巴尔虎左旗星辰生活超市 新巴尔虎左旗嵯岗牧场巴尔虎蒙古部落 鄂温克旗巴彦托海镇厄鲁特牧人传统奶制品加工部 鄂温克旗塔本苏布德畜业牧民专业合作社 鄂温克旗浩硕牧民专业合作社 鄂温克旗家乐购超市

续　表

区域	企业数量/个	企业名称
兴安盟	10	内蒙古巴图查干奶制品有限公司 乌兰浩特欧亚富立置业有限公司 科右前旗爱日克奶食品专业合作社 科右前旗百盛食品百货超市 科右前旗乌兰毛都苏木爱日克奶食品专业合作社 科右中旗巴图查干种养殖业专业合作社 科右中旗希牧肽奶制品加工有限责任公司 科右中旗乌力吉图奶制品坊 科右中旗毛仁塔拉种养殖业专业合作社 科右中旗家福乐生活超市
通辽市	16	通辽市宏通乳制品有限公司 通辽欧亚购物中心 科左后旗巴嘎塔拉苏木乌丹奶食品加工厂 科左后旗甘旗卡蒙泰元奶制品加工厂 科左后旗甘旗卡利蒙民族食品加工部 内蒙古玛拉沁食品有限公司 通辽市嘎达苏种畜场民族传统奶制品加工园区 扎鲁特旗乳康食品有限公司 扎鲁特旗鲁北镇乳香奶制品厂 扎鲁特旗丰源商贸有限公司 扎鲁特旗鲁北镇益利超市 扎鲁特旗老乡山庄文化传媒有限公司 扎鲁特旗鲁北镇乌兰奶制品店 科左中旗小明奶制品制作店 科左中旗哈日伊奶制品作坊 科左中旗灵儿生活购物中心
赤峰市	21	阿鲁科尔沁旗朝克图罕山传统食品有限公司 阿鲁科尔沁旗纯净奶食有限公司 阿鲁科尔沁旗浑都冷高乐家庭牧场 阿鲁科尔沁旗塔马哈农牧业专业合作社 阿鲁科尔沁旗阿拉坦其其格家庭牧场 阿鲁科尔沁旗乌日罕奶食品加工有限公司 阿鲁科尔沁旗梅林家庭牧场 阿鲁科尔沁旗特格西巴亚尔家庭牧场 阿鲁科尔沁旗天山镇润万家超市 蒙古汗廷文化园区非物质文化遗产社区展示中心 克什克腾旗巴彦查干苏木巴音浩日特产店 克什克腾旗故乡宝食品有限公司 克什克腾旗经棚镇新农联合作超市 克什克腾旗乌兰布统蒙元传统文化园产品展示中心 翁牛特旗阿吉太食品加工厂

区域	企业数量/个	企业名称
赤峰市	21	巴林左旗孟和奶食品有限公司 巴林左旗林东西城中泽超市 喀喇沁旗蒙涵奶食坊 喀喇沁旗炳森食品加工厂 巴林右旗牧腾养殖专业合作社 巴林右旗塞外奶食加工坊
锡林郭勒盟	28	内蒙古马苏乳业有限公司 锡林浩特市塔奔贺希格食品加工厂 内蒙古德克隆商贸（连锁）有限公司 锡林浩特市蒙古丽宫酒店 锡林郭勒盟镶黄旗检验检测实验室 镶黄旗扶贫产业（奶制品加工）园区 镶黄旗安格尔奶店 镶黄旗草原原味奶食店 镶黄旗民族传统奶制品展示厅 锡林郭勒盟阿巴嘎旗检验检测实验室 阿巴嘎·传统奶食产业园 阿巴嘎旗照富经贸有限责任公司（酸马奶） 阿巴嘎旗小毕牧区奶食店 阿巴嘎旗天润发超市有限公司 阿巴嘎旗黑马文化 内蒙古西贝汇通牧业科技发展有限公司 正蓝旗土拉嘎奶食品加工厂 正蓝旗爱伦苏奶食店 正蓝旗查干敖包奶食加工店 正蓝旗上都镇原野奶食店 内蒙古苏太食品有限责任公司 正蓝旗福万家超市 正蓝旗上都镇金都草原旅游度假村 东乌珠穆沁旗机勒乳业 东乌珠穆沁旗阿日合力食品加工坊 东乌珠穆沁旗宏利超市 苏尼特左旗德歌吉奶制品加工厂 正镶白旗乳香飘奶制品有限公司
乌兰察布市	17	内蒙古苏荷乳业发展有限公司 集宁海天大卖场 集宁奥威便利超市 察右前旗美食汇加工园区 察右前旗双喜养殖专业合作社 察右后旗蒙根高勒养殖牧民合作社 察右后旗乌兰哈达天鹅湖传统奶食加工 察右后旗旺牧养殖种植农民专业合作社

区域	企业数量/个	企业名称
乌兰察布市	17	察右中旗乳泉奶食加工开发有限公司
		察右中旗百川宏润宝超市
		内蒙古辉腾锡勒旅游文化股份有限公司
		四子王旗金蒙谊养殖有限责任公司
		四子王旗巴特尔吉祥奶食店
		四子王旗草原情奶食店
		四子王旗兴达超市旗舰店
		四子王旗格根塔拉旅游景区
		凉城县鼎川旅游发展有限公司
鄂尔多斯市	12	康巴什康和人家优品超市
		伊金霍洛旗地产食品加工园区
		伊金霍洛旗益尚客生活超市
		苏泊罕大草原旅游景区游牧部落奶食品民俗体验区
		内蒙古道尔养殖专业合作社
		内蒙古牧名食品有限责任公司
		乌审旗南丁苏奶食品加工厂
		乌审旗额勒佰格种养殖有限责任公司
		乌审旗稀日素乳业有限公司
		鄂尔多斯市伊德泰生态农牧业有限公司
		鄂托克前旗鄂德泰食品科技有限公司
		鄂托克前旗蒙德民族食品加工厂
巴彦淖尔市	13	巴彦淖尔市杭锦后旗食品检验检测中心
		内蒙古英格苏生物科技有限公司
		巴彦淖尔市伟乐斯奶食品有限公司
		乌拉特后旗食品加工园区
		乌拉特后旗巴音镇鑫华联超市
		乌拉特中旗豪聚奶牛养殖场
		乌拉特中旗都思乐合作社
		乌拉特中旗苏萨楚丽合作社
		乌拉特礼物旗舰店
		乌拉特前旗乌拉山奥奶醇香奶制品厂
		五原县妙妙奶食品加工
		河套电子商务产业园区
		五原县摩尔城华联生活超市
兴安盟	6	阿左旗博隆食品加工园区
		阿左旗金骆驼农牧民专业合作社
		阿拉善盟康源奶业有限公司
		阿拉善盟爱心雅商贸有限责任公司
		阿拉善盟非物质文化遗产展演基地
		内蒙古沙漠之神生物科技有限公司
满洲里市	1	满洲里市大商友谊超市
二连浩特市	1	海燕奶制品批发部

二、内蒙古自治区 160 家传统奶制品试点示范企业专利申请数据的基础分析信息

附表 2 内蒙古自治区 160 家传统奶制品试点示范企业专利申请的关于申请时间的基础分析信息

序号	公开（公告）号	申请号	受理局	申请年	申请日	公开（公告）年	公开（公告）日	授权年
1	CN101313706B	CN200810062939.5	中国	2008	2008-07-05	2011	2011-03-23	2011
2	CN111869741A	CN202010743098.5	中国	2020	2020-07-30	2020	2020-11-03	—
3	CN111869745A	CN202010754776.8	中国	2020	2020-07-30	2020	2020-11-03	—
4	CN21201431U	CN202020571445.6	中国	2020	2020-04-16	2020	2020-11-27	2020
5	CN112029597A	CN202010669100.9	中国	2020	2020-07-13	2020	2020-12-04	—
6	CN112067492A	CN202010669116.X	中国	2020	2020-07-13	2020	2020-12-11	—
7	CN212937878U	CN202021364968.X	中国	2020	2020-07-13	2021	2021-04-13	2021
8	CN213281360U	CN202021522179.4	中国	2020	2020-07-28	2021	2021-05-28	2021
9	CN213281358U	CN202021522178.X	中国	2020	2020-07-28	2021	2021-05-28	2021
10	CN213375315U	CN202021366087.1	中国	2020	2020-07-13	2021	2021-06-08	2021
11	CN215936141U	CN202122475272.5	中国	2021	2021-10-14	2022	2022-03-04	2022
12	CN216204876U	CN202122475255.1	中国	2021	2021-10-14	2022	2022-04-05	2022
13	CN216164192U	CN202122473746.2	中国	2021	2021-10-14	2022	2022-04-05	2022
14	CN216219930U	CN202122789510.X	中国	2021	2021-11-15	2022	2022-04-08	2022
15	CN216458350U	CN202122504665.4	中国	2021	2021-10-18	2022	2022-05-10	2022
16	CN216735658U	CN202122786793.2	中国	2021	2021-11-15	2022	2022-06-14	2022
17	CN217047595U	CN202122786817.4	中国	2021	2021-11-15	2022	2022-07-26	2022
18	CN215500872U	CN202120090408.8	中国	2021	2021-01-14	2022	2022-01-14	2022
19	CN304860677S	CN201830232486.0	中国	2018	2018-05-18	2018	2018-10-23	2018
20	CN305062282S	CN201830232784.X	中国	2018	2018-05-18	2019	2019-03-12	2019

三、内蒙古自治区 160 家传统奶制品试点示范企业商标申请数据的群组分类

附表 3　内蒙古自治区 160 家传统奶制品试点示范企业商标申请数据的群组分类详细信息

序号	申请号	注册号	申请人名称	商标名称/形式	类别	类似群组	商品/服务	是否有效
1	29483556	29483556	达茂旗圣达农牧产业发展有限公司	达茂	30	3004；3006；3008；3010	牛奶硬块糖（糖果）；甜食；奶片（糖果）；玉米粉；米花糖；以谷物为主的零食小吃；花生糖；谷类制品；果仁糖	有效
2	6434046	6434046	达茂旗圣达农牧产业发展有限公司	达茂	29	2905；2907	腌制蔬菜；牛奶；奶粉；奶酪；酸奶；牛奶制品；乳酒（牛奶饮料）	有效
3	41287288	41287288	达茂旗阿都琴农牧业专业合作社	达尔罕策格	35	3501	电视广告；广告；广告策划；广告代理；广告服务；广告设计；广告宣传；户外广告；通过移动电话网络做广告；张贴广告	有效
4	41289764	41289764	达茂旗阿都琴农牧业专业合作社	达茂策格	29	2907	淡奶；固体奶；马奶酒（奶饮料）；奶精；奶酪；奶昔；奶油（奶制品）；牛奶替代品；酸奶	有效
5	41298831	41298831	达茂旗阿都琴农牧业专业合作社	达尔罕策格	29	2907	淡奶；固体奶；马奶酒（奶饮料）；奶精；奶酪；奶昔；奶油（奶制品）；牛奶替代品；酸奶	有效
6	41287297	41287297	达茂旗阿都琴农牧业专业合作社	达茂策格	35	3501	电视广告；广告；广告策划；广告代理；广告服务；广告设计；广告宣传；户外广告；通过移动电话网络做广告；张贴广告	有效
7	39389909	39389909	达茂旗阿都琴农牧业专业合作社	达日恒	29	2901；2906；2907	肉；家禽（非活）；肉干；蛋；奶酪；酸奶；乳酒（奶饮料）；牛奶制品；奶茶（以奶为主）；黄油	无效
8	14115018	14115018	达茂旗毕力格泰民族食品有限责任公司	毕力格泰	08	0804；0801；0808；0810；0806；0809；0805；0802；0803；0807；0812；0811	手工操作的手工具；切刀；刀叉餐具；绞肉机（手工具）；偏刀；磨刀器具；农业器具；屠宰动物的剥皮器具和器械；砍刀（刀具）；园艺工具（手动的）	有效

续　表

序号	申请号	注册号	申请人名称	商标名称/形式	类别	类似群组	商品/服务	是否有效
9	14115020	14115020	达茂旗毕力格泰民族食品有限责任公司	毕力格泰	21	2101; 2103; 2104; 2105; 2110; 2111; 2113	黄油碟；日用瓷器（包括盆、盘、壶、餐具、缸、坛、罐）；瓷器装饰品；酒具；餐具；茶壶、茶托；梳妆盒；保温瓶；彩饰玻璃	有效
10	10710398	10710398	达茂旗毕力格泰民族食品有限责任公司	图形	32	3201; 3202; 3203	啤酒；葡萄汁；花生乳（无酒精饮料）；可乐；奶茶（非奶为主）；植物饮料；豆类饮料；乳清饮料；乳酸饮料（果制品，非奶）；饮料制作配料	有效
11	10710379	10710379	达茂旗毕力格泰民族食品有限责任公司	毕力格泰	32	3201; 3203	啤酒；饮料制作配料	有效
12	14114831	14114831	达茂旗毕力格泰民族食品有限责任公司	毕力格泰	35	3501; 3502; 3503; 3504; 3505; 3506; 3507; 3508	广告；商业管理辅助；特许经营的商业管理；市场营销；人事管理咨询；商业企业迁移；文秘；会计；自动售货机出租；寻求赞助	有效
13	14114832	14114832	达茂旗毕力格泰民族食品有限责任公司	毕力格泰	15	1501; 1502	钢琴；口琴；手风琴；齐特拉琴；号（乐器）；风笛；指挥棒；乐器架；弓用马毛；打击乐器	有效
14	18535631	18535631	达茂旗毕力格泰民族食品有限责任公司	毕力格泰	42	4209; 4220	替他人研究和开发新产品；计算机编程；计算机软件设计；计算机系统设计；计算机软件出租；计算机技术咨询；通过网站提供计算机技术信息；替他人创建和维护网站；计算机软件安装；软件运营服务（SaaS）	有效
15	9074449	9074449	达茂旗毕力格泰民族食品有限责任公司	毕力格泰	30	3004; 3006; 3007; 3008; 3009; 3011; 3013; 3016	糖果；饼干；糖点（酥皮糕点）；面包；饺子；谷类制品；挂面；豆浆；冻酸奶（冰凉甜点）；涮羊肉调料	有效
16	14115019	14115019	达茂旗毕力格泰民族食品有限责任公司	毕力格泰	33	3301	果酒（含酒精）；食用酒精；蒸馏饮料；烧酒；葡萄酒；烈酒；清酒（日本米酒）；酒精饮料原汁；酒精饮料（啤酒除外）	有效

续　表

序号	申请号	注册号	申请人名称	商标名称/形式	类别	类似群组	商品/服务	是否有效
17	14709434	14709434	达茂旗毕力格泰民族食品有限责任公司	达尔罕	33	3301	果酒（含酒精）；开胃酒；鸡尾酒；蒸煮提取物（利口酒和烈酒）；食用酒精；烈酒（饮料）；酒精饮料（啤酒除外）；白酒；黄酒；葡萄酒	无效
18	12770345	12770345	达茂旗毕力格泰民族食品有限责任公司	哈萨尔	30	3002；3003；3004；3005；3006；3007；3008；3009；3010；3012；3013；3016	茶；糖；蜂蜜；麻花；谷粉制食品；以谷物为主的零食小吃；谷类制品；粉丝（条）；冰淇淋；调味品	有效
19	14115022	14115022	达茂旗毕力格泰民族食品有限责任公司	毕力格泰	29	2902；2904；2905；2906；2909；2910；2911；2912	鱼（非活）；以水果为主的零食小吃；咸菜；蛋；蔬菜色拉；果冻；精制坚果仁；干食用菌	有效
20	14114829	14114829	达茂旗毕力格泰民族食品有限责任公司	毕力格泰	16	1601；1603；1605；1606；1607；1610	纸；卫生纸；皮制行李标签；海报；书画刻印作品；油画；剪纸；图画；邮票；订书机	有效
21	14115021	14115021	达茂旗毕力格泰民族食品有限责任公司	毕力格泰	14	1403；1402；1401；1404	玉雕首饰；首饰盒；未加工或半加工贵重金属；玛瑙；宝石；电子万年台历；钟；珠宝首饰；银制工艺品；景泰蓝工艺品	有效
22	797002	797002	达茂旗毕力格泰民族食品有限责任公司	牧人	29	2907	奶饼；奶粉；奶酪；奶酥	有效
23	14114833	14114833	达茂旗毕力格泰民族食品有限责任公司	毕力格泰	18	1801；1802；1806	毛皮；皮凉席；家具用皮装饰；皮肩带；鞭子；动物外套；九尾鞭；鞍架；马具配件	有效
24	14114830	14114830	达茂旗毕力格泰民族食品有限责任公司	毕力格泰	43	4301；4302；4303；4304；4305；4306	住所（旅馆、供应宿处）；提供野营场地设施；柜台出租；养老院；日间托儿所（看孩子）；动物寄养；动物提供食宿；烹饪设备出租；饮水机出租；出租椅子、桌子和玻璃器皿	有效

178

续 表

序号	申请号	注册号	申请人名称	商标名称/形式	类别	类似群组	商品/服务	是否有效
25	38848637	38848637	达茂旗毕力格泰民族食品有限责任公司	萨勒铁奶砖	29	2906; 2907; 2911; 2912	蛋; 干食用菌; 固体奶; 加工过的坚果; 加工过的奶酪; 凝固型酸奶; 牛奶制品; 切达干酪; 脱乳干酪; 羊奶	有效
26	9074373	9074373	达茂旗毕力格泰民族食品有限责任公司	萨勒钦	29	2901; 2905; 2907; 2908	肉; 腌制蔬菜; 奶酪; 奶油（奶制品）; 乳酒（牛奶饮料）; 奶茶（以奶为主）; 黄油; 牛奶; 酸奶; 食用油脂	有效
27	44462896	44462896	呼伦贝尔泰业商贸有限公司	哞哞牛棚	29	2906; 2908	蛋; 食用油	有效
28	19718842	19718842	内蒙古巴图查干奶制品有限公司	巴图查干	43	4301; 4302	餐馆; 茶馆; 饭店; 会议室出租; 酒吧服务; 咖啡馆; 流动饮食供应; 食物雕刻; 住所代理（旅馆、供膳寄宿处）; 自助餐厅	有效
29	13791247	13791247	内蒙古巴图查干奶制品有限公司	巴图查干	29	2901; 2902; 2906; 2907	肉干; 肉; 鱼（非活）; 蛋; 牛奶制品; 牛奶; 黄油; 酸奶; 奶油（奶制品）	有效
30	52369146	52369146	内蒙古巴图查干奶制品有限公司	巴图查干萨夏利奶酒	29	2907	克非尔奶酒（奶饮料）; 马奶酒; 奶饮料（以奶为主）; 牛奶制品; 乳酒（奶饮料）; 无酒精蛋奶酒	有效
31	45801351	45801351	内蒙古巴图查干奶制品有限公司	巴图查干 BAITSGAN	29	2901; 2902; 2906; 2907; 2913	蛋; 豆腐制品; 黄油; 奶油（奶制品）; 牛奶; 牛奶制品; 肉; 肉干; 酸奶; 鱼（非活）	有效
32	8712940	8712940	科右前旗爱日克奶食品专业合作社	爱日克	29	2907	黄油; 黄油乳脂; 奶茶（以奶为主）; 奶酪; 搅奶油; 牛奶制品; 乳酒（牛奶饮料）; 酸奶; 酸乳酪; 奶油（奶制品）	有效
33	30690931	30690931	科右中旗巴图查干种养殖业专业合作社	萨日朗花	29	2901; 2903; 2904; 2905; 2906; 2907; 2908; 2912; 2913	牛奶; 肉; 干食用菌; 水果蜜饯; 干蔬菜; 肉罐头; 豆腐制品; 食用油; 牛奶制品; 蛋	有效
34	24611458	24611458	科右中旗希牧肤奶制品加工有限责任公司	蒙希牧肤	29	2907	牛奶饮料（以牛奶为主）; 羊奶制品; 酸奶制饮料; 奶酪; 奶油（奶制品）; 黄油; 羊奶; 酸奶; 牛奶; 牛奶制品	无效

续　表

序号	申请号	注册号	申请人名称	商标名称/形式	类别	类似群组	商品/服务	是否有效
35	32621547	32621547	科右中旗中旗希牧肽奶制品加工有限责任公司	蒙希牧泰	35	3501; 3502; 3503; 3504; 3505; 3506; 3507; 3508; 3509	广告; 商业管理辅助; 进出口代理; 市场营销; 人力资源管理; 商业企业迁移; 计算机文档管理; 会计; 寻找赞助; 药品零售或批发服务	有效
36	30893245	30893245	科右中旗希牧肽奶制品加工有限责任公司	黑森冬	29	2901; 2907	黄油; 奶油（奶制品）; 牛奶; 牛奶制品; 炸肉饼; 家禽（非活）; 猪肉; 冻干肉	有效
37	30883653	30883653	科右中旗希牧肽奶制品加工有限责任公司	蒙希牧泰	29	2901; 2907	黄油; 奶油（奶制品）; 牛奶; 牛奶制品; 炸肉饼; 家禽（非活）; 猪肉; 冻干肉	有效
38	16089592	16089592	科右中旗毛仁塔拉种养殖业专业合作社	其博尔	29	2901; 2906; 2907; 2908; 2911	肉干; 家禽（非活）; 蛋; 酸奶; 奶酪; 黄油; 牛奶制品; 食用油; 加工过的瓜子	有效
39	45834373	45834373	内蒙古玛拉沁食品有限公司	安牧态	29	2901; 2902; 2907	黄油; 黄油乳脂; 奶酪; 奶油（奶制品）; 牛奶; 牛奶（以牛奶为主）; 酸奶; 鱼制品	有效
40	38423489	38423489	内蒙古玛拉沁食品有限公司	安牧态	29	2907; 2901; 2902	黄油; 黄油乳脂; 奶油（奶制品）（以牛奶为主）; 牛奶制品; 牛奶饮料（以牛奶为主）; 奶酪; 酸奶; 牛奶; 牛肉干; 鱼制品食品	有效
41	38417187	38417187	内蒙古玛拉沁食品有限公司	安牧态	35	3501	张贴广告; 户外广告; 货物展出; 广告宣传; 电视广告; 通过体育赛事赞助推广商品和服务; 制作电视购物节目; 通过邮购订单进行的广告宣传; 计算机网络上的在线广告; 为零售目的通信媒体上展示商品	有效
42	38422542	38422542	内蒙古玛拉沁食品有限公司	安牧态	30	3004; 3013; 3008	牛奶硬块糖（糖果）; 奶片（糖果）; 冰棍; 谷类制品; 米; 玉米面; 面粉; 冻酸奶（冰冻甜点）; 牛奶冰棒; 荞麦粉	有效

序号	申请号	注册号	申请人名称	商标名称/形式	类别	类似群组	商品/服务	是否有效
43	38422579	38422579	内蒙古玛拉沁食品有限公司	安牧态	32	3202；3201	大豆为主的饮料（非牛奶替代品）；无酒精饮料；啤酒；乳清饮料；果汁；水（饮料）；奶茶（非奶为主）；乳酸饮料（果制品，非奶）；纯净水（饮料）；汽水（苏打水）	有效
44	38417173	38417173	内蒙古玛拉沁食品有限公司	安牧态	33	3301	白酒；米酒；黄酒；含水果酒精饮料；果酒（含酒精）；蒸馏饮料；烈酒（饮料）；苦味酒；烧酒；预先混合的酒精饮料（以啤酒为主的除外）	有效
45	46146330	46146330	扎鲁特旗乳康食品有限公司	阿吉奶苏	29	2901；2905；2907	黄油；酱菜；奶；奶制品；肉；肉干；酸奶	有效
46	47542223	47542223	扎鲁特旗乳康食品有限公司	阿吉奶苏	29	2901；2905；2907	黄油；酱菜；奶；奶酪；奶制品；肉；肉干；酸奶	有效
47	51013778	51013778	扎鲁特旗乳康食品有限公司	乳康之乡	35	3501；3502；3503	广告（通过所有大众传播途径）；进出口代理；商业管理和组织咨询；市场营销；替他人推销；替其他商业企业采购商品或服务；替他人推销；人采购（替其他商业企业购买商品和服务）；通过网站提供商业信息；为商品和服务的买卖双方提供在线市场；组织商业或广告展览会和交易会	无效
48	47511568	47511568	扎鲁特旗丰派商贸有限公司	扎旗丰源	29	2901；2904；2905；2906；2907	蛋；黄油；酱菜；奶；奶茶（以奶为主）；奶酪；奶制品；肉；肉干；水果干	有效
49	38192116	38192116	扎鲁特旗丰源商贸有限公司	梓珙	29	2901；2905；2906；2907	蛋；黄油；奶茶（以奶为主）；牛奶制品；肉；肉干；肉片；熟肉制品；咸菜；腌制蔬菜	无效
50	56422425	56422425	扎鲁特旗丰源商贸有限公司	扎旗丰源	35	3501；3502；3503	广告宣传；计算机网络上的在线广告；进出口代理；商业管理辅助；商业企业迁移的管理服务；市场营销；特许经营的商业管理；为商品和服务的买卖双方提供在线市场；组织商业或广告展览及活动	有效

续　表

序号	申请号	注册号	申请人名称	商标名称/形式	类别	类似群组	商品/服务	是否有效
51	15210932	15210932	阿鲁科尔沁旗朝克图罕山传统食品有限公司	图形	29	2901；2905；2906；2907；2912	肉；肉干；黄花菜；蛋；奶酪；牛奶制品；黄油；奶油（奶制品）；酸奶；冬菇	有效
52	55020590	55020590	阿鲁科尔沁旗阿拉坦其其格家庭牧场	胡伙苏	29	2907	固体奶；黄油；炼乳；奶酪；奶油（奶制品）；奶制品；牛奶制品；酸奶；酸乳	有效
53	49025554	49025554	阿鲁科尔沁旗马日罕奶食品加工有限公司	萨力泰博思贵	29	2907	固体奶；炼乳；奶酪；奶油（奶制品）；奶制品；牛奶制品；酸奶；酸乳	有效
54	45047597	45047597	阿鲁科尔沁旗梅林家庭牧场	它润格	29	2901；2904；2905；2907；2908；2911；2912	干食用菌；黄油；奶饮料（以奶为主）；奶酪；酸奶；腌制蔬菜；以果蔬为主的零食；肉干；食用蔬油；以果蔬为主的零食小吃	有效
55	45047603	45047603	阿鲁科尔沁旗梅林家庭牧场	它润格 TARAG	29	2901；2904；2905；2907；2908；2911；2912	干食用菌；黄油；奶饮料（以奶为主）；奶酪；酸奶；腌制蔬菜；以果蔬为主的零食；肉干；食用蔬油；以果蔬为主的零食小吃	有效
56	33370105	33370105	阿鲁科尔沁旗梅林家庭牧场	HAANSUU	29	2901；2902；2903；2904；2905；2906；2907；2908；2910；2911；2912；2913；2914	肉；腌制鱼；肉罐头；蛋；牛奶制品；加工过的奶酪；以牛奶为主的饮料；乳酒（奶饮料）；食用奶酪；食用面筋；发酵；天然或人造的香肠油脂；肠衣；以果蔬为主的零食小吃	有效
57	47318347	47318347	阿鲁科尔沁旗特格西巴亚尔家庭牧场	爱根图	29	2907	固体奶；黄油；炼乳；奶酪；奶油（奶制品）；奶制品；凝乳；牛奶制品；酸奶；酸乳	有效
58	49305622	49305622	克什克腾旗故乡宝食品有限公司	图形	29	2901；2907	黄油；马奶酒（奶饮料）；奶；奶酪；奶油；奶制品；奶脂；肉；肉干；乳酒（奶饮料）；酸奶	有效
59	41419208	41419208	克什克腾旗故乡宝食品有限公司	故乡宝	29	2901；2907	黄油；马奶酒（奶饮料）；肉；肉干；牛奶制品；乳酒；血肠；酸奶；腌制肉	无效

序号	申请号	注册号	申请人名称	商标名称/形式	类别	类似群组	商品/服务	是否有效
60	56640888	56640888	克什克腾旗故乡宝食品有限公司	故乡珍馐	29	2901；2907	黄油；马奶酒（奶饮料）；奶；奶酪；奶油（奶制品）；奶制品；肉；肉干；乳酒（奶饮料）；酸奶	无效
61	59925513	59925513	巴林左旗孟和奶食品有限公司	图形	29	2901；2902；2903；2904；2906；2907；2908；2911；2912；2913	蛋；豆腐制品；干食用菌；干枣；加工过的坚果；牛奶制品；肉干；肉罐头；鱼肉干	有效
62	37122227	37122227	巴林左旗孟和奶食品有限公司	祁孟和	35	3501；3502；3503；3504；3505；3506；3507；3508；3509	广告；户外广告；开发票；人员招收；商业企业迁移；商业审计；特许经营的商业管理；替他人推销；卫生制剂零售或批发服务；寻找赞助	有效
63	35521752	35521752	巴林左旗孟和奶食品有限公司	祁孟和	29	2901；2902；2903；2904；2906；2907；2908；2911；2912；2913	肉干；肉罐头；蛋；牛奶制品；食用油；加工过的坚果；豆腐制品；干食用菌；鱼肉干；干枣	有效
64	28571110	28571110	内蒙古马苏孕业有限公司	骐贝尔	32	3202	无酒精果汁饮料；乳清饮料；无酒精饮料；格瓦斯（无酒精饮料）；以蜂蜜为主的无酒精饮料；富含蛋白质的运动饮料；软饮料；苏打水；乳酸饮料（果制品，非奶）；带果肉果汁饮料	有效
65	28556035	28556035	内蒙古马苏乳业有限公司	世骐	32	3202	无酒精果汁饮料；乳清饮料；无酒精饮料；格瓦斯（无酒精饮料）；以蜂蜜为主的无酒精饮料；富含蛋白质的运动饮料；软饮料；苏打水；乳酸饮料（果制品，非奶）；带果肉果汁饮料	有效
66	28568669	28568669	内蒙古马苏乳业有限公司	骐驹	32	3202	无酒精果汁饮料；乳清饮料；无酒精饮料；格瓦斯（无酒精饮料）；以蜂蜜为主的无酒精饮料；富含蛋白质的运动饮料；软饮料；苏打水；乳酸饮料（果制品，非奶）；带果肉果汁饮料	有效

序号	申请号	注册号	申请人名称	商标名称/形式	类别	类似群组	商品/服务	是否有效
67	28663870	28663870	内蒙古马苏乳业有限公司	马背记忆	32	3202	无酒精果汁饮料;乳清饮料;无酒精饮料;格瓦斯(无酒精饮料);以蜂蜜为主的无酒精饮料;富含蛋白质的运动饮料;软饮料;苏打水;乳酸饮料(果制品,非奶);带果肉果汁饮料	有效
68	28577179	28577179	内蒙古马苏乳业有限公司	锡马珍	32	3202	无酒精果汁饮料;乳清饮料;无酒精饮料;格瓦斯(无酒精饮料);以蜂蜜为主的无酒精饮料;富含蛋白质的运动饮料;软饮料;苏打水;乳酸饮料(果制品,非奶);带果肉果汁饮料	有效
69	28570108	28570108	内蒙古马苏乳业有限公司	骐驹	29	2901;2903;2907	肉;肉干;肉罐头;奶油(奶制品);奶酪;酸奶;乳清;炼乳;马奶酒;奶饮料;奶茶(以奶为主)	有效
70	28572976	28572976	内蒙古马苏乳业有限公司	世骐	29	2901;2903;2907	肉;肉干;肉罐头;奶油(奶制品);奶酪;酸奶;乳清;炼乳;马奶酒;奶饮料;奶茶(以奶为主)	有效
71	28571095	28571095	内蒙古马苏乳业有限公司	骐贝尔	29	2901;2903;2907	肉;肉干;肉罐头;奶油(奶制品);奶酪;酸奶;乳清;炼乳;马奶酒;奶饮料;奶茶(以奶为主)	有效
72	28576119	28576119	内蒙古马苏乳业有限公司	锡马珍	29	2901;2903;2907	肉;肉干;肉罐头;奶油(奶制品);奶酪;酸奶;乳清;炼乳;马奶酒;奶饮料;奶茶(以奶为主)	有效
73	28663857	28663857	内蒙古马苏乳业有限公司	马背记忆	29	2901;2903;2907	肉;肉干;肉罐头;奶油(奶制品);奶酪;酸奶;乳清;炼乳;马奶酒;奶饮料;奶茶(以奶为主)	有效
74	17340446	17340446	阿巴嘎旗照富经贸有限责任公司	照富	29	2901;2907	肉;肉干;乳酒(奶饮料);牛奶制品;小牛皮胃中的凝乳(制干酪用);马奶酒(奶饮料);奶(以奶为主);牛奶饮料(以牛奶为主);奶油(奶制品);酸奶	有效
75	48997911	48997911	阿巴嘎旗照富经贸有限责任公司	图形	30	3004;3006;3013;3015	冰糕;冰淇淋;冻酸奶(冰冻甜点);麻花;奶片(糖果);牛奶硬块糖;冰冻块糖;月饼;油茶粉;酸奶	有效

续 表

序号	申请号	注册号	申请人名称	商标名称/形式	类别	类似群组	商品/服务	是否有效
76	48980418	48980418	阿巴嘎旗照富经贸有限责任公司	图形	35	3501；3502；3503	饭店商业管理；广告；货物展出；进出口代理；市场营销；特许经营的商业管理；替他人推销；通过网络提供商业信息；为零售目的在通信媒体上展示商机网络提供商业信息；向国内外散发宣传材料（传单、简介、小册子、样品；向国内提定远程销售目录）	无效
77	44281510	44281510	阿巴嘎旗照富经贸有限责任公司	照富	35	3501；3502；3503	产品展示；广告；进出口代理；市场营销；特许经营的商业管理；替他人推销；通过互联网网提供商业信息服务；为零售目的在通信媒体上展示商品；为商品和服务的买卖双方提供在线市场；在互联网上提供在线商业信息目录	无效
78	34728219	34728219	阿巴嘎旗照富经贸有限责任公司	哈日阿都 HRAD	30	3004；3003；3006；3005；3010；3008；3007；3019	奶片（糖果）；糖；甜食；食品用糖蜜；糕点；以谷物为主的零食小吃；油茶粉；谷类制品；炒饭；食用预制谷蛋白	有效
79	34995444	34995444	阿巴嘎旗照富经贸有限责任公司	哈日阿都策格 HRADCG	29	2913	烹饪用蛋白	有效
80	49631003	49631003	阿巴嘎旗照富经贸有限责任公司	图形	29	2907	黄油；黄油乳脂；搅打过的奶油；炼乳；马奶酒（奶饮料）；奶酪；奶油（奶制品）；牛奶；奶制品	无效
81	48977582	48977582	阿巴嘎旗照富经贸有限责任公司	图形	29	2901；2903；2907；2908	马奶酒（奶饮料）；奶茶（以奶为主）；奶粉；肉干；肉罐头；乳清；酸奶；肉；血肠	有效
82	44269033	44269033	阿巴嘎旗照富经贸有限责任公司	照富圣源	29	2901；2903；2907；2908	马奶酒（奶饮料）；奶茶（以奶为主）；奶粉；肉干；肉罐头；乳清；酸奶；肉；血肠	有效
83	44269033	44269033	阿巴嘎旗照富经贸有限责任公司	照富圣源	30	3004；3006；3013；3015	冰糕；冰淇淋；醋；冻酸奶（冰冻甜点）；麻花；奶片（糖果）；牛奶硬块糖（糖果）；油茶粉；月饼	有效

续 表

序号	申请号	注册号	申请人名称	商标名称/形式	类别	类似群组	商品/服务	是否有效
84	44269033	44269033	阿巴嘎旗照富经贸有限责任公司	照富圣源	35	3501；3502；3503	饭店商业管理；广告；货物展出；进出口代理；市场营销；特许经营的商业管理；通过全球计算机网络提供商业信息；为零售目的在通信媒体上展示商品；向国内外散发宣传材料（传单、简介、小册子、样品、特别是远程销售目录）	有效
85	28593478	28593478	内蒙古苏太食品有限责任公司	奶酪小镇	35	3501；3503	广告；电视广告；张贴广告；为商品和服务的买卖双方提供在线市场；为零售目的在通信媒体上展示商品；市场营销；货物展出；广告宣传；广告稿的撰写；广告宣传；计算机网络上的在线广告	无效
86	42734016	42734016	内蒙古苏太食品有限责任公司	乳此清纯	30	3001；3002；3003；3004；3006；3010；3013	冰淇淋；布丁；茶；冻酸奶（冰冻甜点）；锅巴；咖啡；奶片（糖果）；牛奶硬块糖；糖；甜食	无效
87	42733291	42733291	内蒙古苏太食品有限责任公司	乳此清纯	35	3501；3502；3503；3505；3508	电视广告；广告宣传；户外广告；计算机网络上的在线广告；进出口代理；商业企业迁移；市场营销；特许经营的商业管理；替他人推销；寻找赞助	无效
88	51808343	51808343	内蒙古苏太食品有限责任公司	苏太蒙酪	30	3003；3004；3006；3007；3008；3010；3013	冰淇淋；布丁；锅巴；米；奶片（糖果）；牛奶硬块糖（糖果）；糖；糖豆；甜食；粥	有效
89	22435652	22435652	内蒙古苏太食品有限责任公司	图形	29	2907	酸奶；马奶酒（奶饮料）；牛奶饮料（以牛奶为主）；乳清；牛奶制品；牛奶酱；黄油；奶制品；奶酪；牛奶	有效
90	49393338	49393338	内蒙古苏太食品有限责任公司	蒙苏太	29	2901；2904；2905；2907；2910	果冻；黄油；黄油乳脂；混合奶酪；奶酪；奶油（奶制品）；肉；乳酶；糖煮水果；腌制蔬菜	有效
91	41199044	41199044	内蒙古苏太食品有限责任公司	图形	35	3501；3502；3503；3505；3508	电视广告；广告宣传；户外广告；计算机网络上的在线广告；进出口代理；商业企业迁移；市场营销；特许经营的商业管理；替他人推销；寻找赞助	有效

序号	申请号	注册号	申请人名称	商标名称/形式	类别	类似群组	商品/服务	是否有效
92	41216848	41216848	内蒙古苏太食品有限责任公司	图形	30	3001; 3002; 3003; 3004; 3006; 3010; 3013	冰淇淋；布丁；茶饮料；冻酸奶（冰冻甜点）；锅巴；咖啡；奶片（糖果）；糖；甜食	有效
93	41216860	41216860	内蒙古苏太食品有限责任公司	奶酪小镇	35	3501; 3502; 3503; 3505; 3508	电视广告；广告宣传；户外广告；计算机网络上的在线广告；进出口代理；商业企业迁移；市场营销；特许经营的商业管理；替他人推销；寻找赞助	无效
94	51824463	51824463	内蒙古苏太食品有限责任公司	苏太蒙酪	35	3501; 3502; 3503; 3507; 3508	广告；户外广告；会计；进出口代理；商业管理辅助；市场营销；特许经营的商业管理；替他人采购（替其他企业购买商品或服务）；替他人推销；寻找赞助	有效
95	48117082	48117082	内蒙古苏太食品有限责任公司	苏太蒙酪	29	2901; 2904; 2907; 2910	果冻；含水果的牛奶饮料；混合奶酪；马奶酒（奶饮料）；奶油（奶制品）；牛奶饮料（以牛奶为主）；肉；乳酪；糖煮水果	无效
96	36265920	36265920	内蒙古苏太食品有限责任公司	苏太奶酪小镇	35	3501; 3502; 3503; 3505; 3508	电视广告；广告宣传；户外广告；计算机网络上的在线广告；进出口代理；商业企业迁移；市场营销；特许经营的商业管理；替他人推销；寻找赞助	有效
97	46546555	46546555	内蒙古苏太食品有限责任公司	乳此鲜醇	30	3001; 3003; 3004; 3006; 3007; 3008; 3018; 3019	包子；冰糖；果冻（糖果）；搅稠奶油制剂；咖啡；面包；面粉；奶片（糖果）；牛奶硬块糖；食用芳香剂	无效
98	22435489	22435489	内蒙古苏太食品有限责任公司	图形	30	3001; 3002; 3003; 3004; 3006; 3010; 3013	咖啡；茶饮料；糖；牛奶硬块糖（糖果）；布丁；锅巴；甜食；奶片（糖果）；冰淇淋；冻酸奶（冰冻甜点）	有效
99	31107836	31107836	内蒙古苏太食品有限责任公司	图形	29	2907	黄油；奶酪；牛奶；奶油（奶制品）；黄油乳脂；乳酒（奶饮料）；马奶酒（奶饮料）；牛奶饮料（以牛奶为主）；乳清；牛奶制品；人造黄油；酸奶制饮料	有效

续 表

序号	申请号	注册号	申请人名称	商标名称/形式	类别	类似群组	商品/服务	是否有效
100	44606876	44606876	内蒙古苏太食品有限责任公司	苏酥	29	2901; 2903; 2906; 2907; 2908	蛋；黄油；奶酪；奶制品（奶油）；牛奶；牛奶酱；牛奶罐头；牛肉干；肉罐头；食用油脂	无效
101	44609376	44609376	内蒙古苏太食品有限责任公司	苏酥	30	3002; 3003; 3004; 3006; 3007; 3008; 3010; 3013	冰淇淋；布丁；茶；锅巴；米；奶片；牛奶硬块糖（糖果）；糖；甜食；粥	无效
102	48117082A	48117082A	内蒙古苏太食品有限责任公司	苏太蒙酪	29	2904; 2907; 2910	果冻，含水果的牛奶饮品；混合奶酪，马奶酒（以牛奶为主）；乳酪；奶酪；奶油（奶制品）；牛奶饮料（以牛奶为主）；乳酪；糖煮水果	有效
103	56236744	56236744	内蒙古苏太食品有限责任公司	蒙苏太	30	3002; 3003; 3004; 3006; 3007; 3008; 3010; 3013	冰淇淋；茶；锅巴；米；奶片（糖果）；牛轧糖（糖果）；牛奶硬块糖（糖果）；糖；月饼；粥	有效
104	56244471	56244471	内蒙古苏太食品有限责任公司	图形	35	3501; 3502; 3503; 3507; 3508	广告；户外广告；会计；进出口代理；市场营销；特许经营的商业管理；替他人采购（替其他商品或企业购买商品或服务）；替他人推销；通过互联网提供商业信息服务；寻找赞助	有效
105	56236761	56236761	内蒙古苏太食品有限责任公司	蒙苏太	35	3501; 3502; 3503; 3507; 3508	广告；户外广告；会计；进出口代理；商业管理辅助；市场营销；特许经营的商业管理；替他人采购（替其他商品或企业购买商品）；替他人推销；寻找赞助	有效
106	55514054	55514054	内蒙古苏太食品有限责任公司	每日蒙酪	29	2901; 2904; 2905; 2907; 2910	牛肉干；黄油；肉；混合奶酪；奶酪；奶制品；果冻；糖煮水果；腌制蔬菜	驳回复审审查中
107	54341228	54341228	正镶白旗乳香飘奶制品有限公司	洒出日	29	2901; 2907	奶粉；奶酪；奶昔；奶油（奶制品）；黄油；肉干；乳酒（奶饮料）；奶制品；牛奶；酸奶	有效
108	36053086	36053086	察右前旗双章养殖专业合作社	赛艾勒	29	2907; 2901; 2911; 2904; 2912; 2908; 2905; 2906; 2913	牛奶制品；肉；以果蔬为主的零食小吃；干食用菌；食用油；腌制蔬菜；蛋；加工过的坚果；豆腐制品；奶茶（以奶为主）	有效

续　表

序号	申请号	注册号	申请人名称	商标名称/形式	类别	类似群组	商品/服务	是否有效
109	16709345	16709345	内蒙古辉腾锡勒勒旅游文化股份有限公司	辉腾梁	22	2201；2202；2203；2205	包装袋；汽车拖缆；吊床；蒙古包；帐篷；品袋（包）；未加工或加工过的羊毛、驼毛、马毛；纤维纺织原料	有效
110	15132822	15132822	内蒙古辉腾锡勒勒旅游文化股份有限公司	辉腾梁	18	1801；1802；1804；1805	裘皮；动物皮；包；皮垫；婴儿背袋；钱包（线夹）；旅行箱；伞；手杖	有效
111	16709492	16709492	内蒙古辉腾锡勒勒旅游文化股份有限公司	辉腾梁	26	2601；2602；2603；2604；2605；2606	飘带；花边；绣花装饰品；丝边；帽子装饰品（非贵重金属）；头发装饰品；纽扣；针；人造花	有效
112	16730252	16730252	内蒙古辉腾锡勒勒旅游文化股份有限公司	黄花沟	26	2601；2602；2603；2604；2605；2606	花边；绣花装饰品；飘带；丝边；帽子装饰品（非贵重金属）；头发装饰品；纽扣；针；人造花	有效
113	16730147	16730147	内蒙古辉腾锡勒勒旅游文化股份有限公司	黄花沟	03	0301；0306；0307	肥皂；香皂；护发素；洗发液；浴液；洗衣粉；化妆品；香水；牙膏	有效
114	15133532	15133532	内蒙古辉腾锡勒勒旅游文化股份有限公司	辉腾梁	31	3102；3104；3105；3106；3108	谷（谷类）；活动物；活家禽；新鲜水果；新鲜磨菇；新鲜蔬菜；动物食品；动物饲料	有效
115	15133722	15133722	内蒙古辉腾锡勒勒旅游文化股份有限公司	辉腾梁	32	3201；3202；3203	啤酒；水（饮料）；果汁；耐酸饮料；无酒精饮料；矿泉水（饮料）；植物饮料；奶茶（非奶为主）；豆类饮料；饮料制作配料	有效
116	15134005	15134005	内蒙古辉腾锡勒勒旅游文化股份有限公司	辉腾梁	39	3901；3905；3906；3908；3910；3911	礼品包装；货运；货物；汽车出租；货物贮存；能源分配；快递服务（信件或商品）；邮购货物的速送；导游；旅行预订；旅行社（不包括预订旅馆）	有效
117	27889540	27889540	内蒙古辉腾锡勒勒旅游文化股份有限公司	辉腾梁黄花沟	39	3901；3905；3906；3908；3910；3911	货运；汽车出租；快递服务（信件或商品）；礼品包装；旅行陪伴；旅行预订；安排游览；货物贮存；能源分配；邮购货物的速送	有效
118	33613197	33613197	内蒙古辉腾锡勒勒旅游文化股份有限公司	黄花沟	43	4301；4302；4303；4304；4305；4306	餐厅；饭店；旅馆预订；快餐馆；旅行预订；烹饪设备出租；养老院；日间托儿所（看孩子）；动物寄养；提供野营场地设施；出租椅子、桌子、桌布和玻璃器皿	有效

续 表

序号	申请号	注册号	申请人名称	商标名称/形式	类别	类似群组	商品/服务	是否有效
119	33607239	33607239	内蒙古辉腾锡勒旅游文化股份有限公司	辉腾锡勒黄花沟	41	4101; 4102; 4104; 4105; 4106; 4107	培训；组织表演（演出）；提供在线电子出版物（非下载）；广播和电视节目制作；俱乐部（健身或体能训练）；夜总会娱乐服务；动物训练	有效
120	33613767	33613767	内蒙古辉腾锡勒旅游文化股份有限公司	辉腾粱黄花沟	41	4101; 4102; 4104; 4105; 4106; 4107	培训；组织表演（演出）；提供在线电子出版物（非下载）；广播和电视节目制作；俱乐部（健身或体能训练）；假日野营娱乐服务；夜总会娱乐服务；动物训练；组织彩票发行	有效
121	28016991	28016991	内蒙古辉腾锡勒旅游文化股份有限公司	黄花沟	29	2902; 2906; 2907	鱼（非活）；蛋；牛奶	有效
122	15133857	15133857	内蒙古辉腾锡勒旅游文化股份有限公司	辉腾粱	35	3501; 3502; 3503; 3504; 3506; 3508	广告；饭店商业管理；为广告或销售组织时装展览；特许经营的商业管理；市场营销；拍卖；替他人推销；职业介绍所；文秘；寻找赞助	有效
123	16706759	16706759	内蒙古辉腾锡勒旅游文化股份有限公司	辉腾粱	14	1401; 1402; 1403; 1404	贵重金属锭；未加工或半加工贵重金属；贵重金属合金；首饰盒；珠宝首饰；硬币；贵重金属艺术品；宝石；表；钟	有效
124	16730365	16730365	内蒙古辉腾锡勒旅游文化股份有限公司	黄花沟	44	4401; 4402; 4404	医院；保健；疗养院；休养所；饮食营养指导；美容院；理发店；矿泉疗养；风景设计	有效
125	28989348	28989348	内蒙古辉腾锡勒旅游文化股份有限公司	辉腾锡勒	39	3901; 3905; 3906; 3908; 3910; 3911	货运；汽车出租；货物贮存；能源分配；快递服务（信件或商品）；邮购货物的递送；旅行陪伴；旅行预订；安排旅行；礼品包装	有效
126	16710353	16710353	内蒙古辉腾锡勒旅游文化股份有限公司	筻阎台	41	4101; 4102; 4104; 4105; 4106; 4107	培训；组织表演（演出）；在线电子书籍和杂志的出版；俱乐部服务（娱乐或教育）；假日野营娱乐服务；夜总会；广播和电视节目制作；健身俱乐部（健身和体能训练）；动物训练；经营彩票	有效

续　表

序号	申请号	注册号	申请人名称	商标名称/形式	类别	类似群组	商品/服务	是否有效
127	28020965	28020965	内蒙古辉腾锡勒勤旅游文化股份有限公司	辉腾梁黄花沟	30	3002；3003；3004；3005；3006；3008；3009；3010；3013；3016	糖；糕点；面条；以谷类为主的零食小吃；蜂蜜；茶；谷类制品；调味品；方便面；冰淇淋	有效
128	16730215	16730215	内蒙古辉腾锡勒勤旅游文化股份有限公司	黄花沟	20	2001；2004；2005；2013	家具；餐具柜；书桌；婴儿床；办公家具；镜子（玻璃镜）；画框；草编织物（草席除外）；草工艺品；枕头	有效
129	16709875A	16709875A	内蒙古辉腾锡勒勤旅游文化股份有限公司	窝阔台	18	1801；1802；1804	动物皮；裘皮；皮制带子；伞	有效
130	16709449	16709449	内蒙古辉腾锡勒勤旅游文化股份有限公司	辉腾梁	24	2401；2403；2404；2405；2406；2407；2409；2410	毛织品；印花丝织品；棉织品；纺织织物；纺织品制壁挂；纺织品印刷机垫；浴巾；纺织品毛巾；被子；床单（纺织品）；床单和枕套；桌布（非纸制）；哈达；旗帜	有效
131	16709898	16709898	内蒙古辉腾锡勒勤旅游文化股份有限公司	窝阔台	25	2501；2502；2503；2504；2505；2507；2508；2509；2510；2511；2512；2513	童装；服装；手套（服装）；鞋；帽子（头戴）；袜；披肩；围巾；腰带；婚纱	有效
132	16709214	16709214	内蒙古辉腾锡勒勤旅游文化股份有限公司	辉腾梁	21	2101；2103；2104；2105；2107；2108；2109	家用或厨房用容器；日用搪瓷塑料器皿（包括盆、碗、盘、杯）；日用瓷器（包括盆、碗、盘、壶、缸、坛、罐）；瓷器；家庭用陶瓷制品；瓷器装饰品；唐三彩；饮用器皿；梳；牙刷；牙签	有效
133	16730176	16730176	内蒙古辉腾锡勒勤旅游文化股份有限公司	黄花沟	18	1801；1802；1804	裘皮；动物皮；购物袋；包；钱包（钱夹）；背包；旅行箱；钥匙包；皮制带子；伞	有效
134	16710218	16710218	内蒙古辉腾锡勒勤旅游文化股份有限公司	窝阔台	32	3201；3202	啤酒；奶茶（非奶为主）；水（饮料）；果汁；矿泉水（饮料）；酸梅汤；可乐；汽水；乳酸精饮料，非制奶；无酒精饮料	有效

续 表

序号	申请号	注册号	申请人名称	商标名称/形式	类别	类似群组	商品/服务	是否有效
135	16706606	16706606	内蒙古辉腾锡勒旅游文化股份有限公司	辉腾梁	03	0301；0306；0307	肥皂；香皂；洗发液；护发素；洗衣粉；浴液；洗面奶；化妆品；香水；牙膏	有效
136	5538152	5538152	内蒙古辉腾锡勒旅游文化股份有限公司	黄花沟	35	3501；3502；3503；3504	室外广告；广告传播；广告；组织商业或广告交易会；商业管理咨询；替他人作中介（替其他企业购买商品或服务）；进出口代理；推销（替他人）；职业介绍所；人事管理咨询	有效
137	16709066	16709066	内蒙古辉腾锡勒旅游文化股份有限公司	辉腾梁	16	1601；1602；1603；1604；1605；1606；1607；1611；1613；1614；1615；1616；1617	纸；复印纸（文具）；卫生纸；白纸板；影集；笔记本或绘图本；贺卡；印刷出版物；剪纸；书画刻印作品；文具；印章（印）；书写工具；文具或家用胶水；文具用自粘胶带；制图尺；绘画用材料	有效
138	5538150	5538150	内蒙古辉腾锡勒旅游文化股份有限公司	辉腾锡勒	35	3501；3502；3503；3504	室外广告；广告传播；广告；组织商业或广告交易会；商业管理咨询；替他人作中介（替其他企业购买商品或服务）；进出口代理；推销（替他人）；职业介绍所；人事管理咨询	有效
139	5538149	5538149	内蒙古辉腾锡勒旅游文化股份有限公司	辉腾锡勒	43	4301	饭店；餐馆；备办宴席；流动饮食供应；酒吧；鸡尾酒会服务；假日野营服务（住所）；快餐馆；茶馆；寄宿处	有效
140	16709112	16709112	内蒙古辉腾锡勒旅游文化股份有限公司	辉腾梁	20	2001；2004；2005；2013	书桌；办公家具；家具；婴儿床；餐具柜；镜子（玻璃镜）；画框；草编织物（草席除外）；草工艺品；枕头	有效
141	15134583	15134583	内蒙古辉腾锡勒旅游文化股份有限公司	辉腾梁	44	4401；4402；4404	疗养院；医院；保健；休养所；饮食营养指导；理发店；美容院；矿泉疗养；花卉种植；花环制作；修指甲	有效
142	15134304	15134304	内蒙古辉腾锡勒旅游文化股份有限公司	辉腾梁	41	4101；4102；4104；4105；4106；4107	培训；组织表演（演出）；在线电子书籍和杂志的出版；夜总会；健身俱乐部（健身和体能训练）；假日野营娱乐服务；广播和电视节目制作；俱乐部服务（娱乐或教育）；动物训练；经营彩票	有效

续　表

序号	申请号	注册号	申请人名称	商标名称/形式	类别	类似群组	商品/服务	是否有效
143	5538154	5538154	内蒙古辉腾锡勒旅游文化股份有限公司	黄花沟	41	4102；4105	安排和组织会议；游乐园；文娱活动；演出；假日野营服务（娱乐）；现场表演；提供娱乐场所；体育野营服务；公共游乐场；俱乐部服务（娱乐或教育）	有效
144	15134477	15134477	内蒙古辉腾锡勒旅游文化股份有限公司	辉腾梁	43	4301；4302；4303；4304；4305；4306	旅馆预订；快餐馆；饭店；餐厅；提供野营地设施；柜台出租；养老院；日间托儿所（看孩子）；动物寄养；出租椅子、桌子、桌布和玻璃器皿	有效
145	16709667	16709667	内蒙古辉腾锡勒旅游文化股份有限公司	辉腾梁	27	2701；2702；2703；2704	地毯；席；门前擦鞋垫；浴室防滑垫；汽车用垫毯；地垫；防滑垫；墙纸	有效
146	15132904	15132904	内蒙古辉腾锡勒旅游文化股份有限公司	辉腾梁	29	2901；2902；2905；2906；2907；2908；2912；2913	肉干；家禽（非活）；肉；鱼（非活）；腌制蔬菜；蛋；牛奶；食用油脂；干食用菌；豆腐	有效
147	16709718	16709718	内蒙古辉腾锡勒旅游文化股份有限公司	辉腾梁	28	2801；2802；2803；2804；2805；2806；2811	游戏机；风筝；玩具；纸牌；棋；运动用球；锻炼身体器械；箭号；射箭用器具；钓鱼用具	有效
148	15132854	15132854	内蒙古辉腾锡勒旅游文化股份有限公司	辉腾梁	25	2501；2502；2503；2504；2505；2507；2508；2509；2510	服装；摄影背心；针织服装；鞋；爬山鞋（带金属钉）；帽；袜；手套（服装）；游泳帽；滑雪手套	有效
149	28003015	28003015	内蒙古辉腾锡勒旅游文化股份有限公司	辉腾梁黄花沟	29	2901；2902；2905；2906；2907；2908；2912；2913	鱼（非活）；肉干；干食用菌；豆腐；家禽（非活）；牛奶；腌制蔬菜；蛋；食用油脂	有效
150	16710027	16710027	内蒙古辉腾锡勒旅游文化股份有限公司	窝阔台	30	3005；3006；3007；3008；3009；3011；3012；3015	蜂蜜；谷粉制食品；谷类制品；面粉；豆粉；粉丝（条）；马铃薯粉；醋；酱油	有效

续 表

序号	申请号	注册号	申请人名称	商标名称/形式	类别	类似群组	商品/服务	是否有效
151	15132935	15132935	内蒙古辉腾锡勒旅游文化股份有限公司	辉腾梁	30	3002；3003；3004；3005；3006；3007；3008；3009；3011；3012；3016	茶；糖；蜂蜜；糕点；谷粉制食品；谷类制品；面条；方便面；豆浆；调味品	有效
152	16710080	16710080	内蒙古辉腾锡勒旅游文化股份有限公司	窝阔台	31	3104；3105；3106；3108	活鱼；活家禽；活动物；新鲜水果；新鲜蔬菜；鲜食用菌；动物食品	有效
153	41636983	41636983	内蒙古辉腾锡勒旅游文化股份有限公司	相会敖包	41	4101；4102；4104；4105；4106；4107	动物训练；假日野营娱乐服务；健身俱乐部（健身和体能训练）；俱乐部服务（娱乐或教育）；培训；提供不可下载的在线电子出版物；夜总会娱乐服务；组织表演（演出）；组织彩票发行	有效
154	28705976	28705976	内蒙古道尔养殖专业合作社	蒙道尔	35	3501；3502；3503；3506	计算机网络上的在线广告；广告；通过网站提供商业信息；商业管理辅助；替他人推销；为推销优化搜索引擎；为商品和服务的买卖双方提供在线市场；特许经营的商业管理；为零售目的在通信媒体上展示商品；替他人采购（替其他企业购买商品或服务）	有效
155	25723155	25723155	内蒙古道尔养殖专业合作社	蒙道尔	29	2901；2907	肉干；牛奶饮料（以牛奶为主）；奶酪；凝乳；烹饪用牛奶发酵剂；牛奶；牛奶制品；炼乳；熏肉；腌制肉	有效
156	26402581	26402581	内蒙古牧名食品有限责任公司	游牧集	35	3501；3502；3503；3504；3507	进出口代理；人力资源管理；会计；户外广告；货物展出；商业管理辅助；市场营销；替他人采购（替其他企业购买商品或服务）；为商品和服务的买卖双方提供在线市场；替他人推销	有效
157	26402580	26402580	内蒙古牧名食品有限责任公司	NOMADHOUSE	35	3501；3502；3503；3504；3507	为商品和服务的买卖双方提供在线市场；户外广告；商业管理辅助；进出口代理；替他人推销；市场营销；货物展出；替他人采购（替其他企业购买商品或服务）；人力资源管理；会计	有效

续 表

序号	申请号	注册号	申请人名称	商标名称/形式	类别	类似群组	商品/服务	是否有效
158	55742872	55742872	内蒙古牧名食品有限责任公司	牧名	29	2901；2907	黄油；奶酪；肉干	无效
159	23819312	23819312	内蒙古牧名食品有限责任公司	朝日沁	29	2907	黄油；奶酪；奶油（奶制品）；牛奶；牛奶制品；乳酒（奶饮料）；乳清；酸奶；羊奶；羊奶制品	有效
160	21900902	21900902	内蒙古牧名食品有限责任公司	牧名优品	29	2901；2907	黄油；马奶酒；奶酪；奶油（奶制品）；牛奶；牛奶制品；肉干；乳酒（奶饮料）；乳清；酸奶	无效
161	26402582	26402582	内蒙古牧名食品有限责任公司	NOMADHOUSE	29	2901；2906；2907；2911	血肠；蛋；黄油；奶油（奶制品）；奶酪；乳酒（奶饮料）；肉干；酸奶；加工过的种子	有效
162	26402579	26402579	内蒙古牧名食品有限责任公司	羊羔蛋	30	3001；3002；3003；3004；3005；3006；3008；3013；3016	茶；饼干；谷类制品；糖果；糖；冰淇淋；可可；巧克力；蜂蜜；调味品	无效
163	26402583	26402583	内蒙古牧名食品有限责任公司	游牧集	29	2901；2906；2907；2911	黄油；乳清；奶油（奶制品）；奶酪；乳酒（奶饮料）；肉肠；蛋；肉干；加工过的种子	有效
164	26402578	26402578	内蒙古牧名食品有限责任公司	骆驼奶奶	31	3101；3102；3103；3104；3105；3106；3107；3108；3109；3110	新鲜水果；动物食品；动物栖息用干草；灌木；谷（谷类）；植物；活动物；植物种子；新鲜蔬菜；酿酒麦芽	有效
165	23819311	23819311	内蒙古牧名食品有限责任公司	朝日沁	32	3201；3202	餐用矿泉水；番茄汁（饮料）；格瓦斯（无酒精饮料）；果汁；矿泉水（饮料）；米制饮料（非牛奶替代品）；啤酒；葡萄汁；乳清饮料；苏打水	有效
166	48737758	48737758	内蒙古牧名食品有限责任公司	图形	29	2901；2906；2907；2911	蛋；黄油；加工过的种子；奶酪；奶油（奶制品）；肉干；乳酒（奶饮料）；酸奶；血肠	有效

续 表

序号	申请号	注册号	申请人名称	商标名称/形式	类别	类似群组	商品/服务	是否有效
167	43599282	43599282	内蒙古牧名食品有限责任公司	牧名	29	2901; 2907	黄油；马奶酒（奶饮料）；奶酪；奶油；奶制品；牛奶；牛奶制品；肉干；乳清（奶饮料）；乳清；酸奶	无效
168	37044598	37044598	内蒙古牧名食品有限责任公司	图形	29	2901; 2906; 2907; 2911	蛋；黄油；加工过的种子；奶酪；奶油（奶制品）；肉干；乳酒（奶饮料）；乳清；酸奶；血肠	有效
169	37044599	37044599	内蒙古牧名食品有限责任公司	图形	29	2911	加工过的种子	有效
170	37044601	37044601	内蒙古牧名食品有限责任公司	图形	29	2901; 2906; 2907; 2911	蛋；黄油；加工过的种子；奶酪；奶油；奶制品；肉干；乳酒（奶饮料）；乳清；酸奶；血肠	有效
171	37044600	37044600	内蒙古牧名食品有限责任公司	图形	35	3501; 3502; 3503; 3504	户外广告；货物展出；市场营销；人事资源管理；进出口代理；业管理辅助；特许经营的商业管理或商业管理；替他人采购（替其他企业购买商品或服务）；替他人推销；为商品和服务的买卖双方提供在线市场	有效
172	37044602	37044602	内蒙古牧名食品有限责任公司	牧名	32	3201; 3202; 3203	无酒精啤酒；乳酸饮料（果制品），非奶）；蒸馏水（饮料）；无酒精混合果汁；瓶装水；蔬菜汁饮料；加南水；富含蛋白质的运动饮料；乳清饮料；制饮料用糖浆	无效
173	12284457	12284457	乌审旗额勒佰格种养殖有限责任公司	图形	29	2901; 2906; 2907; 2908; 2913	猎物（非活）；猪肉食品；肉；家禽（非活）；猪肉；肉干；蛋；牛奶制品；食用油脂；豆腐制品	有效
174	24821587	24821587	乌审旗稀日素乳业有限公司	密迹 TA TAMIR	32	3202; 3203	富含蛋白质的运动饮料；果汁；奶茶（饮料）（非奶为主）；汽水；乳清饮料；水（饮料）；无酒精果汁；无酒精饮料；饮料制作配料	有效
175	24916523	24916523	乌审旗稀日素乳业有限公司	密迹 TA TAMIR	29	2901; 2903; 2907; 2908; 2911	肉干；肉；肉罐头；牛奶酒（奶饮料）；乳清；奶茶（以奶为主）；马奶酒（奶饮料）；乳清；奶茶（以奶为主）；涂面包片脂肪混合物；加工过的坚果	有效

续　表

序号	申请号	注册号	申请人名称	商标名称/形式	类别	类似群组	商品/服务	是否有效
176	21029905	21029905	乌审旗稀日素乳业有限公司	稀日素	29	2907	黄油；奶酪；奶油（奶制品）；牛奶；牛奶饮料（以牛奶为主）；牛奶制品；乳清（奶饮料）；酸奶；无酒精蛋奶酒	有效
177	37069886	37069886	鄂尔多斯市伊德泰生态农牧业有限公司	伊德泰	29	2902；2904；2906；2911	蛋；加工过的坚果；以果蔬为主的零食小吃；鱼制食品	有效
178	55174944	55174944	鄂尔多斯市伊德泰生态农牧业有限公司	岛穆戈	29	2901；2906；2907；2908；2912；2913	蛋；豆腐制品；干香菇；花生浆；牛奶；肉；食用调和油；奶制品；食用燕窝	有效
179	41891569	41891569	鄂尔多斯市伊德泰生态农牧业有限公司	伊德泰	29	2901；2903；2905；2907	马奶酒（奶饮料）；牛奶；肉（腌制的）；蔬菜罐头；水果罐头；酸奶饮料；腌制蔬菜；羊奶	有效
180	42086553	42086553	鄂托克前旗鄂德泰食品科技有限公司	鄂德泰	29	2901；2907	家禽（非活）；牛奶；牛肉干；肉；乳酪；酥油；酸奶；羊奶；猪肉	有效
181	25232793	25232793	鄂托克前旗鄂德泰食品科技有限公司	鄂德泰	31	3101；3102；3104；3106；3107；3109	豆（未加工的）；新鲜蔬菜；树木；人或动物食用的未加工谷类；小麦；酿酒麦芽；玉米；去壳大米；新鲜甜菜；农作物种子	有效
182	25238000	25238000	鄂托克前旗鄂德泰食品科技有限公司	鄂德泰	33	3301	果酒（含酒精）；红葡萄酒；老酒（中国蒸馏酒）；烧酒；白酒；含水果酒精饮料；烈酒；苹果酒；葡萄酒；黄酒	有效
183	25230845	25230845	鄂托克前旗鄂德泰食品科技有限公司	鄂德泰	30	3006；3008；3009；3014；3015；3018	食品用香料（含醚香料和香精油除外）；挂面；饼干；谷类制品；面粉；醋；米；去壳大米；荞麦面粉；食盐	有效
184	48051949	48051949	内蒙古戈壁红驼生物科技有限公司	戈壁红驼超市	35	3501；3502；3503；3504	电视广告；广告宣传；市场营销；特许经营的商业管理；人事管理咨询；商业管理辅助；进出口代理；为零售目的在通信媒体上展示商品；为商品和服务的买卖双方提供在线市场；组织商业或广告展览	有效

续表

序号	申请号	注册号	申请人名称	商标名称/形式	类别	类似群组	商品/服务	是否有效
185	57490155	57490155	内蒙古英格苏生物科技有限公司	英格苏	29	2901；2903；2907	奶粉；奶酪；奶油（奶制品）；牛奶；肉；肉干；肉冻；肉罐头；乳酒（奶饮料）；酸奶	驳回复审审查中
186	55291560	55291560	内蒙古英格苏生物科技有限公司	天赐驼品	05	0501；0502	医用营养饮料；婴儿配方奶粉；膳食纤维；医用生物制剂；维生素制剂；补药；医用冻干食品；医用营养品；营养补充剂	
187	59215045	59215045	内蒙古英格苏生物科技有限公司	英格苏驼奶	29	2901；2903；2907	奶粉；奶酪；奶油（奶制品）；牛奶；肉；肉干；肉冻；肉罐头；乳酒（奶饮料）；酸奶	驳回复审审查中
188	61702376	61702376	内蒙古英格苏生物科技有限公司	天赐驼品	29	2901；2903；2907	肉干；肉；肉冻；奶酪；牛奶；酸奶；乳酒（奶饮料）；奶粉；奶油（奶制品）	申请中
189	59229123	59229123	内蒙古英格苏生物科技有限公司	英格苏驼奶	05	0501；0502	补药；膳食纤维；医用营养品；医用冻干食物；医用生素制剂；维生素制剂；医用营养品；婴儿食品；营养补充剂	驳回中
190	55301497	55301497	内蒙古英格苏生物科技有限公司	驼圣源	35	3501；3502；3503；3508	电视广告；特许经营的商业管理；市场营销；为零售目的在通信媒体上展示商品；组织商业或广告展览；商业管理辅助；为商品和服务的买卖双方提供在线市场；寻找赞助；广告宣传；进出口代理	无效
191	59496485	59496485	内蒙古英格苏生物科技有限公司	弥坚	29	2901；2903；2907	奶粉；奶酪；奶油（奶制品）；牛奶；肉；肉干；肉冻；肉罐头；乳酒（奶饮料）；酸奶	有效
192	59492124	59492124	内蒙古英格苏生物科技有限公司	弥新	29	2901；2903；2907	奶粉；奶酪；奶油（奶制品）；牛奶；肉；肉干；肉冻；肉罐头；乳酒（奶饮料）；酸奶	有效
193	59472729	59472729	内蒙古英格苏生物科技有限公司	仰气	29	2901；2903；2907	奶粉；奶酪；奶油（奶制品）；牛奶；肉；肉干；肉冻；肉罐头；乳酒（奶饮料）；酸奶	有效
194	59209865	59209865	内蒙古英格苏生物科技有限公司	英格苏驼奶	35	3501；3502；3503；3508	电视广告；广告宣传；进出口代理；特许经营的商业管理；为零售目的在通信媒体上展示商品；商业管理辅助；市场营销；为商品和服务的买卖双方提供在线市场；寻找赞助；组织商业或广告展览	有效

续　表

序号	申请号	注册号	申请人名称	商标名称/形式	类别	类似群组	商品/服务	是否有效
195	61609413	61609413	内蒙古英格苏生物科技有限公司	皦莫	29	2901；2903；2907	肉冻；肉罐头；牛奶；酸奶；乳酒（奶饮料）；奶粉；奶油（奶制品）；肉；肉干	申请中
196	58555663	58555663	内蒙古英格苏生物科技有限公司	呵驼	35	3501；3502；3503；3508	电视广告；广告宣传；进出口代理；商业管理辅助；市场营销；特许经营的商业管理；为商品和服务的买卖双方提供在线市场；上展示商品；组织商业或广告展览；寻找赞助	有效
197	56634229	56634229	内蒙古英格苏生物科技有限公司	英格苏	24	2401；2406；2407	被絮；被子；床上用毯；法兰绒（织物）；纺织品制窗帘圈；毛巾被；毛毯；棉毯；褥子（床用织品）；丝绒	有效
198	55301543	55301543	内蒙古英格苏生物科技有限公司	天赐驼品	35	3502；3503；3508	进出口代理；商业管理辅助；市场营销；特许经营的商业管理；为商品和服务的买卖双方提供在线市场；寻找赞助；组织商业或广告展览	有效
199	56647170	56647170	内蒙古英格苏生物科技有限公司	英格苏	25	2501；2502；2503；2504；2505；2510；2511	服装；紧身衣裤；内衣；披肩；皮制长外衣；手套（服装）；童装；药物用衣；羽绒服装；针织服装	有效
200	42890631	42890631	内蒙古英格苏生物科技有限公司	英格苏	05	0501；0502	补药；膳食纤维；维生素制剂；医用冻干食物；医用营养品；医用营养饮料；婴儿配方奶粉；营养补充剂	有效
201	55278562	55278562	内蒙古英格苏生物科技有限公司	CAMELEST	05	0501；0502	补药；膳食纤维；维生素制剂；医用冻干食物；医用营养品；医用营养饮料；婴儿配方奶粉；营养补充剂	有效
202	57495378	57495378	内蒙古英格苏生物科技有限公司	英格苏	35	3501；3502；3503；3508	电视广告；广告宣传；进出口代理；商业管理辅助；市场营销；特许经营的商业管理；为商品和服务的买卖双方提供在线市场；上展示商品；组织商业或广告展览；寻找赞助	驳回复审审查中

续 表

序号	申请号	注册号	申请人名称	商标名称/形式	类别	类似群组	商品/服务	是否有效
203	56614374	56614374	内蒙古英格苏生物科技有限公司	英格苏	03	0301；0306；0307	肥皂；化妆品；洁肤乳液；美容面膜；皮肤增白霜；洗发液；洗面奶；香皂；牙膏；浴液	有效
204	42878115	42878115	内蒙古英格苏生物科技有限公司	英格苏	29	2901；2903；2907	奶粉；奶酪；奶油（奶制品）；牛奶；肉；肉干；肉罐头；乳酒（奶饮料）	有效
205	46474807	46474807	内蒙古英格苏生物科技有限公司	图形	29	2903；2907	高含奶量的牛奶饮料；奶酪；奶油（奶制品）；肉罐头；乳酒（奶饮料）；饮用酸奶；营养奶粉	有效
206	47216305	47216305	内蒙古英格苏生物科技有限公司	友驼	29	2901；2903；2907	奶粉；奶酪；奶油（奶制品）；肉；肉冻；肉干；肉罐头；乳酒（奶饮料）；酸奶	有效
207	48802802	48802802	内蒙古英格苏生物科技有限公司	呵驼	29	2901；2903；2907	奶粉；奶酪；奶油（奶制品）；牛奶；肉；肉干；肉冻；肉罐头；乳酒（奶饮料）；酸奶	有效
208	55946702	55946702	内蒙古英格苏生物科技有限公司	戈壁鲜	29	2901；2903；2907	奶粉；奶酪；奶油（奶制品）；牛奶；肉；肉干；肉冻；肉罐头；乳酒（奶饮料）；酸奶	有效
209	55948698	55948698	内蒙古英格苏生物科技有限公司	戈壁鲜路	29	2901；2903；2907	奶粉；奶酪；奶油（奶制品）；牛奶；肉；肉干；肉冻；肉罐头；乳酒（奶饮料）；酸奶	有效
210	47228051	47228051	内蒙古英格苏生物科技有限公司	友驼	30	3001；3004；3006；3013	冰糕；冰淇淋；饼干；蛋糕；糕点；加奶咖啡饮料；奶片（糖果）；糖果（甜食）；甜食	有效
211	56832421	56832421	内蒙古英格苏生物科技有限公司	驼奶英格苏焕新生命力	05	0501；0502	补药；膳食纤维；维生素制剂；医用冻干食物；医用生物制剂；医用营养饮料；医用冻干营养品；婴儿配方奶粉；婴儿食品；营养补充剂	驳回中
212	55304550	55304550	内蒙古英格苏生物科技有限公司	驼圣源	05	0501	医用生物制剂	有效
213	55282575	55282575	内蒙古英格苏生物科技有限公司	驼圣源	29	2903	肉罐头	有效

续 表

序号	申请号	注册号	申请人名称	商标名称/形式	类别	类似群组	商品/服务	是否有效
214	43882093	43882093	内蒙古英格苏生物科技有限公司	英格苏	35	3501; 3502; 3503; 3508	广告宣传；电视广告；为零售目的在通信媒体上展示商品；商业管理辅助；特许经营的商业管理；组织商业或广告展览；为商品和服务的买卖双方提供在线市场；市场营销；进出口代理；寻找赞助	有效
215	43894942	43894942	内蒙古英格苏生物科技有限公司	英格苏	33	3301	果酒（含酒精）；葡萄酒；烈酒（饮料）；白酒；清酒（日本米酒）；黄酒；食用酒精；烧酒；米酒；酒精饮料（啤酒除外）	有效
216	55973098	55973098	内蒙古英格苏生物科技有限公司	戈壁鲜	35	3501; 3502; 3503; 3508	电视广告；广告宣传；进出口代理；商业管理辅助；市场营销；特许经营的商业管理；为零售目的在通信媒体上展示商品；为商品和服务的买卖双方提供在线市场；寻找赞助；组织商业或广告展览	有效
217	55276585	55276585	内蒙古英格苏生物科技有限公司	CAMELEST	35	3501; 3502; 3503; 3508	进出口代理；为商品和服务的买卖双方提供在线市场；广告宣传；商业管理辅助；特许经营的商业管理；市场营销；寻找赞助；为零售目的在通信媒体上展示商品；电视广告；组织商业或广告展览	有效
218	56630942	56630942	内蒙古英格苏生物科技有限公司	英格苏	41	4101; 4102; 4105	安排和组织大会；安排和组织专家讨论会；安排和组织培训班；培训；娱乐服务；组织体育比赛；组织文化活动；组织文化或教育展览	有效
219	56630943	56630943	内蒙古英格苏生物科技有限公司	英格苏	44	4401; 4403; 4404	动物养殖；护理院；康复中心；老年人护理中心；疗养院；农场设备出租；人工授精（替动物）；兽医辅助；休养所；饮食营养指导	有效
220	56623689	56623689	内蒙古英格苏生物科技有限公司	英格苏	40	4003; 4008; 4009; 4010; 4015	动物标本剥制；纺织品精加工；皮革加工；食品加工机器和设备出租；食品加工；食物和饮料的防腐处理；食物冷冻；食物熏制；药材加工；饮料加工机器和设备出租；榨水果	有效

续　表

序号	申请号	注册号	商标名称/形式	类别	类似群组	商品/服务	是否有效
221	43882092	43882092	英格苏	32	3203；3201	制饮料用糖浆；啤酒	有效
222	43894941	43894941	英格苏	31	3108	牲畜用盐；饲养备料；动物食品；动物食用鱼粉；牲畜食用玉米饼；动物食用小麦胚芽；动物饲料用氧化钙；动物食用豆粕类种子和豆荚；动物饲料	有效
223	55301541	55301541	CAMELEST	29	2901；2903；2907	肉冻；肉罐头；奶酪；奶油（奶制品）；酸奶；肉；奶粉；乳酒（奶饮料）；肉干；牛奶	有效
224	43872152	43872152	英格苏	30	3004；3006；3013	冰糕；冰棍；冰淇淋；饼干；蛋糕；糕点；奶片（糖果）；糖果；甜食（甜食）；甜食	有效
225	61541659	61541659	戈壁纯	29	2903；2907；2901	肉罐头；奶酪；牛奶；酸奶；乳酒（奶饮料）；奶粉；奶油（奶制品）；肉干；肉；肉冻	申请中
226	61541677	61541677	英格苏乳业	29	2901；2903；2907	肉干；肉；肉冻；肉罐头；奶酪；牛奶；酸奶；乳酒（奶饮料）；奶粉；奶油（奶制品）	申请中
227	61541672	61541672	英格苏纯	29	2901；2903；2907	肉干；肉；肉冻；肉罐头；奶酪；牛奶；酸奶；乳酒（奶饮料）；奶粉；奶油（奶制品）	申请中
228	61551422	61551422	英格苏鲜	29	2901；2903；2907	肉干；肉；肉冻；肉罐头；奶酪；牛奶；酸奶；乳酒（奶饮料）；奶粉；奶油（奶制品）	申请中
229	50780347	50780347	图形	35	3501；3502；3503；3508	电视广告；广告宣传；进出口代理；特许经营的商业管理；商业管理辅助；市场营销；特许经营的商业管理；为零售目的在通信媒体上展示商品；为商品和服务的买卖双方提供在线市场；寻找赞助；组织商业或广告展览	无效
230	59229130	59229130	英格苏路驼奶	16	1601；1604；1609	包装用纸袋或塑料袋（信封、小袋）；食品和饮料用镂花模板；包装纸；瓶用纸制或纸板制包装纸；纸或纸板制广告牌；纸或纸板制垫板；包装材料（减震或填充用）；箱纸板；纸或纸板制标志牌；纸制或塑料制垃圾袋；纸制或纸板制盒	有效

续 表

序号	申请号	注册号	申请人名称	商标名称/形式	类别	类似群组	商品/服务	是否有效
231	52947610	52947610	内蒙古英格苏生物科技有限公司	蒙驼	01	0106；0109	氮肥；堆肥；肥料；肥料制剂；腐殖土；化学肥料；生物化学催化剂；土壤调节剂；有机肥料；植物肥料	有效
232	61549643	61549643	内蒙古英格苏生物科技有限公司	英格苏乳业	35	3501；3502；3503；3508	电视广告；为零售目的在通信媒体上展示商品；广告宣传；商业管理辅助；特许经营的商业管理；组织商业或广告展览；为商品和服务的买卖双方提供在线市场；市场营销；进出口代理；寻找赞助	申请中
233	55313755	55313755	内蒙古英格苏生物科技有限公司	天赐驼品	29	2901；2903；2907	奶粉；奶酪；奶油（奶制品）；牛奶；肉；肉冻；肉干；肉罐头；乳酒（奶饮料）；酸奶	无效
234	56834517	56834517	内蒙古英格苏生物科技有限公司	驼奶英格苏焕新生命力	29	2901；2903；2907	奶粉；奶酪；奶油（奶制品）；牛奶；肉；肉冻；肉干；肉罐头；乳酒（奶饮料）；酸奶	驳回中
235	56837933	56837933	内蒙古英格苏生物科技有限公司	驼奶英格苏焕新生命力	35	3501；3502；3503；3508	电视广告；广告宣传；进出口代理；商业管理辅助；市场营销；特许经营的商业管理；为商品和服务的买卖双方提供在线市场；上展示商品；组织商业或广告展览；寻找赞助	驳回复审审查中
236	59484514	59484514	内蒙古英格苏生物科技有限公司	焕新胶囊	29	2903	肉罐头	有效
237	59488297	59488297	内蒙古英格苏生物科技有限公司	红小驼	29	2901；2903；2907	奶粉；奶酪；奶油（奶制品）；牛奶；肉；肉冻；肉干；肉罐头；酸奶	有效
238	56839390	56839390	内蒙古英格苏生物科技有限公司	驼奶英格苏焕新生命力	16	1601；1604；1609	包装用纸袋或塑料袋（信封、小袋）；包装纸；瓶用纸制或纸板制包装物；食品和饮料用镀花模板；箱纸板；纸或纸板制（减震或填充用）包装材料；纸或纸板制广告牌；纸制或塑料制垃圾袋；纸制或纸板制纸盒	驳回中
239	48931200	48931200	阿拉善誉盟康源奶业有限公司	恩可温都日	29	2907；2908	黄油；奶；奶茶（以奶为主）；奶酪；奶替代品；奶饮料（以奶为主）；奶油（奶制品）；奶制品；食用油脂；酸奶	有效

续 表

序号	申请号	注册号	申请人名称	商标名称/形式	类别	类似群组	商品/服务	是否有效
240	48928393	48928393	阿拉善盟康源奶业有限公司	恩可温都日	35	3501;3502;3503;3504;3506;3507;3508	广告;商业审计;特许经营的商业管理;替他人推销;为商品和服务的买卖双方提供在线市场;为零售目的在通信媒体上展示商品;为商业或广告目的汇编信息;索引;自由职业者的商业管理;寻找赞助;组织商业或广告展览	有效
241	39771787	39771787	阿拉善盟康源奶业有限公司	康源	29	2907	奶酪;牛奶;牛奶制品;羊奶;奶粉;奶茶（以奶为主）;酸奶;奶油（奶饮料）;乳清	无效
242	61693419A	61693419A	阿拉善盟爱心雅商贸有限责任公司	开元爱心	29	2901;2903;2904;2905;2906;2908;2911;2912;2913	蛋;豆腐制品;干食用菌;加工过的坚果;肉;肉罐头;食用油;腌制蔬菜;腌制水果	申请中
243	61693419	61693419	阿拉善盟爱心雅商贸有限责任公司	开元爱心	29	2907;2903;2904;2905;2906;2908;2911;2912;2901;2913	奶;肉罐头;腌制水果;腌制蔬菜;蛋;食用油;加工过的坚果;干食用菌;肉;豆腐制品	申请中
244	33131616	33131616	阿拉善盟爱心雅商贸有限责任公司	图形	35	3501;3502;3503;3504;3505;3506;3507;3508;3509	广告宣传;商业管理辅助;替他人推销;为商品和服务的买卖双方提供在线市场;人事管理咨询;商业企业迁移;计算机文档管理;会计;销售展示架出租;药用、兽医用、卫生用制剂和医疗用品的零售服务	无效
245	32440946	32440946	阿拉善盟爱心雅商贸有限责任公司	开元爱心	35	3501;3502;3503;3504;3505;3506;3507;3509	广告宣传;产品展示;商业专业咨询;为商品和服务的买卖双方提供在线市场;替他人推销;人事管理咨询;商业企业迁移;计算机文档管理;会计;药用、兽医用、卫生用制剂和医疗用品的零售服务	有效
246	32619431	32619431	阿拉善盟爱心雅商贸有限责任公司	开元生鲜	29	2901;2902;2903;2904;2905;2906;2907;2908;2911;2912;2913	肉;鱼（非活）;肉罐头;加工过的坚果;蛋;牛奶制品;腌制水果;腌制蔬菜;干食用菌;豆腐制品	无效

续 表

序号	申请号	注册号	商标名称/形式	类别	类似群组	商品/服务	是否有效
247	32616141	32616141	开元生鲜	30	3002；3006；3007；3008；3009	茶饮料；面包；饺子；面条	无效
248	32616158	32616158	开元生鲜	31	3110	动物栖息用干草	无效
249	32618992	32618992	开元生鲜	05	0503	净化剂	无效
250	32618992A	32618992A	开元生鲜	05	0503	净化剂	有效
251	32616141A	32616141A	开元生鲜	30	3007；3009	饺子；面条	有效
252	32616158A	32616158A	开元生鲜	31	3110	动物栖息用干草	有效
253	15024441	15024441	沙漠之神 THE GOD OF DESERT	24	2401；2403；2406	装饰织品；纺织品制壁挂；床上用覆盖物；床上用毯；被子；褥子；毛毯；床单和枕套；旅行用毯（膝盖保暖用）；毛巾被	有效
254	15024438	15024438	沙漠之神 THE GOD OF DESERT	05	0501；0502	药酒；医用生物制剂；片剂；药物饮料；维生素制剂；医用氨基酸；糖尿病人食用的面包；医用营养饮料；蛋白质膳食补充剂；婴儿奶粉	有效
255	36383361	36383361	甄牧山	29	2901；2903；2904；2905；2906；2907；2908；2911	蛋；加工过的坚果；牛奶制品；食用油脂；水果罐头；酸奶；腌制蔬菜；以果蔬为主的零食小吃；以水果为主的零食小吃；猪肉	有效
256	15024442	15024442	沙漠之神 THE GOD OF DESFRT	25	2501；2502；2503；2504；2505；2510；2511	内衣；绒衣；服装；成品衣；外套；针织服装；睡衣裤；手套（服装）；披肩；披巾	有效

续 表

序号	申请号	注册号	申请人名称	商标名称/形式	类别	类似群组	商品/服务	是否有效
257	49012341	49012341	内蒙古沙漠之神生物科技有限公司	甄牧山	35	3501; 3502; 3503; 3507	产品展示; 电话市场营销; 电子布告牌广告; 广告; 会计; 进出口代理; 散发说明书和样品 (替其他人采购 (替其他企业购买商品或服务); 替他人推销	有效
258	15748652	15748652	内蒙古沙漠之神生物科技有限公司	沙漠之神 THE GOD OF DESERT	35	3504; 3505; 3506; 3507; 3508	自由职业者的商业管理; 商业企业迁移; 办公机器和设备出租; 会计; 寻找赞助	有效
259	15024440	15024440	内蒙古沙漠之神生物科技有限公司	沙漠之神 THE GOD OF DESERT	20	2006	水晶画; 泥塑工艺品; 软木工艺品; 漆器工艺品; 羽管毛工艺品; 玻璃钢工艺品	有效
260	15024437	15024437	内蒙古沙漠之神生物科技有限公司	沙漠之神 THE GOD OF DESERT	03	0306	化妆洗液; 防皱霜; 增白霜; 祛斑霜; 化妆品; 洗澡用化妆品; 美容面膜; 皮肤增白霜; 成套化妆品; 乌发乳	有效
261	52048631	52048631	内蒙古沙漠之神生物科技有限公司	沙漠之神 THE GOD OF DESERT	27	2701; 2702; 2703; 2704	地板覆盖物; 地毯; 地毯底衬; 滑雪斜坡用编织绳索; 汽车用脚垫; 墙纸; 人工草皮; 席; 亚麻油地毡	无效
262	46507028	46507028	内蒙古沙漠之神生物科技有限公司	希醇	29	2907; 2913	豆奶; 奶粉; 奶酪; 乳酪; 奶油 (奶制品); 牛奶; 奶制品; 烹饪用蛋白; 乳清; 酸奶	申请中
263	46531806	46531806	内蒙古沙漠之神生物科技有限公司	驼初选	29	2907; 2913	豆奶; 奶粉; 奶酪; 乳酪; 奶油 (奶制品); 牛奶; 牛奶制品; 烹饪用蛋白; 乳清; 酸奶	申请中
264	52030964	52030964	内蒙古沙漠之神生物科技有限公司	至品驼乳	30	3001; 3004; 3006; 3010	糕点; 可可粉; 奶片 (糖果); 牛奶巧克力; 牛奶硬块糖 (糖果); 巧克力; 燕麦食品; 以谷物为主的零食小吃; 以咖啡为主的饮料	无效

续　表

序号	申请号	注册号	申请人名称	商标名称/形式	类别	类似群组	商品/服务	是否有效
265	52065199	52065199	内蒙古沙漠之神生物科技有限公司	沙漠之神 THE GOD OF DESERT	41	4101；4102；4103；4104；4105；4106；4107	安排和组织培训班；出借书籍的图书馆；动物园服务；教育；就业指导（教育或培训顾问）；书籍出版；为艺术家提供模特服务；无线电文娱节目；学校（教育）；职业再培训	无效
266	52006615	52006615	内蒙古沙漠之神生物科技有限公司	沙漠之神 THE GOD OF DESERT	02	0201；0202；0203；0204；0205；0206；0207	防腐蚀剂；染料；食用色素；树胶脂；松香；颜料；印刷油墨；油漆；制革用墨；着色剂	无效
267	15024439	15024439	内蒙古沙漠之神生物科技有限公司	沙漠之神 THE GOD OF DESERT	18	1801；1802	半加工或未加工皮革；家畜皮；旅行用具（皮件）；旅行箱；公文箱；手提包；旅行包；手提箱；皮箱或皮纸板箱；（女式）钱包	有效
268	15024443	15024443	内蒙古沙漠之神生物科技有限公司	沙漠之神 THE GOD OF DESERT	29	2901；2907	肉干；肉松；火腿；肉片；马或路驼乳酒（奶饮料）；奶油（奶制品）；奶酪；酸奶；凝乳	有效
269	47078465	47078465	内蒙古沙漠之神生物科技有限公司	驼初选	29	2907；2913	豆奶；奶酪；奶油（奶制品）；牛奶；烹饪用蛋白；乳酪；乳清；酸奶	有效
270	8958704	8958704	内蒙古沙漠之神生物科技有限公司	至品驼乳 HIGH GRADE CAMEL MILK	29	2901；2907	肉；驼奶	有效
271	47101426	47101426	内蒙古沙漠之神生物科技有限公司	希醇	29	2907；2913	豆奶；奶粉；奶酪；奶油（奶制品）；奶制品；牛奶；烹饪用蛋白；乳酪；乳清；酸奶	有效
272	52063761	52063761	内蒙古沙漠之神生物科技有限公司	沙漠之神 THE GOD OF DESERT	09	0901；0903；0904；0907；0919；0921；0922	秤；导航仪器；电池；个人用防事故装置；考勤机；可下载的计算机应用软件；可下载的手机应用软件；眼镜；眼能手机；已录制的或可下载的计算机软件平台；智能手机	无效

续 表

序号	申请号	注册号	申请人名称	商标名称/形式	类别	类似群组	商品/服务	是否有效
273	52047061	52047061	内蒙古沙漠之神生物科技有限公司	沙漠之神 THE GOD OF DESERT	12	1201; 1202; 1204; 1205; 1207; 1208; 1209; 1210; 1211	补内胎用全套工具; 机动三轮车; 脚踏车打气筒; 空中运载工具; 缆车; 陆、空、水或铁路用机动运载工具; 汽车; 雪橇(运载工具); 运载工具用门	无效
274	52036664	52036664	内蒙古沙漠之神生物科技有限公司	沙漠之神 THE GOD OF DESERT	13	1301; 1302; 1303; 1304	催泪武器; 发令纸; 个人防护用喷雾; 火药; 机动武器; 枪瞄准镜; 炸药; 子弹	无效
275	52066544	52066544	内蒙古沙漠之神生物科技有限公司	沙漠之神 THE GOD OF DESERT	22	2202; 2203; 2204; 2205	被褥用羽毛; 纺织品制工业包装容器; 蒙古包; 兽毛; 填料用羽绒; 驼毛; 鸭绒毛; 羊毛(原材料); 羊驼毛; 羽绒	无效
276	52035804	52035804	内蒙古沙漠之神生物科技有限公司	沙漠之神 THE GOD OF DESERT	30	3001; 3004; 3007; 3013; 3019	冰、冻酸奶(冰冻甜点); 搅稠奶油制剂; 奶片(糖果); 牛奶巧克力; 牛奶硬块糖(糖果); 巧克力; 糖块; 以咖啡为主的饮料; 主要由米制成的冻干食品	无效
277	52063419	52063419	内蒙古沙漠之神生物科技有限公司	沙漠之神 THE GOD OF DESERT	34	3401; 3402; 3403; 3404; 3405; 3406; 3407	除香精油外的烟草用调味品; 电子香烟烟液; 非医用含烟草代用品的香烟; 火柴; 吸烟用打火机; 香烟; 香烟过滤嘴; 烟草; 烟袋; 烟罐	无效
278	52063452	52063452	内蒙古沙漠之神生物科技有限公司	沙漠之神 THE GOD OF DESERT	37	3701; 3702; 3703; 3706; 3707; 3708; 3711; 3712; 3716; 3717	保险库的保养和修理; 采矿; 电器的安装和修理; 航空器保养和修理服务; 建筑设备出租; 建筑信息; 汽车保养和修理; 清洗衣服; 消毒; 钟表修理	无效
279	52066465	52066465	内蒙古沙漠之神生物科技有限公司	沙漠之神 THE GOD OF DESERT	11	1101; 1105; 1106; 1107; 1108; 1109; 1110	冰床; 灯; 工业用中央空调设备; 家用冰箱; 淋浴喷头; 牛奶消毒器; 排气风扇; 热气风嘴; 医用消毒设备; 自动水龙头	无效
280	52063503	52063503	内蒙古沙漠之神生物科技有限公司	沙漠之神 THE GOD OF DESERT	14	1401; 1402; 1403; 1404	宝石; 表; 表用礼品盒; 电子万年台历; 链(首饰); 首饰盒; 首饰用小饰物; 未加工或半加工贵金属; 未加工或半加工墨玉; 钟	无效

续表

序号	申请号	注册号	申请人名称	商标名称/形式	类别	类似群组	商品/服务	是否有效
281	52035396	52035396	内蒙古沙漠之神生物科技有限公司	沙漠之神 THE GOD OF DESERT	26	2601；2602；2603；2604；2605；2606；2607；2608；2609	除圣诞树以外的人造植物；服装扣；假胡子；拉链带；头发装饰品；胸罩衬骨；修补纺织品用热黏合补片；亚麻织品标记用字母；衣服饰边；针	无效
282	52035006	52035006	内蒙古沙漠之神生物科技有限公司	沙漠之神 THE GOD OF DESERT	42	4209；4216；4217；4220	工业品外观设计；计算机软件设计；技术研究；建筑设计；提供互联网搜索引擎；替他人研究和开发新产品；托管计算机站（网站）；网络服务器出租；信息技术咨询服务；质量体系认证	无效
283	52064959	52064959	内蒙古沙漠之神生物科技有限公司	沙漠之神 THE GOD OF DESERT	17	1701；1702；1703；1704；1705；1706；1707；1708	保温用非导热材料；电绝缘材料；防水包装物；非金属软管；封拉线（卷烟）；未加工或半加工树胶；未加工或部分加工云母；橡胶或塑料制（减震或其充用）包装材料；橡胶绳；橡胶皮圈	无效
284	52050756	52050756	内蒙古沙漠之神生物科技有限公司	沙漠之神 THE GOD OF DESERT	39	3902；3903；3904；3905；3907；3908；3909；3910；3912	操作运河水闸；管道运输；货物递送；快递服务；能源分配；汽车运输；潜水钟出租；拖运；运载工具（车辆）出租；运载工具故障牵引服务	无效
285	52031528	52031528	内蒙古沙漠之神生物科技有限公司	沙漠之神 THE GOD OF DESERT	07	0701；0702；0703；0704；0705；0706；0707；0708；0709；0710；0723；0725；0733；0752	纺织机；粉碎机；搅拌机；浸染机；木材加工机；酿造机器；农业机械；凸版印刷机；造纸机；制浆机械	无效
286	52049263	52049263	内蒙古沙漠之神生物科技有限公司	沙漠之神 THE GOD OF DESERT	10	1001；1002；1003；1004；1005；1006；1007；1009	避孕套；缝合材料；健美按摩设备；理疗设备；奶瓶；人造外科植物；兽医用器械和工具；牙科设备和仪器；医用X光产生装置和设备；医用冰袋	无效
287	52037133	52037133	内蒙古沙漠之神生物科技有限公司	沙漠之神 THE GOD OF DESERT	23	2301；2302；2303	精纺棉；精纺羊毛；绢丝；落丝；毛线；人造丝；纱；丝线和纱；线	无效

续 表

序号	申请号	注册号	申请人名称	商标名称/形式	类别	类似群组	商品/服务	是否有效
288	52053629	52053629	内蒙古沙漠之神生物科技有限公司	沙漠之神 THE GOD OF DESERT	21	2101；2102；2104；2105；2106；2107；2108；2112；2113	保温杯；瓷器装饰品；搓衣板；家用或厨房用容器；垃圾桶；日用玻璃器皿（包括杯、盘、盅、缸）；手动清洁器具；刷子；未加工或半加工玻璃（建筑玻璃除外）；牙刷	无效
289	52045154	52045154	内蒙古沙漠之神生物科技有限公司	沙漠之神 THE GOD OF DESERT	31	3101；3102；3103；3104；3105；3106；3107；3108；3109	动物食品；谷（谷类）；活动物；酿酒麦芽；树木；新鲜坚果；新鲜蔬菜；植物；植物种子	无效
290	52051604	52051604	内蒙古沙漠之神生物科技有限公司	沙漠之神 THE GOD OF DESERT	32	3201；3202；3203	茶味非酒精饮料；果昔；矿泉水（饮料）；米制饮料（非奶替代品）；啤酒；水（饮料）；苏打水；脱醇啤酒；制作饮料用无酒精配料	无效
291	52040519	52040519	内蒙古沙漠之神生物科技有限公司	沙漠之神 THE GOD OF DESERT	36	3602；3604	办公室（不动产）出租；不动产出租；共用办公室出租；贷款融资；风险资本融资；公寓出租；融资服务；资本投资；车辆融资租赁；金融贷款；汽车融资租赁	无效
292	52044832	52044832	内蒙古沙漠之神生物科技有限公司	沙漠之神 THE GOD OF DESERT	38	3801；3802	电视播放；计算机终端通信；数据流传输；数字文件传送；提供互联网聊天室；提供全球计算机网络用户接入服务；提供数据库接入服务；提供与全球计算机网络的电信连接服务；提供在线论坛；信息传送	无效
293	52045208	52045208	内蒙古沙漠之神生物科技有限公司	沙漠之神 THE GOD OF DESERT	40	4001；4002；4003；4004；4006；4007；4008；4009；4011；4015	剥制加工；茶叶加工；吹制玻璃器皿；打磨；纺织品精加工；金属加工；木器制作；烧制陶器；艺术品装框；印刷	无效
294	52065221	52065221	内蒙古沙漠之神生物科技有限公司	沙漠之神 THE GOD OF DESERT	43	4301；4302；4303；4305；4306	餐馆信息服务；餐厅；茶馆；出租椅子、桌子、桌布和玻璃器皿；动物寄养；酒店住宿服务；烹饪设备出租；提供野营地设施；养老院；度假村提供临时住宿	无效
295	52062576	52062576	内蒙古沙漠之神生物科技有限公司	沙漠之神 THE GOD OF DESERT	44	4401；4402；4403；4404；4405	动物养殖；卫生设备出租；老年人护理中心；美容服务；健康咨询；医院；疗养院；心理专家服务；园林景观设计；园艺	无效

序号	申请号	注册号	申请人名称	商标名称/形式	类别	类似群组	商品/服务	是否有效
296	52056721	52056721	内蒙古沙漠之神生物科技有限公司	沙漠之神 THE GOD OF DESERT	45	4501;4502;4503;4505;4506	安全及防盗警报系统的监控;保姆服务;计划和安排婚礼服务;开门锁服务;礼服出租;社交陪伴;失物招领局服务;为法律咨询目的监控知识产权;消防;侦探服务	无效
297	52039679	52039679	内蒙古沙漠之神生物科技有限公司	沙漠之神 THE GOD OF DESERT	08	0801;0802;0803;0804;0805;0806;0807;0808;0809;0810;0811;0812	餐具(刀、叉和匙);除火器外的随身武器;动物剥皮用器具和工具;美工刀;磨具(手工具);钳;杀虫剂用喷酒器;手动的手工具;剃须刀;熨斗	无效
298	52001393	52001393	内蒙古沙漠之神生物科技有限公司	沙漠之神 THE GOD OF DESERT	01	0101;0102;0103;0106;0107;0108;0111;0112;0113;0116	工业用固态气体;焊接用化学品;碱;金属退火剂;木浆;摄影用还原剂;生物化学催化剂;食物防腐用化学品;未加工塑料;原子堆用燃料	无效
299	52042335	52042335	内蒙古沙漠之神生物科技有限公司	沙漠之神 THE GOD OF DESERT	15	1501;1502	拨弦片;鼓槌;乐器;乐器盒;乐器琴弓;乐器弦;校音钻头;音乐盒;指挥棒	无效
300	52053958	52053958	内蒙古沙漠之神生物科技有限公司	沙漠之神 THE GOD OF DESERT	16	1601;1603;1609;1610;1611;1618;1619;1620	办公用打孔、切纸两用机;包装用纸袋或塑料袋(信封、小袋);保鲜膜;便携式印刷成套工具(办公用品);地球仪;建筑模型;教学材料(仪器除外);文具;纸制餐具垫	无效
301	52051256	52051256	内蒙古沙漠之神生物科技有限公司	沙漠之神 THE GOD OF DESERT	19	1901;1906;1907;1908;1909;1910;1911;1912;1913;1914	瓷砖;非金属建筑物;非金属制屋顶覆盖物;建筑用玻璃;建筑用焦油条;木材;耐火纤维;石、混凝土或大理石制塑像;涂层(建筑材料);制砖用黏合料	无效
302	52056629	52056629	内蒙古沙漠之神生物科技有限公司	沙漠之神 THE GOD OF DESERT	33	3301	白酒(含酒精);黄酒;鸡尾酒;开胃酒;烈酒(饮料);米酒;苹果酒;葡萄酒;烧酒	无效

续 表

序号	申请号	注册号	申请人名称	商标名称/形式	类别	类似群组	商品/服务	是否有效
303	52004587	52004587	内蒙古沙漠之神生物科技有限公司	图形	30	3001; 3004; 3006; 3010	糕点; 可可粉; 奶片; 巧克力; 牛奶硬块糖（糖果）; 牛奶巧克力; 巧克力; 糖果; 燕麦食品; 以谷物为主的零食小吃; 以咖啡为主的饮料	无效
304	52032764	52032764	内蒙古沙漠之神生物科技有限公司	沙漠之神 THE GOD OF DESERT	28	2801; 2802; 2803; 2805; 2806; 2807; 2808; 2809; 2811; 2812	钓鱼用具; 锻炼身体器械; 竞技手套; 啦啦队用指挥棒; 棋; 射箭用器械; 玩具; 游戏器具; 游泳池（娱乐用品）	无效
305	52001864	52001864	内蒙古沙漠之神生物科技有限公司	沙漠之神 THE GOD OF DESERT	04	0401; 0402; 0403; 0404; 0405; 0406; 0407	除尘制剂; 纯地蜡; 电; 工业用油脂; 火绒; 煤; 用油脂; 燃料; 润滑油; 照明用蜡	无效
306	52031069	52031069	内蒙古沙漠之神生物科技有限公司	沙漠之神 THE GOD OF DESERT	06	0601; 0602; 0603; 0611; 0615; 0619; 0620; 0622; 0623; 0624	电子保险柜; 动物挂铃; 方铅矿（矿石）; 金属风门标; 金属管; 金属建筑材料; 金属墓板; 普通金属艺术品; 树木金属保护器; 未加工或半加工普通金属; 皮革	无效

四、在2907群组与传统奶制品商品相关的类别申请和注册商标的数据

附表4　民事主体在2907群组与传统奶制品商品相关的类别申请商标和注册商标的详细数据

序号	商标名称	申请号注册号	类别	商品/服务	申请日期	注册公告日期	专用权期限	申请人	申请人地址	法律状态
1		34910449	29	肉；牛肉干；冷冻肉；黄油；黄油乳脂；奶油（奶制品）；牛奶；牛奶饮料（以牛奶为主）；牛奶制品	2018-11-26	2019-07-14	2019-07-14 至 2029-07-13	锡林郭勒盟额尔敦韵鲁食品有限公司	内蒙古自治区锡林郭勒盟锡林浩特市那达慕大街东段中小企业园区	有效
2	毕希拉格	16146804	29	肉；牛肉干；黄油；奶油（奶制品）；奶酪；牛奶；酸奶；牛奶制品；乳清；牛奶饮料（以牛奶为主）	2015-01-13	2016-03-14		锡林浩特市锡林敖包奶牛养殖专业合作社	内蒙古自治区锡林郭勒盟锡林浩特市宝力根苏木	注册商标被撤销无效
3	毕希拉格	54194733	29	肉干；肉；牛奶；奶油（奶制品）；牛奶制品；黄油；酸奶；奶酪；牛奶饮料（以牛奶为主）；加工过的坚果	2021-03-10	2021-12-07	2021-12-07 至 2031-12-06	内蒙古蒙旺达食品有限公司	内蒙古自治区乌兰察布市察哈尔右翼前旗平地泉镇花村（旧208国道西）	有效
4	楚拉	50909706	29	肉；以牛奶为主的牛奶饮料；奶昔；奶茶（以奶为主）；奶酪；牛奶；牛奶制品；酸奶饮料；马奶酒（奶饮料）；木耳	2020-11-02			呼伦贝尔诺敏阿拉塔牧业有限公司	内蒙古自治区呼伦贝尔市陈巴尔虎旗巴镇四居（砖木）	驳回无效
5	楚拉子	15170106	29	肉干；果酱；蛋；牛奶；奶粉；奶酪；牛奶饮料(以牛奶为主的)；木耳；豆腐	2014-08-18	2015-09-28	2015-09-28 至 2025-09-27	刘伟仁	内蒙古呼和浩特市赛罕区昭乌达路乌兰小区2号楼3单元9号	有效

续 表

序号	商标名称	申请号注册号	类别	商品/服务	申请日期	注册公告日期	专用权期限	申请人	申请人地址	法律状态
6	嚼克	29701720	29	肉；腌制蔬菜；蛋；食用油脂；食用油；干食用菌；豆腐制品；加工过的坚果；	2018-03-20	2019-03-14	2019-03-14 至 2029-03-13	呼伦贝尔诺敏阿拉塔牧业有限公司	内蒙古自治区呼伦贝尔市陈巴尔虎旗巴镇四居（砖木）	2907群组商品组商品被部分驳回
7	希日陶苏	44046339	29	人造奶油（乳制品替代物）；奶油；奶油（奶制品）；无水黄油；植物奶油；白奶酪；脱乳奶酪；鲜奶油；黄油；黄油乳脂	2020-02-11				高祥	内蒙古自治区巴彦淖尔市临河区水源路绿都小区CD1栋4单元6楼603号	驳回无效
8	黄格格 CEEGE	57022171	29	酸奶；奶酪；奶饮料（以奶为主）；牛奶；加可可的牛奶饮料；奶粉；营养奶粉；奶茶（以奶为主）；可可奶（以奶为主）；牛奶制品	2021-06-18				马强	北京市朝阳区松榆北路7号院10号楼609号	驳回无效
9	策格格	54061259	29	肉；以水果为主的零食小吃；加工过的水果；冻干蔬菜；汤浓缩汁；蛋；营养奶粉；食物用奶粉；奶粉；加工过的坚果	2021-03-05				马强	北京市朝阳区松榆北路7号院10号楼609号	驳回无效
10	策格	45406784	29	鱼子酱；蛋粉；蛋；食用油；豆腐制品；冬菇；肉；肉罐头；天然或人造的香肠肠衣；马奶酒（奶饮料）	2020-04-14	2021-03-21	2021-03-21 至 2031-03-20	四川影响力传媒有限公司	四川省成都市武侯区人民南路四段1号1栋1单元24层1-3号	2907群组商品组商品被部分驳回
11	奈荷泰昌	36637163	29	肉罐头；水果片；咸菜	2019-03-05	2019-12-28	2019-12-28 至 2029-12-27	王晓飞	内蒙古自治区赤峰市阿鲁科尔沁旗绍根镇爱根苗查一组	2907群组商品组商品被部分驳回

续表

序号	商标名称	申请号注册号	类别	商品/服务	申请日期	注册公告日期	专用权期限	申请人	申请人地址	法律状态
12	马策格	13298000	29	肉；油炸丸子；盐腌肉；香肠	2013-09-27	2015-04-07	2015-04-07至2025-04-06	内蒙古龙驹乳业股份有限公司	内蒙古自治区包头市高新技术产业开发区	2907群组商品部分驳回
13	搭日格	5991082	29	肉；鱼制食品；水果罐头；冷冻水果；速冻方便菜肴；黄油；奶油（奶制品）；酸乳酪；牛奶；牛奶饮料（牛奶为主的）；乳酒（以牛奶为主）；牛奶制品；奶茶（以奶为主）；乳清；可可牛奶（以奶为主）；酸奶；果冻	2007-04-10	2009-07-28	2019-07-28至2029-07-27	内蒙古蒙牛乳业（集团）股份有限公司	内蒙古自治区呼和浩特市和林格尔盛乐经济园区	有效
14	艾日格	72421582	29	以肉为主的预先准备好的菜；肉罐头；牛奶制品；液态奶制品；酸奶；固体奶；奶茶（以奶为主）；羊乳制品；黄油；奶酪	2023-06-25			鄂托克旗傲腾奶牛牧专业合作社	内蒙古自治区鄂尔多斯市鄂托克旗乌兰镇乌兰图克嘎查	驳回中
15	艾日格	5991263	29	肉；鱼制食品；水果罐头；冷冻水果；速冻方便菜肴；黄油；酸乳酪；牛奶；牛奶饮料（牛奶为主的）；乳酒（以牛奶为主）；牛奶制品；奶茶（以奶为主）；乳清；可可牛奶（以奶为主）；酸奶；果冻	2007-04-10	2009-07-28	2019-07-28至2029-07-27	内蒙古蒙牛乳业（集团）股份有限公司	内蒙古自治区呼和浩特市和林格尔盛乐经济园区	有效
16	达希岗格	25826478	29	水果罐头；豆沙；类可可脂；琼脂（食用）；肉干；鱼肉干；土豆泥；蛋	2017-08-11	2018-11-28	2018-11-28至2028-11-27	内蒙古田牧乳业有限公司	内蒙古自治区乌兰察布市察哈尔右翼前旗察哈尔工业园区（天辅公司院内）	2907群组商品部分驳回

续　表

序号	商标名称	申请号注册号	类别	商品/服务	申请日期	注册公告日期	专用权期限	申请人	申请人地址	法律状态
17	(查干伊德 图形)	6000072	29	奶油（奶制品）；黄油；牛奶制品；酸奶；奶酪；搅打过的奶油；奶茶（以奶为主）；人造黄油；牛奶				格日乐	内蒙古鄂托克旗乌兰镇第三居委会24栋7号	驳回无效
18	(CHAGANYIDE 查干伊德 图形)	40048744	29	肉；肉（腌制的）鱼制食品；冷冻水果；蛋；牛奶；酸奶；酸奶饮料；加工过的坚果；豆腐制品	2019-07-31			马玉柱	内蒙古自治区兴安盟乌兰浩特市山城路3号副35号2号楼5单元302	驳回无效
19	图德	73531767	29	冷冻肉；牛肉干；加工过的肉；加工过的海鲜；以水果为主的零食小吃；蛋；熟酸乳；奶制品；牛奶；加工过的坚果	2023-08-17			奈曼旗第一团网络传媒有限责任公司	奈曼旗第一团网络传媒有限责任公司	申请中

参考文献

著作

[1] 近腾哲郎. 商业模式2.0图鉴：全球100家新创企业的成功之道[M]. 李优雅，译. 北京：中国青年出版社，2020：102，233，247.

析出文献

[1] 我国知识产权证券化的模式、信用风险及防范研究[C]// 中国证券业协会. 中国证券业高质量发展论文集（2022）. 北京：中国财经出版传媒集团、中国财政经济出版社，2022：456-462.

期刊文献（按出现的先后顺序排序）

[1] 任声策，胡尚文. 面向2035年促进科技型中小企业知识产权发展的对策研究[J]. 中国科技论坛，2021（6）：6-9.

[2] 张玉利. 企业基础研究与偏向科学端的创新体系[J]. 南开学报（哲学社会科学版），2023（3）：32-39.

[3] 李敏，张先恩，刘云. 全球主要经济体企业科技创新版图分析及启示：中国企业加强基础研究是建设创新型国家的必然选择[J]. 中国科学院院刊，2022，37（9）：1270-1280.

[4] 蒋舒阳，庄亚明，丁磊. 产学研基础研究合作、财税激励选择与企业突破式创新[J]. 科研管理，2021（10）：40-47.

[5] 柳卸林，常馨之，杨培培. 加强企业基础研究能力，弥补国家创新体系短板[J]. 中国科学院院刊，2023（6）：853-862.

[6] 产学研协同创新研究课题组，李睿，李永周，等. 企业参与基础研究和颠覆性技术创新的思考与建议[J]. 教育与职业，2023（10）：42-46.

[7] 柳卸林. 大企业如何通过基础研究实现突破性创新[J]. 人民论坛·学术前沿，2023（9）：44-51.

[8] 张杰，白铠瑞. 中国高校基础研究与企业创新[J]. 经济研究，2022（12）：124-142.

[9] 苏美丽，刘凤芹. 基础研究投入与企业生产率差异：创新与选择效应[J]. 经济管理，2022（10）：5-21.

[10] 于晓琳，石军伟. 基础研究投入如何影响企业创新？：基于企业进入和退出的视角 [J]. 福建论坛（人文社会科学版），2022（10）：77-90.

[11] 刘岩，苏可蒙，高艳慧. 企业基础研究对技术创新绩效的影响：来自中国生物制药企业的分析 [J]. 科技进步与对策，2022（12）：102-111.

[12] 朱相宇，赵天朗. 论提升我国企业自主创新能力的关键环节与路径：兼析企业基础研究驱动要素及其提升策略 [J]. 价格理论与实践，2021（8）：96-99，186.

[13] 张龙鹏，邓昕. 基础研究发展与企业技术创新：基于国家重点实验室建设的视角 [J]. 南方经济，2021（3）：73-88.

[14] 辛冲，李明洋，吴怡雯. 企业知识基础与创新生态系统价值共创 [J]. 研究与发展管理，2022（2）：79-90.

[15] 赵炎，叶舟，韩笑. 创新网络技术多元化、知识基础与企业创新绩效 [J]. 科学学研究，2022（9）：1698-1709.

[16] 张紫璇，陈怀超. 知识基础对高新技术企业创新意愿的影响研究：知识场活性的调节效应与市场感知能力的中介效应 [J]. 科技进步与对策，2023（1）：142-150.

[17] 刘岩，蔡虹，裴云龙. 企业技术知识基础多元度对独立创新与合作创新平衡互补效应的影响 [J]. 科技进步与对策，2022（2）：111-120.

[18] 姜安印，张帆，苏志. 信息基础设施建设与企业创新"增量提质"关系研究：基于数字化、网络化、智能化时代特征的考量 [J]. 价格理论与实践，2023（1）：169-173.

[19] 高小玲，陆文月. 新基建、产业集聚与绿色技术创新：基于制造企业数据的实证研究 [J]. 研究与发展管理，2023（4）：19-33.

[20] 刘伟，徐可. 考虑IT基础设施作用的外部知识对企业流程创新影响的博弈模型 [J]. 运筹与管理，2022（10）：90-97.

[21] 冯娇，王楠楠，孙国帅，等. 中国企业在"一带一路"基础设施建设中的创新驱动发展：基于处理环境效应和随机误差的研究 [J]. 工业技术经济，2022（3）：12-18.

[22] 邱洋冬. 网络基础设施建设提升企业创新绩效的路径与异质性：来自"宽带中国"示范城市的经验证据 [J]. 西部论坛，2022（4）：89-107.

[23] 张宝友，吕旭芬，杨玉香，等. 质量基础设施、知识产权保护与企业技术创新

[J]. 产经评论，2022（4）：68-82.

[24] 王国栋，刘振宇，张殿华，等. 钢铁企业创新基础设施及研究进展[J]. 钢铁，2023（9）：2-14.

[25] 郑玉. 数字基础设施建设对企业创新影响机理探究：基于"宽带中国"战略试点准自然实验的实证检验[J]. 中央财经大学学报，2023（4）：90-104.

[26] 沈坤荣，林剑威，傅元海. 网络基础设施建设、信息可得性与企业创新边界[J]. 中国工业经济，2023（1）：57-75.

[27] 毛丰付，郑好青，王海. 数字基础设施与企业技术创新：来自地方政府政策文本的新证据[J]. 浙江学刊，2022（6）：104-114.

[28] 徐扬，刘育杰. 数字化基础设施建设与企业技术创新：基于"宽带中国"示范城市政策的经验证据[J]. 南京财经大学学报，2022（4）：77-87.

[29] 张辉，王庭锡，孙咏. 数字基础设施与制造业企业技术创新：基于企业生命周期的视角[J]. 上海经济研究，2022（8）：79-93.

[30] 李亚兵，夏月，赵振. 数字时代制度压力对零售企业商业模式创新影响研究：基于资源基础理论动态观[J]. 软科学，2022（10）：40-46.

[31] 王玲玲，赵文红，魏泽龙，等. 政府支持与新创企业商业模式创新：基于知识基础和社会认知理论视角[J]. 管理评论，2023（2）：171-180.

[32] 寇明婷，李秋景，杨媛棋. 创新激励政策对企业基础研究产出的影响：来自中关村企业的微观证据[J]. 科学学与科学技术管理，2022（9）：19-39.

[33] 赵廷辰. 知识产权质押融资研究：理论回顾、国际经验与政策建议[J]. 西南金融，2022（9）：3-17.

[34] 徐兵，卢舒琦. 金融科技背景下商业银行知识产权质押融资研究[J]. 金融与经济，2022（9）：79-85.

[35] 王永萍，王琦，杨迎，等. 科技型中小企业创新能力与知识产权质押融资意愿[J]. 中国软科学，2021（S1）：399-405.

[36] 张超，施洁. 知识产权质押融资模式的演化博弈研究[J]. 技术经济与管理研究，2021（11）：57-61.

[37] 周霞，李海英，唐欣. 有限理性理论视角下创新型中小企业知识产权质押融资违约风险分析[J]. 财务与会计，2021（17）：66-67.

[38] 张超，唐杰. 知识产权质押融资环境下专利与商标价值决定因素研究[J]. 工业

技术经济, 2021 (8): 62-69.

[39] 张海宁. 构建市场主导型知识产权质押融资模式 [J]. 人民论坛, 2020 (30): 118-119.

[40] 邢苗, 董兴林. 中小科技企业知识产权质押融资风险评价研究: 基于供应链金融视角 [J]. 科技管理研究, 2020 (18): 196-202.

[41] 南星恒, 田静. 知识产权质押融资风险分散路径 [J]. 科技管理研究, 2020 (4): 206-211.

[42] 苑泽明, 孙钰鹏. 知识产权质押融资风险困境可以破解吗?: 基于随机森林模型的研究 [J]. 广东社会科学, 2019 (6): 24-35.

[43] 李政刚. 中小企业知识产权质押融资的法律困境及其应对 [J]. 科技促进发展, 2019 (5): 524-532.

[44] 徐鲲, 李宁, 鲍新中. 第三方中介平台参与的知识产权质押融资合作机制 [J]. 科技管理研究, 2019 (5): 122-129.

[45] 齐岳, 廖科智, 刘欣, 等. 创新创业背景下科技型中小企业融资模式研究: 基于知识产权质押贷款 ABS 模式的探讨 [J]. 科技管理研究, 2018 (18): 127-132.

[46] 李佳航, 吴冬晓, 鲍新中. 生命周期视角的知识产权证券化项目风险因素及其演化机理研究 [J]. 金融理论与实践, 2022 (6): 30-40.

[47] 程文莉, 谢瞻, 高佳华, 等. 中小企业知识产权证券化模式探究 [J]. 会计之友, 2022 (3): 23-29.

[48] 宋才发. 地方立法的规制、备案审查与行政处罚研究 [J]. 河北法学, 2022 (12): 2-16.

[49] 李芳. 我国民族教育单行条例的立法原则与实践路径: 基于教育单行条例的文本分析 [J]. 西南民族大学学报 (人文社科版), 2020 (5): 211-218.

[50] 阳娇娆, 黎群. "一带一路" 背景下民族自治地区立法变通权改革路径探析 [J]. 广西民族研究, 2019 (4): 38-43.

[51] 姚明, 陈广明. 我国民族地区扶贫立法研究: 基于民族八省区的实证分析 [J]. 湖北民族学院学报 (哲学社会科学版), 2018 (3): 88-93.

[52] 徐宜可. 民族自治地方自然资源保护立法实证研究: 以云南省为样本的分析 [J]. 原生态民族文化学刊, 2018 (2): 72-78.

[53] 杨利华. 商标抢注规制新突破: 公共领域保留原则的引入: 以网络热词的商标

抢注为对象[J]. 社会科学战线，2022（5）：189-198.

[54] 张铃. 商标抢注行为中诚信条款的司法适用研究[J]. 东北大学学报（社会科学版），2019（5）：512-518.

[55] 田晓玲，张玉敏. 商标抢注行为的法律性质和司法治理[J]. 知识产权，2018（1）：27-32，49.

[56] 滕锐. 商标抢注行为的概念界定及其矫正[J]. 重庆社会科学，2013（1）：26-31.

[57] 曹柯. 商标抢注及其规制程序[J]. 人民司法，2011（5）：89-94.

[58] 张荣娟. 论商标抢注与商标保护[J]. 财经问题研究，1999（12）：76-77.

[59] 董涛. 国家治理现代化下的知识产权行政执法[J]. 中国法学，2022（5）：63-82.

[60] 戚建刚，兰皓翔. 基层治理视角下的知识产权行政保护能力研究：以机构改革后湖北省W市13个区的市场监管局为样本[J]. 北京行政学院学报，2022（2）：47-54.

[61] 孙国瑞. 对知识产权行政执法标准和司法裁判标准统一的几点认识[J]. 中国应用法学，2021（2）：87-99.

[62] 马忠法，谢迪扬. 长三角一体化战略下的知识产权行政执法协作机制研究[J]. 杭州师范大学学报（社会科学版），2020（5）：101-110.

[63] 李伟民. 知识产权行政执法与司法裁判衔接机制研究[J]. 中国应用法学，2021（2）：100-123.

[64] 李雨峰，邓思迪. 常识：知识产权行政执法的理性基础：从营商环境法治化展开[J]. 福建师范大学学报（哲学社会科学版），2020（3）：60-70，170.

[65] 邵兴东. 外向型企业应积极实施知识产权管理规范贯标[J]. 对外经贸实务，2019（11）：44-47.

[66] 赵星. 企业知识产权管理基本概念探析及其实践意义[J]. 科技促进发展，2019（9）：956-963.

[67] 石丹. 开放式创新下的知识产权法律挑战及其应对[J]. 科技与法律，2019（3）：42-48.

[68] 王兰忠，周政宇. 逆向服务外包企业知识产权保护策略研究[J]. 山东社会科学，2019（1）：154-158.

[69] 王卓. 老字号食品企业知识产权管理与风险防范[J]. 食品工业，2019（10）：268-271.

[70] 陈学文.高新技术企业知识产权管理与服务的实证研究：基于广州市高新技术企业知识产权的调查[J].科技管理研究，2019（6）：148-154.

[71] 王博雅，向晶.我国企业知识产权人才建设问题分析及政策建议[J].知识产权，2018（2）：82-89.

[72] 侯曼，武敏娟，邢战雷.基于协同视角的企业知识产权运营管理实证研究[J].科技管理研究，2018（14）：187-193.

[73] 廉串德.基于知识产权管理能力的企业国际科技合作效率研究[J].科学管理研究，2018（3）：117-120.

[74] 陈明媛，刘运华.促进科技成果转化的知识产权金融服务创新发展研究[J].科学管理研究，2023（4）：125-133.

[75] 方舟之，王峻岭.知识产权服务生态系统的构建：基于服务生态系统的视角[J].图书情报工作，2022（18）：23-30.

[76] 何志敏.努力开拓知识产权公共服务新局面[J].知识产权，2021（6）：3-5.

[77] 孙卫忠，韩瑞平.国家知识产权信息服务中心建设的几点思考[J].中国高校科技，2020（S1）：51-52.

[78] 孔令兵，宋伟.知识产权服务供给机制实效性探寻：基于结构方程模型的量化分析[J].科技管理研究，2019（16）：191-198.

[79] 崔艳新.中美知识产权服务贸易发展战略研究[J].国际贸易，2019（4）：68-77.

[80] 黄莎，代江龙.供给侧改革视域下中小企业知识产权服务模式变革[J].理论视野，2018（5）：52-57.

[81] 孙明贵.借鉴国际经验发展我国知识产权公共服务平台的思考[J].企业经济，2018（10）：2，5-10.

[82] 李杉杉，高莹莹，鲍志彦.面向协同创新的知识产权服务联盟研究[J].图书馆工作与研究，2018（3）：41-46.

[83] 谷丽，任立强，洪晨，等.知识产权服务中合作创新行为的产生机理研究[J].科学学研究，2018（10）：1870-1878.

[84] 谷丽，任立强，丁堃.知识产权服务中合作创新行为的相关研究综述[J].情报杂志，2017（10）：90，104-109.

[85] 惠兴杰，李晓慧，罗国锋，等.创新型企业生态系统及其关键要素：基于企业生态理论[J].华东经济管理，2014（12）：100-103.

[86] 郑述招，吴琴. 从知识产权看城市创新能力及创新生态系统构建：以珠海市为例 [J]. 科技管理研究，2016（5）：111-116，126.

[87] 周全，程梦婷，陈九宏，等. 战略性新兴产业创新生态系统研究进展及趋势展望 [J]. 科学管理研究，2023（2）：57-65.

[88] 刘和东，王少强. 内外协同促进经济高质量发展的机制与效应：以区域创新生态系统中高技术企业为对象 [J]. 创新科技，2022（12）：35-45.

[89] 吴绍波，顾新. 战略性新兴产业创新生态系统协同创新的治理模式选择研究 [J]. 研究与发展管理，2014（1）：13-21.

[90] 詹爱岚，陈衍泰. 标准创新生态系统治理与知识产权战略演化 [J]. 科学学研究，2021（7）：1326-1334.

[91] 邱洋冬. 营商环境生态构建缘何重要？：企业创新数量与创新质量视角 [J]. 投资研究，2022（10）：39-61.

[92] 王磊，景诗龙，邓芳芳. 营商环境优化对企业创新效率的影响研究 [J]. 系统工程理论与实践，2022（6）：1601-1615.

[93] 孙佳文，赵海东. 提高科技创新能力加快西部地区承接产业转移研究：基于120家企业的问卷调查数据 [J]. 科学管理研究，2021（3）：76-84.

[94] 姜雅婷，刘银喜. 欠发达地区县域政务营商环境建设的影响因素及作用路径：基于内蒙古自治区D旗的质性研究 [J]. 甘肃行政学院学报，2021（3）：115-123，128.

[95] 闫永生，邵传林，刘慧侠. 营商环境与民营企业创新：基于行政审批中心设立的准自然实验 [J]. 财经论丛，2021（9）：93-103.

[96] 陈晓东，刘佳. 行政审批制度改革、创新环境与城市科技创新 [J]. 财经论丛，2020（7）：104-112.

[97] 王莉静，李菲菲. 基于灰色关联度的中小制造企业创新资源整合影响因素研究 [J]. 学习与探索. 2018（4）：138-143.

[98] 徐鑫亮，李翠霞，徐嘉琦. 我国乳制品全产业链发展的现状、演变与发展趋势 [J]. 中国乳品工业，2022，50（8）：42-47.

[99] 钟敏. 内蒙古乳制品电子商务运营模式优化策略 [J]. 食品研究与开发，2022（16）：231-232.

[100] 张书义，徐杨，赵华，等. 再制奶酪工艺配料实用控制技术 [J]. 中国乳业，

2019（211）：73-76.

[101] 李明，何玉梅.乳制品加工新技术研究[J].食品界，2018（10）：129.

[102] 包福才，史春光.蒙古族传统奶皮子的工业化生产实验[J].食品科学，1994（12）：17-19.

[103] 田洋，周艳，赵存朝，等.一种涂抹型核桃奶酪的研制[J].现代食品科技，2020（1）：21，169-177.

[104] 马青雯，顾天娇，赵存朝，等.玫瑰花再制奶酪的研制[J].中国奶牛，2019（3）：48-52.

[105] 曾志丹，吴爱娟，黄苓，等.一种合生元切达奶酪的加工工艺优化[J].宁波大学学报（理工版），2019（2）：9-15.

[106] 温艳霞，宋国庆.枸杞再制奶酪加工工艺研究[J].农产品加工，2017（1）：38-40.

[107] 王鹏，关乐颖，赵茂臻，等.牛肉蜂蜜活力奶酪加工工艺及配方的研究[J].食品工业科技，2017（7）：207-210，215.

[108] 吴金山，黄和升，陆正清.香蕉奶酪工艺技术研究[J].农产品加工，2015（23）：28-30.

[109] 温艳霞，宋国庆，田莉莉.杏仁再制奶酪工艺条件及其感官检验[J].农产品加工，2014（2）：46-47.

[110] 陈丹，曾小群，潘道东，等.特色鲜奶酪加工工艺研究[J].中国食品学报，2013（11）：15-20.

[111] 于涛，于冰兰，杜鹏.燕麦奶酪加工工艺的研究[J].中国食品添加剂，2012（5）：166-170.

[112] 顾建勤，刘兴龙，于倩.羊奶软质奶酪关键工艺及成熟特性的研究[J].食品工业科技，2012（14）：279-283.

[113] 刘桂芹，程霜，王会，等.阿胶奶酪的工艺研究[J].食品研究与开发，2010（2）：103-107.

[114] 董青，刘斐.鲜奶酪巧克力派的加工工艺研究[J].中国乳业，2010（8）：74-76.

[115] 杨永龙，张杰，宗学醒，等.核桃再制奶酪生产工艺研究[J].食品科技，2010（12）：64-67.

[116] 吕淑芹.比萨奶酪的加工工艺[J].食品工业科技，2002（5）：79-80.

[117] 宋社果，曹少华，崔易虹，等．猕猴桃奶豆腐加工工艺及配方研究[J]．畜牧兽医杂志，2010（4）：18-21．

[118] 马伟伟，崔易红，曹斌云．蛋花羊奶皮子配方及加工工艺研究[J]．畜牧兽医杂志，2010（4）：22-25，30．

[119] 安小鹏，王琳婷，崔易红，等．不同风味羊奶皮配方及加工工艺研究[J]．畜牧兽医杂志，2010（4）：11-14．

[120] 马永哲，罗磊，曹伟民，等．保健型绿豆皮酸奶的制备及其抗氧化活性的研究[J]．食品工业，2017（7）：102-106．

[121] 杨春杰，李楠．基于模糊综合评价法的紫薯酸奶制作工艺优化研究[J]．现代食品，2017（8）：72-77．

[122] 南竹，曹博恒．绿茶酸奶制作工艺条件的优化[J]．锦州医科大学学报，2017（1）：12-14，20，115．

[123] 林祥群，马彩梅，杨国江，等．凝固型沙棘酸奶的研制及其评价[J]．新疆农业科学，2016（11）：2062-2068．

[124] 邵虎，朱晓，庄爱峰，等．黑元素酸奶的工艺与配方研究[J]．食品工业，2016（6）：103-105．

[125] 郭俊花，许先猛，成少宁，等．槐米酸奶加工工艺及DPPH自由基清除能力研究[J]．中国酿造，2016（6）：187-191．

[126] 付亮，刘诗扬，徐方旭．柠檬绿茶酸奶的加工工艺研究[J]．食品安全质量检测学报，2015（8）：2944-2949．

[127] 肖元园，王大平．金银花凝固型酸奶制作工艺研究[J]．食品研究与开发，2015（7）：52-55．

[128] 张胜来．红枣酸奶冻的制作工艺研究[J]．食品与发酵科技，2014（5）：102-107．

[129] 孟君，范秉琳，白会丽．木瓜酸奶制作工艺的优化[J]．南方农业学报，2014（3）：469-474．

[130] 陈涛．凝固型蟠桃西瓜菠萝复合酸奶制作工艺研究[J]．安徽农业科学，2013（6）：2685-2686．

[131] 常倩倩．基于视频类平台的农村阅读带读机制策略研究[J]．图书馆建设，2021（5）：58-69．

[132] 赵红勋，刘秀娟. 表征、逻辑与隐忧：听觉回归下音频直播的声音社交[J]. 青年记者，2023（12）：39-41.

[133] 邵培松. 基于网络直播的网络营销模式及策略初探[J]. 新闻爱好者，2023（2）：60-62.

[134] 胡娇，李莉. 网络直播内广告投放及收入分成策略[J]. 企业经济，2023（2）：129-140.

[135] 刘亚军，郭璇慈. 国际技术转让中知识产权保护立体之维[J]. 社会科学战线，2022（8）：261-266.

[136] 张伯友. 知识产权质押融资的风险分解与分步控制[J]. 知识产权，2009（2）：30-34.

[137] 张惠彬. 企业专利权质押融资的困境及出路：以重庆市的实践为考察重点[J]. 理论月刊，2017（10）：136-140.

[138] 郭建伟，郭文. 知识产权质押融资困境[J]. 中国金融，2019（5）：90-91.

[139] 陈杨. 科技型中小企业专利权质押融资的估值困境及其对策[J]. 经济研究导刊，2019（8）：147-148.

[140] 常鑫. 风险量化视角下专利权质押融资价值评估：以极路由为例[J]. 财会通讯，2020（20）：152-156.

[141] 卢志英. 专利权质押融资现状分析[J]. 中国发明与专利，2007（6）：45-47.

[142] 滕丽，滕小硕. 我国知识产权质押融资典型模式研究：基于机制设计理论的比较分析[J]. 理论观察，2012（4）：81-83.

[143] 李明星，Nelson Amowine，何娣，等. 转型升级背景下小微企业专利融资模式创新研究[J]. 科技进步与对策，2013（18）：138-142.

[144] 徐文. 科技型小微企业专利权质押融资模式研究：以四川省为例[J]. 西南科技大学学报（哲学社会科学版），2016（3）：80-88.

[145] 胡旭微，杨海萍. 浙江省科技型中小企业专利权质押融资的策略研究[J]. 浙江理工大学学报（社会科学版），2016（2）：132-137.

[146] 杨青，桑芝芳. 中国专利权质押融资状况研究[J]. 中国发明与专利，2018（1）：69-73.

[147] MERGEST R P. Commercial success and patent standards：economic perspectives on innovation[J]. California Law Review，1988（7）：805-876.

[148] ERNST H. Patent portfolios for strategic R&D planning[J]. Journal of Engineering Technology Management，1998（4）：279-308.

[149] HIRSCHEY M，RICHARDSON V. Are scientific indicators of patent quality useful to investors?[J]. Journal of Empirical Finance，2004（11）：91-107.

[150] 曹津燕，肖云鹏，石昱，等. 专利评价指标体系（二）：运用专利评价指标体系中的指标进行数据分析[J]. 知识产权，2004（5）：29-34.

[151] 魏雪君. 用科学发展观构建新的专利评价指标体系[J]. 科技管理研究，2006（7）：171-173.

[152] 于晶晶，谭思明. 专利组合分析评价指标体系的构建[J]. 现代情报，2009（12）：152-155.

[153] 宋河发，穆荣平，曹鸿星. 技术标准与知识产权关联及其检验方法研究[J]. 科学学研究，2009（2）：234-239.

[154] 任培民，陈育花，姜彬，等. 科技型中小企业专利质押融资评价指标体系研究[J]. 山东农业大学学报（社会科学版），2012（4）：55-60，118.

[155] 钱坤，沈厚才，黄忠全. 基于质押融资的专利价值系统分析[J]. 管理现代化，2013（4）：16-18，30.

[156] 唐恒，李绍飞，朱宇. 不同生命周期阶段的企业专利质量影响因素：基于江苏省战略性新兴产业企业的实证分析[J]. 技术经济，2014（9）：10-16.

[157] 孙付东，陈吉云. 专利权质押中专利权价值评估指标体系分析[J]. 科技创新导报，2014（7）：213-216.

[158] 李志鹏，夏轶群. 基于三角模糊数层次分析法的专利质押融资价值评估[J]. 财会月刊，2016（15）：63-66.

[159] 夏轶群，李志鹏. 基于模糊VIKOR法的专利质押融资优质质押专利选择研究[J]. 科技管理研究，2016（12）：130-134.

[160] 曹莉，胡伟，周适，等. 知识产权证券化模式分析及未来思考[J]. 中国发明与专利，2022（11）：68-76.

[161] 周衍平，徐华杰，陈会英. 知识产权证券化定价及最优风险概率评估：基于改进的三叉树模型[J]. 金融发展研究，2022（5）：71-79.

[162] 宋瑞敏，董璐，周楚. 基于博弈论组合赋权法：后悔理论的知识产权质押融资估值风险评估[J]. 模糊系统与数学，2021（4）：162-174.

[163] 李明肖.知识产权质押融资发展路径[J].中国金融，2023（1）：40-42.

[164] 梁艳.知识产权直接证券化的逻辑与进路：以驱动科技创新为视角[J].中国科技论坛，2019（2）：109-117.

[165] 胡冰洋.大力发展知识产权金融推动经济高质量创新发展[J].宏观经济管理，2021（1）：73-77，90.

[166] 郑军，林钟高，贺建刚.企业创新的专有性信息传递困境与纾解：基于审计师选聘视角的分析[J].中南财经政法大学学报，2023（1）：37-51.

[167] 雷玉德.论知识产权促进法的性质：兼论知识产权促进法地方立法活动的完善[J].贵州社会科学，2016（2）：150-154.

[168] 丁宇峰.民族地区知识产权保护的地方立法探索[J].贵州民族研究，2016（10）：11-14.

[169] 宋才发.地方立法的功能、权限及质量[J].社会科学家，2022（3）：15-23.

[170] 齐元军.大数据时代数字出版版权保护的难点与策略研究[J].科技与出版，2014（11）：52-55.

[171] 金国坤.行政执法机关间协调配合机制研究[J].行政法学研究，2016（5）：14-23，62.

[172] 易倩，卜伟.知识产权保护执法力度、技术创新与产业升级[J].经济经纬，2019（3）：95-101.

[173] 李春晖.我国知识产权行政执法体制机制建设及其改革[J].西北大学学报（哲学社会科学版），2018（5）：64-74.

[174] 文星.内蒙古地理标志助推地方特色经济高质量发展[J].产品可靠性报告，2021（4）：60.

[175] 龚兴军.我国营商环境对企业创新的影响研究[J].价格理论与实践，2019（2）：125-128.

[176] 姜楠，曹现强.营商环境优化的政策工具选择与配置：基于中央层面政策文本的内容分析[J].公共管理与政策评论，2023（1）：96-113.

[177] 陈启梅，勾毓榕.知识产权优化营商环境策略研究：基于"十四五"地方知识产权规划文本分析[J].智库理论与实践，2023（3）：81-90.

[178] 张伟，卢梦姝.后疫情时代深圳塑造一流营商环境研究[J].产经评论，2022（6）：150-158.

[179] 梁玲琳，朱麒宇．再论中国传统工艺传承中的要素整合创新 [J]．包装工程，2011（12）：101-103，119．

[180] 肖鹏，牟艳，杜鹏程．企业技术创新的内在障碍与动力源泉 [J]．统计与决策，2012（2）：183-185．

[181] 王玉民，刘海波，靳宗振，等．创新驱动发展战略的实施策略研究 [J]．中国软科学，2016（4）：1-12．

[182] 张大鹏，孙新波，刘鹏程，等．整合型领导力对组织创新绩效的影响研究 [J]．管理学报，2017（3）：389-399．

[183] 张彦红，钟君．基于 EKV 评价框架的企业技术创新主体地位研究：以贵州省为例 [J]．科技管理研究，2021（1）：37-42．

[184] 郑琼洁，张鸿雁．基于"五力模型"的城市创新力指标体系研究 [J]．现代城市研究，2021（1）：2-8．

[185] 许金叶．大健康生态圈的赋能者：药明康德的平台化战略 [J]．经济研究导刊，2022（16）：1-3．

[186] 邹迪，王学亮，陈一鸣，等．国家电网数字化产业链金融服务平台："电 e 金服"创新实践 [J]．财务与会计，2021（23）：27-30．

[187] 符平，高博．创新网络、创新平台与特色农业发展：汀市小龙虾产业个案分析 [J]．求索，2017（10）：99-107．

[188] 黄学，刘洋，彭雪蓉．基于产业链视角的文化创意产业创新平台研究：以杭州市动漫产业为例 [J]．科学学与科学技术管理，2013（4）：52-59．

[189] 张玉强，宁凌．对企业主导型产学研合作的反思与解构 [J]．中国科技论坛，2008（3）：67-70，99．

[190] 汤少梁，刘美娴，钱雨昕，等．基于专利数据的我国华东地区医产学研合作网络特征分析 [J]．科技管理研究，2022，42（16）：85-92．

[191] 李永明，俞晓峰．加强企业主导的产学研深度融合，引领提升江苏产业自主创新水平 [J]．现代管理科学，2023（1）：3-7．

[192] 巩轲，奥神．企业主导型产学研合作创新 [J]．企业管理，2017（4）：77-78．

[193] 张新民，郭瞳瞳，杨道广，等．互联网商业模式的同群效应：战略驱动还是概念迎合 [J]．吉林大学社会科学学报，2023（5）：106-127，238．

[194] 于蕾蕾，高旭政，苏子龙，等．桂花的应用和药用价值概述 [J]．湖北科技学院

学报（医学版），2022（5）：444-448.

[195] 武忠康. 桂花的功效及综合开发利用[J]. 中国果菜，2022（8）：56-58，80.

[196] 代明雪，高飞，朱月星. 大马士革玫瑰花苞水的综合功效评价[J]. 生物化工，
2023（2）：109-113.

[197] 鲁雷震，贾紫伟，封成玲，等. 玫瑰植物中活性物质及其功效研究进展[J]. 食
品研究与开发，2021（20）：206-213.

[198] 双全，高文婷，奈如嘎. 蒙古族传统发酵奶皮子的生产工艺及其营养特性[J].
食品研究与开发，2018（13）：154-159.

[199] 唐佳新，徐丽君，涂哈迪，等. 呼伦贝尔地区不同燕麦品种农艺性状和营养品
质的比较[J]. 草学，2023（4）：27-32.

[200] 刘瑞山，罗悦，李雅楠，等. 不同乳酸菌发酵燕麦浆的营养特性和风味品质分
析[J]. 食品与发酵工业，2023（18）.

[201] 张亦，王亮，吕自力，等. 牛、山羊和骆驼酸奶营养与理化特性的比较研究
[J]. 中国乳品工业，2022（10）：14-22.

[202] 唐俊，黄雅萍. 整合传播视角下地域视听文旅产品的多元体系构建：以敦煌的
实践为例[J]. 中国电视，2022（10）：68-74.

[203] 张琳，徐佳琦. 数字经济下南京雨花茶产业直播营销策略[J]. 食品研究与开
发，2023（7）：225-226.

[204] 白宁. 文化旅游背景下太原阳曲小米直播营销策略[J]. 食品研究与开发，2023
（18）：225-226.

[205] 戴昕，潘青. 新电商背景下农产品"直播+"营销模式构建[J]. 农业经济，
2023（8）：126-128.

[206] 胡宇晗，王黎. 乡村振兴背景下发展农产品直播带货的思考与对策[J]. 价格理
论与实践，2022（4）：185-188，208.

[207] 唐恒，高清，孙莹琳，等. 基于文本挖掘的中小企业知识产权政策研究：来自
中央层面的数据[J]. 科技管理研究，2022（1）：92-100.

[208] 初海英. 科技型中小企业知识产权质押融资问题探究[J]. 财会通讯，2018（8）：
9-12，129.

[209] 马彧崧，齐天凤. 科技型中小企业知识产权融资服务体系探究[J]. 学术交流，
2018（8）：93-97.

[210] 涂永红，刁璐. 以金融创新推动知识产权融资[J]. 投资研究，2021（5）: 148-158.

[211] 李店标，冯向辉. 地方立法评估指标体系研究[J]. 求是学刊，2020（4）: 112-119.

[212] 张珊. 互联网时代网络知识产权的保护路径[J]. 出版广角，2019（21）: 43-45.

[213] 王颖，唐霞. 从"百度文库侵权案"反思网络知识产权的保护[J]. 新闻战线，2015（16）: 25-26.

[214] 刘杨. 法治政府视野下执法协作的实践困境与破解路径[J]. 法商研究，2023（2）: 117-131.

[215] 易志斌. 执法办案"双向制约"机制探究[J]. 人民检察，2010（20）: 56-58.

[216] 韩业斌. 论我国地方立法监督的困境与出路：基于备案审查制度为中心的考察[J]. 法学，2022（8）: 28-40.

[217] 万里鹏. 长三角区域知识产权执法协作的困境及对策研究[J]. 科学管理研究，2020（5）: 100-108.

报纸文献（按出现的先后顺序排序）

[1] 高泓娟. 工艺技术改造催生新的奶酪产品："奶疙瘩"[N]. 中国食品报，2015-04-24.

[2] "专"于创新"利"于发展：知识产权强区建设扎实推进[N]. 内蒙古日报，2023-05-12.

[3] 王越. "小奶片"赢了大官司[N]. 中国质量报，2004-05-24.

[4] 全链条发力打造中国"奶罐"硬实力：从奶业振兴看内蒙古高起点跨越[N]. 内蒙古日报，2023-08-03.

[5] 郜小平，陈薇，李鹏程. 打造一流营商环境 提升产业长远竞争力[N]. 南方日报，2023-01-16.

网络文献（按出现的先后顺序排序）

[1] 美国发布新版国家创新战略[EB/OL].（2015-12-25）[2023-04-30]. https://www.cnipa.gov.cn/art/2015/12/25/art_1415_133085.html.

[2] 惠舒清. 激发创新活力关键在于营造良好创新生态[N/OL]. 2020-12-09 [2023-05-02]. http://theory.people.com.cn/n1/2020/1209/c40531-31960065.html.

[3] 王勇，董伊帆. 企业创新生态系统：以阿里巴巴为例 [EB/OL]. （2020-11-30）[2023-05-02]. https：//k.sina.com.cn/article_7395349859_1b8cc156301900vf2l.html.

[4] 张志学，张三保，康璧成. 中国省份营商环境评价报告（上）[R/OL]. [2023-05-04]. https：//www.gsm.pku.edu.cn/thought_leadership/info/1007/1946.htm.

[5] 张三保，张志学. 中国省份营商环境研究报告 [R/OL]. （2020-12-26）[2023-05-04]. https：//www.gsm.pku.edu.cn/zhongguoshengfenyingshanghuanjingyanjiubaogao2020.pdf.

[6] 任晓刚，方力. 全力提升科技创新要素整合力 [EB/OL]. （2020-10-02）[2023-09-07]. http：//www.qstheory.cn/llwx/2020-10/02/c_1126568426.htm.

[7] 《中国奶业质量报告（2023）》正式发布 [EB/OL]. （2023-07-22）[2023-09-03]. https：//www.dairychina.cn/html/jianguan/458.html.

[8] 张寒. 中国乳制品同质化严重，高端产品研发能力不足 [R/OL]. （2021-06-25）[2023-10-13]. https：//www.huaon.com/channel/trend/726969.html.

[9] 中国互联网络信息中心. 第50次《中国互联网络发展状况统计报告》发布 [R/OL]. （2022-09-01）[2023-10-15]. http：//www.gov.cn/xinwen/2022-09-01/content_5707695.htm.

[10] 窦新颖. 迪士尼维权给国产动画电影敲响警钟 [EB/OL]. （2016-07-01）[2023-10-15]. https：//www.ncac.gov.cn/chinacopyright/contents/12222/341513.shtml.

[11] 国家版权局. 国家版权局关于2020年全国著作权登记情况的通报 [R/OL]. （2021-03-18）[2023-05-11]. https：//www.ncac.gov.cn/chinacopyright/contents/12228/353816.shtml.

[12] 国家版权局. 国家版权局关于2021年全国著作权登记情况的通报 [R/OL]. （2022-03-23）[2023-05-11]. https：//www.ncac.gov.cn/chinacopyright/contents/12228/356060.shtml.

[13] 国家版权局. 国家版权局关于2022年全国著作权登记情况的通报 [R/OL]. （2023-03-21）[2023-05-11]. https：//www.ncac.gov.cn/chinacopyright/contents/12228/357527.shtml.

[14] 我国知识产权证券化的模式、信用风险及防范研究 [R/OL]. （2021-04-08）[2023-05-12]. https：//finance.sina.com.cn/wm/2021-04-08/doc-ikmxzfmk5697145.shtml.

[15] 黄翰漾，孙媛媛，徐佳熹. 药明康德深度研究报告：观往昔，展未来，奋

桅扬帆立潮头 [R/OL]. （2021-04-20）[2023-10-22]. https：//www.hangyan.co/reports/2555983665402217741.

[16] 大华：创新成为核心竞争力 为客户创造最大价值[Z/OL].（2023-01-16）[2023-10-22]. https：//haokan.baidu.com/v?Pd=wisenatural&vid=5713982345389533723.

[17] 中国互联网络信息中心.我国互联网普及率达76.4%[EB/OL].（2023-08-28）[2023-10-18]. https：//www.gov.cn/yaowen/liebiao/202308/content_6900600.htm.

[18] 中国互联网络信息中心.第52次《中国互联网络发展状况统计报告》[R/OL].（2023-08-28）[2023-10-18]. https：//www.cnnic.net.cn/n4/2023/0828/c88-10829.html.

[19] 前5月新疆奶销量增长190%[N/OL]. 新疆日报，2023-06-02 [2023-10-19]. https：//xjrb.ts.cn/xjrb/20230602/210023.html.

[20] 东方甄选新疆专场首日带货超亿元[N/OL]. 新疆日报，2023-09-12 [2023-10-19]. https：//xjrb.ts.cn/xjrb/20230912/214769.html.

[21] 窦新颖.值得借鉴的迪士尼版权保护模式[EB/OL].（2016-07-04）[2023-10-16]. https：//www.ncac.gov.cn/chinacopyright/contents/12222/341511.shtml.

[22] 窦新颖.迪士尼维权给国产动画电影敲响警钟[EB/OL].（2016-07-06）[2023-10-16]. https：//www.ncac.gov.cn/chinacopyright/contents/12222/341513.shtml.

[23] 苏州稻香村：中华老字号传承与创新发展的标杆[EB/OL].（2019-08-19）[2023-10-16]. https：//chuangxin.chinadaily.com.cn/a/201908/19/WS5d5a5e47a31099ab995da526.html.